新时代"四有"好老师培养策略

纪卫东　李云辉　编著

中国海洋大学出版社

· 青岛 ·

图书在版编目（CIP）数据

新时代"四有"好老师培养策略 / 纪卫东,李云辉
编著 . -- 青岛 : 中国海洋大学出版社,2023.7
ISBN 978-7-5670-3573-7

Ⅰ. ①新… Ⅱ. ①纪… ②李… Ⅲ. ①师资培养－研
究 Ⅳ. ① G451. 2

中国国家版本馆 CIP 数据核字（2023）第 142413 号

新时代"四有"好老师培养策略
XINSHIDAI "SIYOU" HAOLAOSHI PEIYANG CELUE

出版发行	中国海洋大学出版社		
社　　址	青岛市香港东路23号	邮政编码	266071
出 版 人	刘文菁		
网　　址	http://pub.ouc.edu.cn		
电子邮箱	zwz_qingdao@sina.com		
订购电话	0532－82032573（传真）		
责任编辑	邹伟真　刘　琳	电　　话	0532－85902533
印　　制	青岛中苑金融安全印刷有限公司		
版　　次	2023年7月第1版		
印　　次	2023年7月第1次印刷		
成品尺寸	170 mm × 240 mm		
印　　张	18. 5		
字　　数	301 千		
印　　数	1～1 600		
定　　价	76. 00元		

发现印装质量问题，请致电13589261887，由印刷厂负责调换。

编委会

序言

PREFACE

2021年7月26日下午，在海阳市教育和体育局与纪卫东局长初识，便有一种相见恨晚的感觉。三个多小时的交谈，我一直被他浓郁的教育情怀、有诚乃大的人格品质和文味悠长的话语所感动。此后恋恋不舍地与他握手道别，坐到返程的动车之上的时候，心情依然激动不已，因为我由此拥有了一位终生"以文会友，以友辅仁"的至交，幸福之水会长久地在我心灵堤岸流淌。

所以，当他将编著的《新时代"四有"好老师培养策略》的电子书稿发来嘱我写序的时候，虽然当时文债高筑，我依然毫不犹豫地应允下来。而当我拜读文本书稿的时候，发现纪卫东局长和海阳市教育和体育局对新时代"四有"好老师的培养，既有远见卓识，又有创新思考；既有相应的策略，又有脚踏实地的行动。

在新时代"四有"好老师工程的构建中，不仅有教体局相应文件的下达，还有纪卫东局长发自内心对教师工作的敬畏以及对他们既好又快发展的殷切期望。因为在他看来，每一个教师都有成为德才兼备"四有"好老师的可能。遗憾的是，有些真正登临如此殿堂者一直处于"几希矣"的尴尬状态中。为了有效地解决这个问题，纪卫东局长认为，就要从教体局层面，为教师搭建发展的舞台，提供相应的物质与精神支持。所以，就有了理想信念建设、师德师风建设、班主任队伍建设、教师心理健康教育和信息技术应用培训等举措。有些原本处于缓慢发展甚至静止不前的教师，看到了发展的前景，也意气风发地踏上了成功之路。而当群体教师有了这种心灵"冲动"与行动自觉之后，还会有意无意地向外持续不断地传播开去，从而形成了一种积极向上的文化。

有些此前已经进军山东乃至全国名师和名班主任的教师，也生成了更大的生命动力，在个体奋进而行的时候，海阳市教育和体育局又不失时机地抓住这个难得的机遇，让他们的精神在全市不断地播撒，于是，德国存在主义哲学家雅斯贝尔斯所说的"一棵树摇动另一棵树，一朵云推动另一朵云，一个灵魂唤醒另一个灵魂"的景观不时闪现出奇异的光芒。一些原本默默无闻的教师，尤其是青年教师，便斗志昂扬地奋起直追，成为后来居上者，让孔子所说的"后生可畏，焉知来者之不如今也"的感叹在海阳这片教育的沃土上变成了现实。

学校在这一区域文化的熏陶与感召下，也强化了对优秀教师培训的力度，在高效课堂研究、特色课程构建、学校文化建设等方面，为老师们的发展提供了驰骋教育疆场的平台，从而形成了群体教师努力奋进、积极向上发展的一种场域。如果说以前还只是寥寥无几的名师"偶尔露峥嵘"的话，那么，现在已经有越来越多的优秀教师脱颖而出，他们在这个良性竞争与互助合作中的广阔教育平台上，展示出和谐共舞又个性缤纷的奇观。

令人欣喜的是，某些学校并不满足于自己的腾飞，而是主动地向其他学校伸出了援助之手，于是，校校联合的研训平台应运而生。如果说一枝花唤不醒春天，全市更多学校高奏凯歌联手共进的时候，就迎来了万紫千红的美好春天。

不少教师切身感受到发展为生命带来"红利"的时候，内心便蓬勃出一种"不用扬鞭自奋蹄"的更大的生命能量，向着"更上一层楼"的境界驶去。而愈是如此，发展得就愈快，也就有更多的心灵愉悦与前行的动力。而在取得更大成就的时候，孔子所说的"己欲立而立人，己欲达而达人"的"忠道"精神也闪耀出璀璨的精神之光，于是，自己成功又希望别人成功、自己发展又助推别人发展的优秀教师越来越多的时候，全市教育教学质量便也呈现出了持续攀升的态势。

由此受益者还不止于教师层面，而是"于无声处"地向学生那里浸染与延伸。因为"四有"好老师不只是为孩子提供了更多更优质的课堂教学，也不只是让他们的学习成绩不断提升，还让他们从教师那里感受到"幼吾幼以及人之幼"的大爱情怀以及"学而时习之"的内在心理需求。学到知识，生成智慧，又有了人格之后,我们所期待的社会主义合适的建设者和接班人,不就在未来变成现实了吗?

从这个意义上说,该书不只是海阳教育教学经验的总结与理性的升华,也不只是"四有"好老师塑造工程的建设,还有了瞭望未来的重大意义。

所以,期待该书的尽快问世,也希望更多的读者从海阳教育中受到某些启示,从而让自己以及本校、本地的教育也步入一个更高的境界。诚如是,该书的出版还会拥有更大的意义。

陶继新

2023 年 4 月 12 日于济南

目 录
CONTENTS

第一章
行政推动：
锚定服务教师的政策导向

教师是教育学生的先行者和领路人。教师本身的学识能力水平、观念意识和教育教学理念都决定了教师的胸怀和眼光，直接影响到学生的思想意识、思维习惯和行为作风。近年来，海阳市教体局遵循服务教师的宗旨，以教师培训为抓手，着力提升新时代教师理想道德信念和教育专业素养，激发了全市教师争做"四有"好老师的内驱力。该局坚持党建引领，强化理想信念教育；多措并举，全面加强师资队伍建设；以课题引领，构建创新教育发展共同体教师培养模式；实施"234"培训机制，建构完整的培训体系，优化培训模式和评价方式；创新培训路径，提升班主任和心理健康教师培训品质；加强信息技术与学科深度融合，以教育信息化支撑和引领教育现代化。

坚持党建引领：
厚植"理想信念"于师心

习近平总书记对教师队伍的殷切期望是要做"四有"好老师，近年来，海阳市教体局以高水平党建引领推动为抓手，聚焦"注重组织领导、进行系统设计、丰富教育形式"三大策略，坚持"三点发力"，积极探索培养"四有"好老师的实施路径。

一、深化党建工作，让理想信念教育有魂

（一）精设活动促"三正"

要建设好学校，首先要有一批好老师。海阳市教育和体育局（以下简称海阳市教体局）紧紧围绕"培养什么人、怎样培养人、为谁培养人"这个根本问题，制订印发《关于开展海阳"红心向党·幸福成长"的实施方案》，创新开展活动，引领教师培根铸魂、启智润心。活动具体分为以下几点。一是开展党风教风建设月活动。每年9月份，教体局用一个月的时间来开展党风教风建设，把教育界的前辈、身边的模范请过来讲课，讲课的主题围绕怎样坚定理想信念当"四有"好老师，用榜样的事迹来感染在职教师。二是开展"百名教师述忠诚"活动。充分利用海阳市红色资源，组织青年教师进行"百名教师述忠诚"实践活动，让青年教师去感受先辈们的理想信念，带着一种红色文化基因走向讲台，做到教书之前先实现自育。三是开展入职宣誓活动。党建办每年在开学初会组织所有新教师进行庄严的入职宣誓活动，目的就是让年轻教师走稳、走好入职第一步。近年来，上千名教师通过入职宣誓活动受到鼓舞，坚定理想信

念,在教育教学工作中磨炼自己,成为出彩好老师。育才小学嵇崴老师说:"铮铮誓言让我不忘自己选择当老师的初心,我会在自己平凡的岗位上持续奉献,用自己的信念和热情去热爱教育,擦亮更多学生的心灵。"党建办主任刘瑞芹经常讲,就是要通过党建引领倡导广大教师做到"三正":第一要"方向正",坚持社会主义办学方向,抓住立德树人根本任务;第二要"为人正",坚持正确从教方向,为人正派,有正气;第三要"风气正",坚持以优良教风营造教育良好的生态环境。抓住这三个"正",海阳的学校、教师群体就会形成一种积极向上、爱岗敬业的强大力量。

（二）比学赶超守初心

近年来,针对部分教师党员工作干劲不足、争先意识不浓、引领作用不高等突出问题,海阳市教体局创新开展了以下活动。一是开展"六争六比"创亮点活动,以"六争六比"创亮点活动为抓手,紧紧围绕推动海阳教育科学健康快速发展的目标,充分发挥基层党组织战斗堡垒和广大教师先锋模范带头作用,引领广大教师人人争当理念提升先锋、履职尽责先锋、教育改革先锋、志愿服务先锋、赶超进位先锋、廉洁奉公先锋,树立海阳新时代品质教育美好形象。二是开展"亮身份、亮职责、亮承诺"活动和"比能力、比作风、比业绩"活动,将职责亮出来,将承诺牢记在心,引导广大教师争当党性优、师德优、实绩优的"三优"先锋,激发教师的内生动力。党员教师佩戴党员徽章上课,党员办公桌摆放党员先锋岗标牌,设立党员教师示范岗,把党员身份亮出来,让教师在岗位上焕发"我们不一样"的师者担当与绚丽光彩。三是大力实施"理想信念"主题实践活动,组织开展"杏坛执笔写春秋"演讲比赛、"喜迎党的二十大"党课比赛、"争做'四有'好教师"课堂授课比赛,使广大教师坚守"为党育人、为国育才"的初心使命。

（三）全域教育固意识

"以课题引领赋能教师专业成长,落实好立德树人根本任务。"海阳市教体局党组书记、局长纪卫东高度重视教师的成长。近年来,海阳市把热心教学工作、热心立德树人的教师队伍建设放在首位,创新教育领域意识形态工作,立足教书育人,实现育人水平的精准提升。一是聚焦建党百年,实施"红心向党·百课争鸣"活动，组织领导干部、思政课教师、历史课教师、"8支宣讲队伍"、育人特聘导师等组成140人团队，充分挖掘各学科中的思政育人元素，建立全域教育机制，展现"四有"好教师的理想担当，构建起融合语文、数学、英语等学科的全科育人体系。赵疃学校教师孙风云的化学课一直深受学生欢迎。"孙老师在讲课时经常把书本中的知识点与当前的热点问题结合起来，让化学课不再那么枯燥，反而比较生动有趣。"不止一个学生这样说。在讲授《燃料的合理利用与开发》一课时，孙老师通过北斗卫星组网成功引入新课，再结合西气东输、山东建设"氢动走廊"、党的十八大以来的生态文明建设等知识点，对学生进行爱国主义教育。

二、细化系统设计，让理想信念教育有形

（一）升华"三个阵地"

一是每月开展主题党日活动，设立"每周固定学习日"，每次学习时间不少于1学时，预先确定学习主题，采用精读文件、理论宣讲、辅导报告、专题研讨等方式，突出政治理论，围绕教学工作，及时跟进学习贯彻党的创新理论、党中央决策部署、省委省政府工作要求和学校工作安排。

二是扎实推进基层党组织理论宣讲计划，并将优秀教师组建成"红色育人"宣讲团，构建多层面的理论宣讲阵地。将思想政治和师德师风教育纳入新入职的教师岗前培训，组织观看黄大年等国之大器事迹报告会，引导教师坚定为党育人、为国育才的初心使命。

三是落实理论学习中心组学习制度，发挥理论学习中心组的领学促学作用，抓实抓好"关键少数"的学习，发挥示范带动作用，建立教师思想状况定期调研制度和思想台账汇总记录，准确把握学校教师思想动态和学习需求。注重"三个结合"，把理论学习同解决学校改革发展稳定的重大问题相结合，同研究解决师生最关心、最直接、最现实的利益问题相结合，同研究解决党的建设中存在的突出问题相结合，通过学习，有针对性地解决教师思想问题和实际问题，提高学习实效。

（二）激活教师干劲

一是发挥好名师的指导、示范、引领、辐射作用，带动培养出一批"师德好、

业务精、能力强、善创新"的高层次骨干教师队伍。设立"比武擂台",对教师实行"一月一点评",组织教师一一上台"过招""切磋""比武",晒成绩、比亮点、找差距、明思路,推进从"亮成绩"向"比成绩"转变,形成你追我赶、比学赶超的浓厚氛围,人人争当教书育人"领头雁"。

二是设立"党员先锋榜",组织开展"月度、季度、年度"之星评选等活动,把业绩亮出来,并作为评先选优典型的重要依据,评选表扬党员育人先锋30名、党建育人成果奖20个,评选表彰青年党员教师先锋百余名,引导广大党员教师夺旗争星,争做教书育人的"排头兵"。

三是进一步加强作风建设来激活教师活力、突出"严真细实快",提升教师服务效能。落实"三帮三带"机制,每名党员教师帮扶1名家庭困难学生、帮助1名学习困难学生、帮带1名青年教师;党员教师带头参加教研教改,带头落实教学常规,带头走到学生中间。实施党员名师支教、线上公开课等活动,先后组织各类送教到校、网上公开课等200场次。疫情防控期间,在全面做好学校疫情防控、网课教学等工作的同时,广大党员教师在危急关头积极投身海阳市疫情防控工作,先后有1 000多名党员教师深入封控区、管控区等奋战1个多月,助力海阳市打赢疫情防控阻击战,展现了"四有"教师的责任担当。

三、活化教育形式,让理想信念教育有根

海阳市是有名的"雷乡",海阳市教体局定期组织教师到红色教育基地开展"追寻红色印记,传承红色基因"实践教育,倡导广大教师坚定教育信念,做教育事业的追梦人,让每一位教师都成为理想信念教育的施行者,使广大教师受到心灵的震撼,更加坚定"把满腔教育赤诚献给党"的崇高理想信念。

(一)设立"党员标兵示范岗"

为带动教师理想信念再上新台阶,多维度营造人人争当优师的创先争优浓厚氛围,海阳市教体局先后组织开展党课优质课比赛和海阳名师工作室汇报展示,评选优质党课46节,党建育人成果奖20项,并推送到海阳教育云平台以飨众师,所有资源都可以从云平台上随时获得、按需定制。全市共设立党员示范岗100个,党员责任区90个,党员示范班322个,引导广大教师"时时赶前、处处争先、事事创优",在各个岗位争当示范表率。在今年海阳市班主任教学基

本功大赛中,56 名参赛选手中有 38 名是党员示范班班主任,6 人是入党积极分子。党员教师将自身在师德师风、教育教学、教研教改、关爱学生等方面的模范带头作用进行公开承诺,亮明岗位责任,亮出任务清单,并全部在公开栏公示,公开接受监督。

(二)规范"结合当下讲党史"

海阳市教体局号召广大教师立足教书育人关键使命,组织党员教师紧扣"为党育人、为国育才"的任务,采取"听、讲、读、唱、研、访、做"等灵活多样的形式讲党课,引导帮助青少年"系好人生第一粒扣子"。组织党员教师讲党课,宣讲进校园,让党的理论走到每个人的心坎上,为教育引入源头活水。

(三)巧借资源平台广宣传

海阳市教育系统广泛开展"我来讲党课"比赛、"我的中国梦"主题征文征集等活动,架设"课间 10 分钟"师生聊吧,开展"指尖上的德育"活动,传播信仰与梦想;开展"学习榜样,汲取力量"主题教育成果展,以优秀教师事迹报告会、骨干教师专题学习研讨等活动为载体,利用海阳教育云平台、校园宣传橱窗等形式进行多角度、多渠道深入宣传,用榜样力量激励教师,传递从教正能量。海阳市教体局在微信公众号平台推出"新时代品质教育新教师"专栏,刊发优秀教师典型事迹。通过举办座谈会、优秀老教师与新入职教师"传帮带"结对子活动等,搭建新、老教师交流平台,用身边人激励身边人,让理想信念教育生根发芽。

海阳市的党建引领活动形式新、组织活、效果佳,将共产主义理想信念厚植于师心,引领全市广大教师在立德树人的路上勠力同心,勇毅前行!

多措并举：
筑牢新时代教师理想道德之基

百年大计，教育为本；教育大计，教师为本。2022 年，教育部等八部门联合印发《新时代基础教育强师计划》，力求破解教师队伍建设的深层次矛盾，构建一套全口径、完整链条的教师队伍建设政策体系，系统提升我国教师的教书育人能力，全面推进高质量教师队伍建设。海阳市教体局立足自身区位特点，通过不断拓宽教师招聘渠道和方式、加强师德师风建设及创建创新监督机制等多种举措，切实打造一支有理想信念、有道德情操、有扎实学识、有仁爱之心的"四有"教师队伍，为海阳市教育发展奠定了坚实的人才基础。

一、以政策为导向，吸纳优秀人才补充教师队伍

人才是第一资源，是富国之本、兴邦大计，吸纳优秀人才、补充新鲜血液是一支队伍壮大突破的重要举措。海阳市教体局十分重视教师队伍中新鲜血液的补充，通过不断优化教师招聘渠道，革新教师招聘方式，补充了一大批优秀青年教师，为海阳市教育的发展提供了人才保障。

（一）高瞻远瞩，大批量引进高层次教育人才

2016 年，山东省教育厅、中共山东省委机构编制委员会办公室、山东省财政厅、山东省人力资源和社会保障厅联合发布《山东省师范生免费教育实施办法》，海阳市教体局看准机会，积极协商上级主管部门，会同海阳市编制、人社、财政部门争取大名额、全学段申报公费师范生需求计划，自 2020 年起首批毕业

的省公费师范生来海阳工作,截至目前有100余名公费师范生在海阳市全学段公办学校任教,2023年更是在全市用编进人计划紧缩的大环境下,保有123名省公费师范生录用计划,在数量、质量方面,海阳市师资队伍得到长足发展。

(二)敢于创新,不断开拓人才引进渠道

2020年,烟台市纳入山东省市级政府委托高校培养师范类大学生的试点地区。海阳市教体局积极与上级主管部门沟通,经海阳市编制部门、人社部门、财政部门同意,海阳成为烟台市首批委培生试点市区。2020年和2021年都争取到35个委培师范生名额,选拔推荐品学兼优、宜教乐教的优秀高中毕业生进入高等院校师范专业进行培训,切实优化了教师补充源头质量。

(三)勇于作为,不断优化社会招聘方式

教师招聘考试,解决教师的缺编问题只是其中的一个方面,更重要的是要能招到能上课的好老师。海阳市教体局在教师招聘过程中,始终秉持宁缺毋滥的原则,确保招到的教师必须具备"五大专业能力",即以逻辑思维为核心的认识能力、以教学设计为核心的设计能力、以语言表达为核心的传播能力、以组织教学为核心的组织能力、以师生双边活动为核心的交往能力。自2020年起,海阳市教师公开招聘在音乐、体育、美术等注重技能水平的学科尝试性采取"先面试、后笔试"的招聘形式,在取得不错的效果后,自2021年开始实行全学科"先面试、后笔试"的招聘模式。通过招聘模式的转变,有效规避了受聘教师"能考不能讲"的问题,将授课水平高、专业技能好的优秀青年教师补充到海阳市教师队伍中,切实提高了教师队伍的专业水平。

二、以典型作引领,打造高素质高情操教师队伍

海阳市教体局始终坚持实施教育领军人才建设计划,通过师德师风建设,梯次培养一批道德情操高尚、业务能力出众的教坛新秀、学科带头人、名师、名校长、名班主任。通过动态遴选后备人选、集中培训、学历提升、课题资助、成果出版、教学展示、教育论坛等多种方式,打造一批具有较大社会影响力、能够发挥示范引领作用的领军人才。通过思想政治教育、评先树优、典型引领,打造一支高素质、高情操、高水平的教师队伍。

（一）开展丰富多样的思想教育活动，将教师的思想素养提升

海阳市教体局始终将教师队伍的思想教育工作摆在重要位置，加强理想信念教育，组织教师深入学习领会习近平新时代中国特色社会主义思想，引导教师树立正确的历史观、民族观、国家观、文化观，坚定中国特色社会主义道路自信、理论自信、制度自信、文化自信。增强价值判断、选择、塑造能力。充分利用海阳市优秀传统文化资源，加强中华优秀传统文化、革命文化、社会主义等先进文化教育。弘扬爱国主义精神，创新教师思想政治工作方法、阵地和载体，强化教师社会实践参与，推动教师充分了解党情、国情、省情、市情、社情、民情。着眼青年教师群体特点，有针对性地加强思想政治教育，关心青年教师，及时掌握思想动态。落实党的知识分子政策，政治上充分信任，思想上主动引导，工作上创设条件，生活上关心照顾，使思想政治工作接地气、入民心。

（二）创建公平公正的评先树优环境，让真正优秀的教师凸显

海阳市教体局始终坚持弘扬尊师重教的良好风尚，通过评选树优激励广大教师爱岗敬业、潜心育人，每次评先树优工作均提前制定科学规范的评选工作方案。明确指导思想、组织领导、人员范围、工作标准、工作程序和方法步骤，严格按照自下而上、逐级推荐、民主择优的方式进行，营造公平、公正、公开的评优环境，向广大教师和教育工作者广泛宣传评选推荐条件和有关规定，认真组织民主择优推荐，保证评选推荐工作的公正性和透明度。到目前为止，海阳市已有 13 名教师被评为全国优秀教师，10 名教师被评为山东省特级教师，1 名教师被评为山东省教书育人楷模，1 名教师被评为齐鲁名师。海阳艺术教师中现有山东省书法家协会会员 7 人、国家级会员 1 人，山东省美术家协会会员 8 人、国家级会员 1 人。2019 年，60 人被评为烟台市首批教坛新秀，545 人被评为烟台市中小学学科骨干教师。

（三）营造学典型学先进的良好氛围，让更多的普通教师觉醒

为树立榜样、弘扬先进、鼓舞干劲，激发广大教师向典型学习的热情，海阳市教体局进一步明确名师、名校长、名班主任的岗位职责，加强考核，充分发挥他们的示范和辐射作用，带动教师队伍整体素质的提高；通过专题讲座、网络学习、自主研习、课例打磨、课题研究、师徒结对、校际交流等多种形式开展研修

活动,推动形成知荣辱、讲正气、树新风、促和谐的良好氛围;通过有计划地安排名师、名校长、名班主任培养人选参加支教、带教工作,开设"名师大讲堂",承担市级培训任务,在指导他人的过程中加速自身成长。此外,还采取多种形式对教育系统表现突出的集体和个人进行表彰,每年定期开展师德师风建设优秀案例征集活动,推出一批师德师风建设优秀案例;定期组织开展海阳市模范教师、教育工作者及优秀教学成果评选活动。鼓励社会团体、企事业单位、民间组织出资奖励教师。同时积极在海阳市教体局公众号、海阳之窗等媒体上进行典型宣传,形成正面、积极、全方位的带动机制,营造了学、比、赶、超的良好氛围,促进了教师发展的内在觉醒。

三、以机制守底线,着力构建风清气正的教师队伍

海阳市教体局坚持把师德建设摆在教师队伍建设首位,实施师德师风建设工程,完善教育、宣传、考核、监督与奖惩相结合的师德建设长效工作机制,引导广大教师模范遵守新时代教师行为十项准则,把师德教育课程作为新教师入职、在职教师继续教育的必修课程,把教师行为准则、职业理想、学术规范以及心理健康教育融入教师管理全过程。每年期开展师德师风建设月活动,定期在中小学开展"树师德、正师风"的教师有偿补课和收受礼品礼金专项治理活动,组织中小学教师签署拒绝有偿补课公开承诺书;在节假日等关键时间节点开展专项行动,严厉打击在职教师组织或参与有偿补课、收受家长学生礼品礼金、接受家长学生宴请、利用教师身份从事微商牟利等师德失范行为。聘请9名烟台市师德师风监督员、42名海阳市师德师风监督员对全市中小学进行监督,定期召开师德师风监督员会议,征求监督员对学校师德师风建设工作的意见建议。各学校均在校园显著位置公开教育行政部门及学校举报电话、邮箱等信息,畅通投诉举报渠道,依法依规接受监督。建立师德考核负面清单制度,加强教师队伍信用体系建设,完善教师宣誓制度。制定实施细则,明确教师教育惩戒权。依法依规妥善处理涉及学校和教师的矛盾纠纷,坚决维护教师合法权益,维护学校教学秩序。

近年来,随着教师队伍的有效补充、师德师风的不断优化、监督管理制度的日趋完善,海阳教师的精神面貌焕然一新,专业素养不断提升。一支结构合理、风清气正、斗志昂扬的教师队伍正阔步行走于海阳新时代品质教育改革的路上!

U-E-S:
构建创新教育发展共同体教师培养模式

　　海阳市教体局通过构建区域教师发展共同体、骨干引领、分层分系列、线上线下结合等教师培养策略,取得了一定成效,培养出一批在山东省、烟台市内有一定知名度、影响力的名师、名校长、名班主任。但随着培训工作的深入推进,一系列影响区域教师专业发展的问题逐渐显现。一是培训需求无法与培训资源有效对接,许多教师只能在学校边实践边摸索,有机会进行中高端培训的教师大多是优秀教师,而优秀教师在全体教师中所占比例较少,多数中小学教师没有机会参与这样的教学培训活动;二是与名师共同学习的机会比较少,当前教师培训学习的内容主要在于教育理论的培训,而缺少实战的演练;三是培训时间安排不够合理,对于教学培训时间的安排很多教师表示,现存培训时间过长而且时间不够集中,并且经常占用休息日和节假日,教师无暇照顾家庭,且没有时间调整心态,又使日常的备课时间大量减少,影响授课效率。

　　为解决以上问题,海阳市教体局探索建立了"高校-教研机构-中小学"协同发展共同体(取三者英文单词首字母又称"U-E-S"协同发展共同体),立项山东省教师培训项目《协同发展视域下的"U-E-S"创新教育发展共同体构建研究》,通过多年的研究与实践,逐渐构建起协同发展视域下的高校、教研机构和中小学校协同发展共同体教师培训模式。

一、确立"四维度发展"目标任务

（一）提升县域内教师整体素养

在项目实施过程中，海阳市将县域内教师发展的目标定位为，在高校教师的专业指导下，培养一批专业技术强的中小学名师、名校长；实现教师的专业化发展，促进教师专业知识、专业技能发展；产生品牌效应，通过小范围的资源集中优化，带动整个县域教师质量的提升。

（二）优化县域教师发展机构

在项目实施过程中，海阳市将教师培训、教研、科研和电教等部门有效整合，形成合力。通过开展教研员读书交流会、外出培训等方式，提升县级教师发展机构人员的整体素质，建立科学完善的县域教师发展机构，形成高水平的新时代教师培养体系。

（三）培育县级教师培训者

为确保教师培训者职能的专业性，培育一批专业素养高、专业发展方向明确的教师培育者，2022年海阳市通过培训授课比赛的方式，遴选确定了37名县级教师培训专家库成员，广泛吸收各级名师、名校长、名班主任、教坛新秀和学科带头人以及各学科骨干教师，确保了在新教师成长路径、课堂教学技术、教师的专业阅读、专业写作、班级管理等领域有专业培训者。

（四）培养学科骨干教师

为使培养对象树立现代教育理念，海阳市通过理论学习、教学实践、信息技术运用、教育科学研究及专家指导等形式，提高培养对象的教育创新思维能力、学科知识拓展能力、课堂教学能力、班级管理能力、信息技术运用能力和教育科学研究能力，促使他们形成学科教育教学风格和特色，使他们在各方面尽快达到市名师和市学科带头人等评选规定的条件，在教育教学工作中发挥示范带头作用。

二、创新三种教师培养模式

对中小学教师的培训采取"高校专家—区县教研员及科研人员—学科带

头人及骨干教师—学校教师"的梯次培训模式,依据高校专家的研究方向和海阳市教研员及科研人员、学科带头人及骨干教师的特长,组建课堂教学、教育科研、实践活动等专业团队,建立教研工作坊,采取"领头雁"式的梯队发展带动模式,实现上下梯队间的示范、带动和引领。

(一)高校专家下基层

采取"线上与线下培训、线上与线下交流相结合"的协同创新培训模式,实现高校专家面对面地对中小学教师开展培训的目标。中小学校长、教师如果长期没有外在激励措施的介入以及自身不断反思和学习,其专业水平将长时间维持在一种状态,并出现专业发展的高原期。高校教师为中小学教师的专业发展提供更多反思的参照、解决问题的思路和方法。因此,中小学校长、教师通过对高校教师论著的阅读和听取他们的讲座,或者是开展一些合作性交流和对话,可以为中小学校长、教师的专业发展注入新的血液和动力。近年来,海阳市先后邀请了山东师范大学、齐鲁师范学院等多所高校专家进校进行实地指导和交流。

(二)县域名师进高校

师范类专业课程结构中,有如下一些课程类别需要加入中小学一线教师的经验和智慧。一是教育管理类课程,比如学校管理、班级管理、班主任工作等,这些课程的理论部分可以由高校教师担任,实践部分由中小学校长、班主任等名师任教。二是学科教学法课程,此类课程是所有师范专业都要开的必修课,高校教师多数也是没有中小学教学经验的,上课时从理论到理论,学生的收获比较虚化,体会也不真实;而如果有一线骨干教师参与的话,教学效果就会完全不一样。三是某些涉及中小学的其他专题类课程,如中小学教育教学改革专题、中小学德育专题、中小学家校合作专题等。中小学名师进入师范生课堂教学的形式有:第一,与高校教师一起承担一门课程的教学,比如管理类、学科教学法类课程,理论部分由高校教师讲授,实践部分则由中小学教师负责;第二,现场观摩,这种方式也比较适合于管理类、学科教学法课程,即把高校学生带到中小学教师的教学和管理场景进行现场观摩;第三,专题讲座,这种方式适合上述三类课程,主要是邀请中小学教师就课程当中的某些具体问题进行专题讲授或经验介绍。

（三）师范生见习一对一

高校在师范生毕业见习期间与合作县域教育行政部门、教师培训机构、学校沟通，申请对入职之前的师范生进行1～3个月专门指导，根据见习生的实际需求，为他们提供一对一的服务。一是县域教师培训机构的专业培训；二是到学校见习期间为他们提供"导师"。通过实习，师范生在实践情境中，在中小学教师的指导下，可以比较顺利而快速地习得教师的基本功，转变身份和角色。从目前国内的情况来看，这是中小学教师在当今教师教育体制中承担的最直接而重要的工作。

三、建立三项教师专业发展机制

本项目实施是海阳市与高校协同提升学校教师和校长专业水平的初次探索实践，为区县与高校协同发展模式、策略和方法提供宝贵的经验支撑。

（一）形成高校帮扶县域中小学教师专业发展机制

分学段、分学科组建由高校教师牵头，高校教师—县区教研员—中小学（幼儿园）共同参加的"教师发展共同体"。聚焦新课程实施、新课标落地面临的难点、痛点问题，深入基础教育课堂，协同开展教学研究，帮助中小学教师在解决实际问题的过程中实现专业发展。打造一批区域优质课例资源，辐射带动县区教育整体提升。海阳市引进北京市海淀区、深圳市光明区、江苏省南通市等区域教研与校本教研典型经验和专业指导力量，根据区域实际，建立区域教研机制，有效提升7所实验学校校本教研质量，助力区域和学校教育质量长效提升、永续发展。分层分类开展区域校长、教师培训，以工作坊形式，采取导师制，组建区域名师名校长工作室，培养优秀工作室主持人，每个工作室逐级帮带5～8名成员，为县区打造一支教育教学中坚力量。整合区域资源和学校特色资源，甄选各类特色资源的教育要素，整合开发系列地方特色课程或校本课程，研制地方、校本课程《实施指南》，指导地方、校本课程实施。指导县区和中小学开展行动研究，协同开展课题研究和教学成果奖培育。

（二）形成"高校专家—区县教研员及科研人员—学科带头人及骨干教师—学校教师"的发展构架

实现团队引领、梯队发展的上下梯队示范引领的服务构架，带动学校教师的专业发展。一是成立高校教师与中小学教师发展共同体。针对学校（幼儿园）发展的核心需求，开展学校发展与教育教学专业诊断，共同研制学校发展规划和行动计划。齐鲁师范学院的师资团队与实验学校学科团队共同组建"工作坊"，采取线上、线下多种形式，深入学校的校本教研活动中，对实验学校的教师提供点对点、面对面、持续性专业支持，指导教师教育教学与课题研究，让高校专家成为站在教师身边的人，帮助教师解决教学实践中的问题，提升新课标背景下教师的教育教学能力，提升育人质量。二是推动区域教研与校本教研融合。由齐鲁师范学院引进国内区域教研与校本教研优秀成果，与县区共同探索校本教研与区域教研融合机制，开展专项培训，放大项目成效，提升区域教师课堂教学能力。三是开展师范生协同培养模式探索。齐鲁师范学院聘请县区优秀校长教师参与各专业师范生培养过程，参与专业课程建设和实践环节教学；实验学校为齐鲁师范学院的学生教学实习提供平台和实践导师。

（三）实施"青蓝—启航—卓越"梯级成长计划

一是名优校长教师卓越计划。采用导师制，通过组织开展深度学习、课题引领、跟岗学习、示范提升、连续培养等形式，帮助县区名优校长、教师进一步凝练教育思想、提升教育教学创新能力和教学管理能力。二是骨干教师的启航计划。根据骨干教师成长的特点，分学科、分学段组织开展有针对性的专题培训和学科研修，建立海阳市培育专家资源库，由资源库成员对骨干教师进行专题培训，如教师成长路径、国内外名师成长故事、新课标培训、班级管理、心理健康教育、德育活动实施等专题。同时专家成员与骨干教师结对子，手把手、面对面交流指导。三是青年教师的青蓝计划。海阳市对三年内新入职教师进行系统培训，培训之前先对分配教师进行分析研究，分类、分层培训，建立有效帮带机制，促进新教师在专业上高起点高标准发展。如在调研时发现新教师入职的最大苦恼是管理学生，尤其是大班化教学中，新手教师因年轻、缺乏班级管理经验而导致班级管理失控，在教学中需要多次、长时间管控班级。此外，新教师在课堂教学中存在随意性强、没有目标、重点不突出等现实问题。针对这些实际问题，海阳市各学校开展青蓝工程师带徒活动，由学校的骨干教师帮扶新手教师，解决他们的实际难题，让他们尽快适应环境，找准位置，实现自身价值。

"234"培训机制：
提升县域中小学教师队伍素质

教师素质水平的高低，切实关系到一所学校、一个区域教育质量的高低。中共中央国务院在《关于全面深化新时代教师队伍建设改革的意见》中提出："到2035年，教师综合素质、专业化水平和创新能力大幅提升，培养造就数以百万计的骨干教师、数以十万计的卓越教师、数以万计的教育家型教师。"这对我国中小学教师素质提出了更高的要求，而提高教师素质的一个重要途径就是培训。

2019年，海阳市教体局针对该市中小学教师培训进行了调研，发现以下问题：一是培训目标缺乏针对性；二是培训模式单一固化；三是培训内容的设置实效性不强；四是培训的结果评价体系不健全。为解决以上问题，海阳市教体局在工作实践中探索出了两大培训课程体系、三种培训模式和四个培训策略，简称"234"培训机制，该机制在实践中取得了显著成效。

一、架构两种区域教师培训课程体系

（一）校长培训课程体系

海阳市教体局以学校和校长双发展为最终指向，以校长职业定位为起点，由校长的角色定位来规划培训课程的内容，搭建课程模块，提炼核心主题，构建理论与实践合一的区域中小学校长培训课程体系。校长培训分三类：一是名校长培训，主要采取走进高校和名校两种方式，以实现理念理论上的提升和实践经验上的现场验证与获取；二是骨干校长培训，主要设置提高式的培训课程，以请进走出为主要模式，以区域内的名校长为带动，以学校联盟和教研共同体的方式，相互带动，共同进步；三是普通校长培训，主要是做好校长专业标准的学习和实践，以具体工作为依托，使其尽快成长为合格校长。

（二）教师培训课程体系

教师培训分为以下四类。一是全员培训，主要依托山东省"互联网＋教师专业发展"网络研修、学科培训和校本培训。每所学校都根据学校教育教学研究的侧重点设置不同的校本培训目标任务，组织教师在具体的教育教学活动中进行培训，力求解决学校存在的实际问题。培训内容涵盖师德建设、班级管理、教学研究能力、信息技术应用能力等各个方面。二是青年教师培训，重点关注入职三年的关键成长期，设置了岗前培训课程、实习期培训课程、适应期培训课程及合格期培训课程。三是骨干教师培训，主要以学科为主，设置学科专题，从骨干教师的修为与情怀入手，设置名优教师的成长路径、课堂教学研究、学科改革思考、课题研究等方面的课程。四是名师、名校长、名班主任培训，主要从责任担当、人文素养，到教学艺术与教学风格的形成、名师工作室的建设、课题研究与教学成果的提炼、名师的自我锤炼等方面设置课程。

二、构建三种区域教师培训模式

（一）以关注"区域整体发展"为本的培训模式

根据教师需求和教学实际，探讨完善现场诊断式培训、案例式培训、顶岗培训、影子培训和培训后跟进指导培训等培训模式。积极推进校地合作工作机制，做好"顶岗实习—置换培训"工作。积极争取师范院校实习生到农村中小学顶岗实习，同期置换出农村中小学教师到师范院校接受集中培训，提高理论素养和专业化水平。开展新入职三年教师循环培训。每年开展两次集中培训，并安排自学任务，使新入职的教师尽快成长为合格教师。积极组织开展线上、线下相结合的"互联网＋教师专业发展"网络研修，扎实推进名师、名校长、名班主任的建设工程。组织名师名校长及骨干教师送教下乡，一方面实现对薄弱学校的支持，另一方面锻炼名师名校长的能力，争取在下乡送教的过程中得到一支能讲、能说、能写的本土培训队伍。

（二）以关注"学校实际需求"为本的培训模式

将校本培训作为提升全体教师业务素质的重点，初步探索出"抓好顶层设计——抓实培训活动——抓住训后评价"的适合海阳市教体局的校本培训体系。学校基本做到了根据本校工作的重点，教师业务基础和需求以及学校文化的特点，做好校本研训的顶层设计。同时，抓好策划案的落实，关注每一次不同内容的校本研训的实效性。

（三）以关注"教师内心体验"为本的培训模式

一是及时总结整理培训心得。通过开展网上论坛、美篇展示、微信群讨论等活动，再现培训现场，架起培训者与受训者心灵的桥梁，让他们的心更近，让学员学习的积极主动性更强。二是搭建多种展示平台。在培训过程中，通过设置结业答辩、课例研讨、集体评课、小组互助备课等环节，组织学员们讨论、交流、展示，进行思维碰撞，展示个人才能。三是实行培训结束后的双向评价。教师评价学员，包括出勤率、学习态度、课堂参与度、课堂纪律及作业完成情况等。学员评价授课教师，包括授课内容、课堂组织、教学方式等。教师和学员共同评价培训组织方，包括课程设置、时间安排、管理措施等。通过这样的评价，实现了授课教师、参训学员、组织机构三者相互依存、相互配合的关系。

三、探索四种区域教师培训策略

（一）培训方案针对性

依据教育部颁布的《中小学教师专业标准》提出的国家层面对教师专业素质之需和分布在不同学校不同学段的教师能力之需来策划培训方案。目前，海阳市教体局已出台了《青年教师三年培训规划》，为新入职教师在三年内成为合格教师提供了有效的培训保障；出台了《名师名校长工作室方案》，为名师、名校长的成长规划了路径；出台了《校本研训方案》，提供了包括师德水平、专业能力、学科素养及教学基本功四大模块供学校选择。

（二）培训内容个性化

关注"我需要什么样的培训"，并以此作为培训的起点。通过做好培训前的调研、培训中的问题生成、培训后的跟进来满足不同受训者的多样化需求，充分考虑到受训教师不同的年龄、不同的层次和不同的知识水平、经验水平，尊重实际，满足受训者的个体需求。课例现场评析、现场案例解读、互动问题解答、同伴交流分享等方式，不仅仅使培训现场鲜活，也给受训教师传递了积极的价值导向。培训内容的选择围绕中小学教师在实施新课程改革中面临的实际问题，跟踪教育教学的改革与发展实际。具体培训内容设置为"四大课程板块"，师德教育板块、新理念板块、新课程板块和班级管理板块。师德教育板块的培训，分为提高师德素质、优化师德行为两大学习模块。新理念板块的培训，分为更新观念、拓宽视野、学会发展三大学习模块。新课程板块的培训，分为掌握课标、更新知识、学会教学、学会研究、学会评价五大学习模块。班级管理板块的培训，分为班主任日常工作、班主任实战策略、班级活动的组织三大学习模块。

（三）培训形式多样化

本着"培训立足工作实际，立足课堂实际，立足教师实际，立足现实问题"的原则，新教师培训采用"六大培训形式"，即教师自学、专题培训、专家引领、网络研修、课堂研讨和技能比武六种基本培训形式。培训形式的选择充分体现新教师的主体性，注重激发新教师自身研修的积极性，为参训教师创造良好的对话机会和参与氛围，加强学习和实践体验，让理论在实践中焕发生命力，使培训过程成为教师享受专业发展的过程。教师自学主要是引导青年教师勤于学习，树立终身学习的观念。既要在书本中学习，学习政治思想理论、教育教学理论和各种专业知识，增强自己的理论积淀；也要在"无字处"学习，学习他人高尚的师德修养，丰富的教学经验，以达到取长补短的目的。专题培训是以一定的主题为培训指向，将教师专业发展内容专题化、微格化，聘请区域内的名师、教研员，围绕主题开展各项活动，采取跟进的方式解决问题。将教师的专业发展需求和在教育教学中遇到的困惑和问题确定为培训的专题，培训的基本内容围绕专题确定，有较强的针对性。教研员引领的主要方式为聘请各学科教研员，通过"传、帮、带、导"等方法，将他们积累的优秀教学经验、新型教学方式、先进教学理念等与新教师共享或对新教师的教育教学理论、专业知识、教学技能、工作能力等方面作长期的指导和培养。课例研讨主要是基于教学现场的培训，是最有实际意义、最能解决实际问题的培训，也是教师们认为效果最好的培训。

采取跟岗培训和情境体验改进教学行为,利用行动研究和反思实践提升教育经验。课堂研讨旨在促使新教师学习课标,把握教学方向,了解教学重点、难点,优化教育教学行为,掌握新课程教学设计和课堂教学的基本技能,提高新课程教学设计和课堂教学水平,提升实施新课程的能力。"技能比武"是指在新聘任教师中开展基本功比赛和课堂教学比赛,作为展示新教师风采和提高新教师综合素质的重要手段。以赛促学,激发新教师学习热情,促使新教师自觉参加技能培训,增强教育教学技能。

(四)评价方式多元化

培训的评价也是海阳市教体局重点关注的一个问题,有科学的评价就会促进培训的实效性。在实施过程中,海阳市教体局主要侧重于评价的双向性、评价的及时性和人文性。每一次培训结束,都设计了对培训管理方课程设计、培训形式、培训效果和学员喜欢度等方面的评价表,采用调查问卷的方式来进行。对学员的评价,主要是授课教师和管理方对学校参与度、专注度、思维深度等方面的评价,抓住每一位教师在培训过程中所表现出来的闪光点,结业时以幻灯片的形式展示出来。另外,为了使培训者和受训者达到情感上的交融,实践中常常会采用现场演讲、集体评课、小组互助备课等方式,让受训教师展示自己并积极参与其中。评价的目的主要是通过反馈的信息,了解培训的效果,诊断培训的问题,为下一次培训的调整提供真实的数据参照。

创新培养路径：
打造德才兼备的新时代班主任队伍

　　班主任是班级的组织者、领导者、教育者，是沟通学校、家庭、社会的桥梁，是学校管理和德育工作的骨干力量，是学生全面发展的引路人。《教育改革与发展纲要》中明确指出："振兴民族的希望在教育，振兴教育的希望在班主任。"近年来，海阳市教体局深入学习教育部关于进一步加强中小学班主任队伍建设的各项部署要求，以落实立德树人为根本任务，通过架构三维空间、丰实骨干团队建设、健全班主任评价机制等举措创新班主任队伍建设路径，提升班主任专业素养。

一、架构三维空间，构建班主任培训体系

　　海阳市教体局通过构架班主任专业"学习"空间、"实践"空间、"展示"空间的三维空间，为班主任提供可持续进行的学习空间，使班主任既有丰富的理论知识，又有较高的科研水平和较强的实践能力。

（一）架构学习空间，提升"内驱力"

　　——外引增智慧。遴选骨干班主任、名班主任赴南京、杭州、潍坊等地提升学习，每年外派教师受训150余人次。面向班主任分批次提供国家教育行政学院班主任网络学习专题。2022年暑期，17名骨干班主任在线参加了全国中小学心理健康教师网络培训示范班，合格结业。

　　——内培激活力。对新入职的班主任进行岗前培训，入职两年后进行跟

岗培训,联合名班主任工作室,对骨干班主任进行主题培训;在学校之间发挥集体化办学优势,建立班主任专业发展共同体,定期召开班主任工作研讨会,开展专题研究、优秀工作案例研讨;学校内,开展班主任"青蓝工程",借鉴"集体备课"思想,实现班主任例会、级部班主任会、分段班主任研讨和自我反思四轮备课;班主任个体,鼓励订阅班主任杂志,日常结合各自班级情况,撰写"我的带班故事",在学习中反思,在反思中成长。

分层次、分类别、多渠道、多形式、重实效的培训格局拓宽了班主任学习平台,丰富班主任专业素养,提高了班主任的师德修养,推动"师德、德育一体化"建设,提升了班主任自我成长的内驱力。方圆学校优秀班主任刘静在参加了全国中小学心理健康教师网络培训示范班培训后写道:"培训的每一个专题都精准贴合一线班主任的工作实际,让我在'爱学生,爱自己,营造积极心理环境'的共同理念中,醍醐灌顶。"

(二)架构实践空间,提升"服务力"

海阳市教体局通过德育科研助推班主任从普通班主任向科研型班主任转变。"十三五"期间,海阳市近300名班主任参与《区域推进中小学德育课程一体化的实践研究》专项课题研究,海阳市方圆街道中心小学班主任程晓辉《小学班集体育人机制研究》等28项烟台市德育课题完成结题。"班级中学生王小虎(化名)的家长对孩子不管不顾,家长觉得孩子只听学校的。"如何解决这种困境,如何让家庭与学校同心同力?带着这样的思考,海阳市新元小学班主任修艳丽进行了《学校、家庭、社区德育一体化模式研究》的课题研究,通过研究,探索出了学校、家庭、社会三位一体助力教师课堂教学、开展多彩实践活动、合力提升常规管理的有效育人模式,开创了班主任管理新路径。两年来的课题研究经历让修艳丽老师深有感触地说:"问题就是教育资源,对问题进行研究打开了我的工作格局,开拓了我的工作思路,也让我的班主任工作更科学更高效,我们班的学生进步特别大。"

"我的文化我的班""一班一世界",德育科研引导每一位班主任走上从事研究的幸福道路上来,使教育者更加接近学生的精神世界,提高了班主任为党育人、为国育才、为学生终身发展奠基的服务力。

（三）架构展示空间，提升"行动力"

每年 10 月，一年一度的"海阳市中小学德育主题班会优质课比赛"拉开大幕，德育主题班会优质课是面向全体班主任的盛事。近年来，海阳市德育主题班会课在落实《新时代爱国主义教育实施纲要》《中小学德育工作指南》等文件要求的基础上，将社会主义核心价值观融入课堂，开展了以"文明、爱国、诚信、奉献、奋斗"为主题的系列德育班会课，引导学生践行社会主义核心价值观，树立正确的理想信念，养成良好的思想品德和行为习惯。主题化、系列化的优质课比赛活动给了每一位班主任展示带班方略、积累实践智慧的舞台，2022年，42 位班主任获得了海阳市中小学德育主题班会优质课比赛一等奖。

为学习贯彻习近平总书记"七一"讲话重要精神，落实立德树人根本任务，展示新时代中小学班主任队伍的综合素质、专业水平和育人能力，2021 年10 月，海阳市教育和体育局在全市中小学中组织了"中小学班主任基本功大赛"。此次大赛包含"讲述自身工作中的育人故事，分享带班育人方略、执讲主题班会、班主任基本理论知识竞赛、现场情景模拟答辩"五大环节。经过层层选拔，过关斩将，19 位班主任在海阳市比赛中获奖，其中海阳市徐家店镇初级中学班主任马瑞菊获得烟台市首届班主任基本大赛初中组一等奖，海阳市第一中学班主任纪梅获得 2021 年"烟台市中小学班主任基本功大赛"高中组一等奖。

班主任基本功展示意在将班主任工作作为专业，通过文本和视频呈现的方式，将班主任日常工作"可视化"，使之成为研究与反思的对象，促使班主任工作从经验走向专业，极大地提升了班主任带班育人意识和育人能力。海阳市教体局基础教育科科长倪寿成说："班主任基本功大赛搭建了班主任展示个人风采和体现人格魅力的舞台，体现了班主任的专业素养和教育情怀。希望能通过这个平台，以赛促建，带动更多的班主任讲好教育故事，讲好海阳的班主任故事。"

二、加强骨干团队建设，培养班主任队伍"领头雁"

海阳市教体局对骨干班主任的培养采取先遴选、强培养、后考核、再奖惩的培养方式，逐步形成区域内的班主任骨干团队。

（一）遴选骨干成员

出台《海阳市中小学班主任骨干团队组建办法》，遴选有责任心——热爱班主任工作、乐于奉献、勇于探索、有强烈的责任心和进取心；有协调力——能够与任课教师密切合作，与家长积极沟通，充分尊重并调动各方面的积极性，能引导学生健康发展；有引领力——能够在学校起到引领作用的班主任成立"海阳市中小学班主任骨干团队"。两年一届，目前有海阳市骨干班主任216人。

（二）培养骨干团队

出台《海阳市中小学班主任骨干团队成员培养方案》，从"学习、评价、引领、科研"四大方面对骨干班主任进行培养。自我学习——每位成员每学年研究一位名师或教育专家，订阅研读相关著作和文章，并写出读书心得；积极参加学校、教体局相关科室组织的继续教育学习，培训结束后，须在学校开展校内班主任培训活动。定期自评——制定年度个人发展规划，学年末按要求完成年度考核自评报告。专业引领——积极开展班主任专业化的研究，以师带徒，带动本校班主任专业化成长，协助学校组织班主任专业化培训和制订班主任专业化建设的各项制度及实施方案。德育科研——通过课题研究、撰写论文，把教育实践经验上升到理性和专业化的高度，通过搭建成果交流平台，逐步提升班主任的工作研究水平。

（三）实施动态管理

出台《海阳市中小学班主任骨干团队成员考核办法》，对骨干团队成员任期内工作及业绩考核要求建章立制。骨干班主任考核内容包括基础考核、学习考核、成果考核、作用发挥考核。一是"基础考核"，主要考核骨干教师在任教期间师德修养、教育教学、班主任工作等业绩。二是学习考核，主要考核任期内个人学习情况，在集中培训期出勤、笔记、心得体会等。三是成果考核，主要考核任期内各类比赛、课题研究、论文发表等方面取得的成绩等。四是"作用发挥考核"，主要考核骨干教师每年参与校本研修和培养青年教师及专题培训等方面。考核办法实行年度考核制度，考核结果按比例确定为优秀、合格、基本合格三个等次，年度考核基本合格者，取消骨干班主任资格，考核优秀者奖励表彰。2019年7月，76名班主任骨干团队成员获得"海阳市优秀班主任"荣誉称号。

班主任依托骨干团队力量研修、提升、成长，树立了新时代德育工作的新理念、新思维，优化了专业结构，提升了实践智慧，积淀了育人能力。骨干团队建设激发骨干教师、班主任工作的积极性和事业心，发挥骨干的影响力，引领和促进海阳市班主任队伍健康发展。2019届班主任骨干团队成员海阳市亚沙城小学杜婷老师，如今已成为海阳市名班主任，烟台市教书育人楷模，她由衷地说"感恩遇见，感谢成长，做班主任真的是一件很幸福的事情。"

三、健全班主任考核机制，激发班主任发展内驱力

习近平总书记强调要做有理想信念、有道德情操、有扎实学识、有仁爱之心的好老师，2020年9月，中共中央、国务院印发《深化新时代教育评价改革总体方案》。近年来，海阳市教体局深入学习贯彻习近平总书记关于教师和教育评价的重要论述，从树立班主任评价理念、扩展班主任评价主体、完善班主任评价环节入手对班主任工作进行全景、全员、全过程评价，形成科学有效的班主任评价机制。

（一）全景评价：优化班主任评价理念

出台《海阳市中小学班主任考核办法》，把班主任坚定理想信念作为重要指标，考察班主任能否围绕立德树人根本任务，努力培养担当民族复兴大任的时代新人；能否直面困难和挑战，尽己所能解决问题，开创性地开展工作；能否在教学取得优秀成绩的同时，不失时机地开展德育工作，帮助学生树立正确的三观；能否发挥桥梁作用，促进家校之间、师生之间的互动和交流，实现协同育人等。从重教学业绩的单一评价转向教书育人的成效与业绩并重的全景评价，以评价为指挥棒，引领班主任更好地把立德树人的根本任务落到实处。

（二）全员评价：扩展班主任评价主体

评价过程中，学校、同事、家长、学生共同参与班主任评价，提高评价质量。同时，加强班主任的自我评价，鼓励班主任进行自我剖析、自我批评，从而发现和改进自身不足，提供源源不断的上升推力。逐步形成了班主任自我评价为主，他人评价和多方评价为辅的多元体评价机制，营造以人为本、民主协商、促进发展的评价机制和评价氛围。全员式评价，促进教师角色内化、激发内在动力、推

动教师自我价值的实现。

（三）全过程评价：完善班主任评价环节

对班主任实行分层评价，对新入职班主任、骨干班主任、名班主任采取不同的评价标准，更加关注班主任工作过程的付出和努力，凸显班主任的成长和发展。全过程评价推动教师具备终身学习的能力，能够随时补充新理念、新方法、新技术，自主提高专业能力，积极吸纳他人的优秀成果，结合自己的教学实际，在实践中不断反思，取长补短、为我所用，以研促教、以教带研，成为教学实践的能手和高手，努力做引领学生成长、成才、成人的"大先生"。

科学可持续发展的评价，提升了班主任的幸福感、归属感和专业化水平，海阳市的班主任队伍中涌现出了一大批优秀班主任、最美班主任，有烟台市名班主任 21 人，海阳名班主任 29 人。

在方法上不断开拓创新，在实践中探索，在探索中前进，海阳市教育和体育局始终以发展的眼光看问题，与时俱进，努力培养一支站在历史新方位，勇于奉献、开拓进取、躬身育人、化德为行的班主任队伍。

落实三大举措：
提升教师心理健康教育能力

《中小学心理健康教育指导纲要（2012 年修订）》中指出："要把教师心理健康教育作为教师教育和教师专业发展的重要方面，为教师学习心理健康教育知识提供必要的条件，使他们学会心理调适，增强应对能力，有效地提高其心理健康水平和开展心理健康教育的能力。"海阳市教体局一直关注教师的心理健康水平，通过"建团队、抓节点、建平台"三大举措，提升教师的自我调适能力和心理健康教育能力。

一、建立骨干团队，让指导有人才

2010 年之前，海阳市心理健康教育专业教师严重缺乏，教师接受心理健康教育的机会少，学校的心理健康教育规范化程度低，为教师提供心理健康教育成为一个难题。拉起一部分喜欢心理健康教育的教师，打造一支优秀的心理健康教育教师队伍是开展教师心理健康教育工作的基础。

（一）全心培养 用心选拔 精心打造

2011 年起，海阳市教体局下发《关于培养心理健康教育教师的通知》，在全市中小学启动了由国家劳动人事保障部门认定的心理咨询师培训。连续开展的 4 期培训，为海阳市培养了近 200 名国家心理咨询师。目前，海阳市有 137 名获得国家心理咨询师的教师仍在教学一线工作。

心理咨询师的培训是一个起点，让喜欢心理健康教育的人走到了一起，抱团取暖,共同成长。但证书的获得并不代表可以在学校心理健康教育工作中有所作为。在此基础上,海阳市教体局从人格素养、业务能力等方面入手进行考查,着手建立和培养海阳市的心理健康教育骨干团队。2015年,《关于组建海阳市中小学心理健康教育骨干团队的通知》下发,经过推荐和选拔,海阳市第一个心理健康教育骨干团队组成。

团队的建立竖起了一面引领工作的旗帜。团队建成后,每月开展一次团队学习活动。将阅读与实践相结合,将理论与技术相结合间隔安排,扎实推进。这期间,焦点短期治疗、OH 卡牌技术、沙盘游戏……一步步走进学校的心理健康教育工作实际中。在不断地学习、交流、研讨、反思中,心理健康教育骨干团队成员也在不断地成长,指导教师调整自我心理健康状态的能力也在增强。

此后,每隔三年海阳市心理健康教育骨干团队便进行一次团队成员的调整。时至今日,61名中小学心理健康教育的指导专家和骨干团队成员,正在"资源共享、合作共赢、和谐共进"的理念中继续学习、共同成长,为海阳市教师心理健康教育工作的深入开展付出努力。

(二)搭建平台 提供机会 有效指导

海阳市教体局一手抓紧骨干团队成员的专业成长,一手搭建多项平台,让骨干团队成员对全市教师进行有效的心理健康教育指导和培训。

心理健康教育骨干团队中的专家指导小组每年通过入校心理讲座、工作坊、送课下乡等方式来为教师提供心理健康教育指导,提升教师缓解生活与工作压力的能力,受到学校教师的欢迎。

2020年疫情防控期间,骨干团队成员精心录制了8节心理健康微课发送给全市中小学校让老师收看,为老师提供专业的心理健康引导,调适老师的心理状态,引领教师以健康向上的心态来进行居家工作与生活。疫情防控期间,骨干团队还开通了居家心理健康咨询热线,免费为全市中小学老师提供个体咨询,让老师有心理援助的途径,降低有关问题对教师身心健康的影响。

二、抓住时间节点,让培训有节度

《中小学心理健康教育指导纲要(2012年修订)》中指出:"各级教育行政部门和学校要关心教师的工作、学习和生活,从实际出发,采取切实可行的措施,减轻教师的精神紧张和心理压力。"教师的教育教学工作节律性强,平日教学任务繁杂而紧张,在对教师进行心理健康教育培训时必然要张弛有度、层次分明。海阳市教体局关注教师身心健康,紧密结合教师工作生活实际,在对教师进行心理健康教育培训时,注重抓住节点有度进行。

（一）抓住开学点,心理健康摸排

每学期开学前,海阳市教体局均会下发《做好新学期心理健康教育工作的通知》,通知中会要求学校通过问卷调查的方式对教师进行一次心理健康摸排,根据摸排结果形成心理健康摸排报告。学校根据教师的心理健康状况开展有针对性的心理健康教育讲座,而对于摸排结果显示状态不良的老师则会进行上报,教体局会根据全市教师的摸排结果采取个体咨询、团体辅导等方式进行后期的心理疏导,使心理健康培训更有针对性和实效性。

（二）抓住活动月,心理常识普及

每年 5 月为"心理健康教育活动月",这是对老师进行心理健康指导的重要时期。海阳市教体局会在活动月之前下发《关于组织开展"心理健康活动月"活动的通知》,通过组织形式多样的知识讲座,丰富多彩的团体活动,指导教师科学用嗓、保持良好的仪表风范、学会心理调适的方法,提升教师的幸福感。

2012 年起,专家指导小组在全市范围内开展了"心理健康进校园"活动,共入校开展活动 100 余次,受益教师 3 000 多名,得到老师的好评。

（三）抓住压力点,心理小团队显能

心理咨询师的培训,骨干团队成员的培养,让每一所学校拥有几名心理健康教师,他们成为学校里心理健康成长的小团队。加强这些教师典型的示范引领作用,使心理健康培训成为以点开发、基层发展、日常进行的状态。学校的这些小团队可以适时抓住老师的压力点,及时地开展相应的疏导,引导学校教师更好地认知自我,积极地对待工作和生活。有老师笑说:"我经常找心理老师聊两毛钱的。"这种主动缓解自我压力的状态正是学校心理小团队带领大家共同成长的体现。

三、打造交流平台，让成果有显现

在培训与实践中，教师们带着心理健康教育理念在教育教学中不断地探索与积累，一些优秀的教师沐雨拔节，很快成长起来。海阳市教体局便通过打造不同的交流平台，让教师在交流中成长，在分享中有所得。

（一）建立心理健康工作群

集体学习时，这是个观点交流平台，针对专家提出的某个点，教师们在群里提出自己的疑问，分享自己的感受，探讨理念的落实，让思想得以碰撞；平日工作中，这是个精彩分享平台，教师们读到的优秀文章和看到的精彩视频通过群里分享，让更多的人看到、学到。

（二）建立心理健康宣讲团队

教师们通过制作心理健康讲座视频，开发心理健康教育微课，到学校开展心理健康教育讲座等方式，把自己在心理健康教育中的所得与他人分享，让更多的人在活动中受益。鼓励教师利用自己的所学建立公益组织，引领广大市民用科学的态度和积极的心态面对生活、面对生命。推荐教师与其他部门协作，一同开展心理健康教育培训，帮助学生及家长获取知识、掌握技能、解决问题。一个一个的交流平台，一步一步地扎根成长，心理健康教育的成果之花也在行走中不断绽放。自2012年以来，教师们撰写的心理健康教育方面的文章在《海阳教育》《烟台教育》《中小学心理健康教育》等刊物上发表50余篇；教师完成烟台市级以上心理健康教育课题十余项。

疫情防控期间，海阳市心理健康教育工作在烟台市精神文明工作简报中刊发，3节心理健康微课在烟台电视台播出。2020年山东省学生心理健康节系列活动中，实验小学杨超楠老师设计的《"疫情磨炼意志，坚持铸就成功"云直播升旗仪式》被评为特色活动，杨华山和刘帼英老师撰写的《尊重"乖孩子"的心理需求——运用OH牌对一名抑郁情绪高中男生的心理辅导》获得辅导案例优秀奖，程荣珍老师制作的《改变，从"微习惯"开始》获得"云讲堂"微课二等奖。2022年烟台市心理健康"每月一讲"活动开展以来，海阳市提供的讲座已经播出了2个。

党的十八大首次把加强心理健康服务写进了报告，心理健康对于人才培养有着固本培基的重要意义,对于健康中国建设和理性平和的社会心态建设也意义重大。对教师的心理健康培养会让每一位教师在提高自身心理素质和健康水平的基础上,关心关爱每一个学生的心灵成长,让教育教学工作更有"心"。

深度融合：
教育技术应用赋予新时代教师新使命

智慧教育创新发展是《教育信息化 2.0 行动计划》的八大任务之一，海阳市教体局紧紧围绕信息技术与教育教学深度融合这一核心，促使信息技术与学科的课程结构、课程内容、课题资源以及课程实施等融为一体，提高信息技术应用水平，以教育信息化支撑和引领教育现代化。

一、信息技术应用

"互联网＋教育"是互联网时代教育发展的主要形态，通过互联网与教育的深度融合，实施以同步课堂、远程传递课堂的"互联网＋义务教育"城乡学校结对帮扶工程，实现有温度、有高度、有深度的信息技术应用新样态。

（一）"硬实力＋软实力"并驾齐驱

随着教育信息化建设的逐步推进，海阳市教体局搭建了坚实的硬件环境和安全高效的网络支撑体系，为信息技术应用力得到强有力的保障。海阳市教育装备与技术研究中心注重提升教师信息素养，每年度都会开展各种培训和比赛活动，以赛促用，以用促提升。先后开展了电教资源应用培训、3D 打印、信息素养提升等培训活动，覆盖面普及全体教师。积极开展信息技术应用技能大比武、实验教学大比武、微课程资源设计、优秀课件设计、校园影视创作等比赛活动，仅 2022 年度参赛教师获省、市级证书 100 余项，转变了教师传统教学观念，在适应技术带来的教育深刻变革中增添了活力。着力开展创客教育建设，2019

年成功举办主题为"创客教育——点燃创新梦想"的首届校园创客节，创意智造、机器人、航模等活动充分体现出师生的信息素养能力。

（二）"平台＋云盘"协同架构

2015年利用"海阳教研平台"集成了配套的班班通资源，2018年建立"育云网盘"资源云平台，2020年平台全面升级，这三次大调整，为资源的存储、检索和应用积蓄了能量，扩大了优质教育资源供给。当下，全市教师均会利用国家、省、市、县、校各级教育教学资源，借助各级各类平台，实现资源的融会贯通、优势互补、共建共享，实现优质教学资源自适应推送。自建的海阳教育视讯平台，开设校园德育、校园电视台栏目，拓展网站平台资源汇聚与实时共享功能，优化教育节目直播、点播方式，定时直播本地优秀教育节目，让更多的教师、学生受益。同时，平台的架构，为学校利用多媒体录播教室开展教育教研活动提供助力，促进校内、校际、区域间视频教学和教研等活动常态化、实效化。大磊石学校是村办小学，位置偏远，五个级部仅有十几个学生，专任教师更是配备不足，依托教育视讯平台搭建了育才小学与大磊石学校的音乐专递课堂，让优质的音乐课堂城乡同步，乡村的孩子真实体验音乐艺术的魅力，扩大了薄弱学校的受益面，发挥优质学校的示范作用，为促进教育公平、缩小城乡教育发展不平衡等问题贡献了信息技术应用的力量。

二、课程资源开发

教育部《关于全面深化课程改革落实立德树人根本任务的意见》一文中有这样的要求：从2020年开始全面启动中小学网络优质资源的开发与应用工作，提升中小学教师专业素养和区域教育教学质量。可见，资源的开发和应用在助力"四有"新教师专业成长方面发挥着显著的作用。

（一）学科课程资源全覆盖

"未来，以远见致未见。在当下，如何加快教育数字资源建设？区域内的网络资源建设该给孩子提供什么样的优质资源？究竟该用怎样的新技术来开展教育教学？"教育装备与技术研究中心科室主任张绍勇在领衔建设电教骨干团队之际，不断思索着。2020年初，由500为骨干教师组成的网络教研团队开启课程资源建设新篇章,目前,已建设约 4 000 套课程资源,包含教学视频、微课、习题等相关素材,并自建资源平台全市共享。资源建设期间,骨干教师从不知道如何设计课件,到自主地设计精品资源;从不知道如何录屏,到熟练地进行视频剪辑,设计力、应用力和内驱力得到迅速提升。利用优质网络资源开展课堂常态化教学中,老教师积极参与其中,课堂应用能力得到提升。同时,依托在线教育资源,借助网络教研、在线研修等方式,切实发挥其在课堂授课、教育科研中的带头示范作用。通过技术与教研的有效融合,激发了广大教师专业发展的内驱力,提高教师利用信息化教学的应用效能及创新能力,促进了教师职业能力的提升。

(二)学科融合资源添活力

教育要培养创新型人才,培养学生实践动手能力,离不开宽松、自由、鼓励创新的教育环境。跨学科融合课堂是基于学生的兴趣,用项目学习的方式、数字化的工具,以解决真实问题为目的设置的。育才小学采用"坚果平台"进行全学科融合,取得了阶段性成果。基于 STEAM 理念的跨学科融合教学探索主题研讨活动,确立了"确立主题—项目化融合—解决真实问题—课堂跨时空拓展"的课堂模型,数学教师孙莉莉设计的坚果创客课程《我和时间交朋友》,立足跨学科平台资源,为课程增加了美术制作中手工制作表盘的活动,并且在信息技术中用 Scraino 编程实现秒针转动带动分针转动的内容。通过教师的指导,学生能在理解分针秒针转动规律的基础上,进行简单的自主编程,实现"秒针转动 60 下,分针转动一下"的学习内容。一堂课虽然结束了,但学习活动没有停止,孙老师巧妙地利用项目化学习的方式,留下了"影子的变化观察"这一课后实践作业,给学生充分的时间观察记录,将学习拓展到课外,延伸到校外。从这一课程实践来看,一方面表盘的设计,历经钟表的观察、设计图的绘制、材料的选择、手工制作等步骤,锻炼了学生的观察能力和动手实践能力;另一方面利用平台进行编程,培养了学生的创客意识和创新精神。信息化视域下的跨学科融合课堂教学,兼容了科学、数学、道德与法治学科的内容,教师设计时需要有综合素养,学生接受时信息量很大,师生的信息素养得到全面提升。

三、智慧课堂构建

"智慧课堂的构建非常重要。技术应用于课堂教学评价，使学习场景更加多样化；大数据技术应用于精准学习，使学生学习更加个性化，以科技提升个性化体验，促进因此施教的实现。"教育装备与技术研究中心主任赵建强在2023年新学期工作例会上对全体教育技术工作人员提出了这样的要求。

（一）技术支撑的课堂教研

2021年3月，8所学校被评为国家级信息化教学实验区试点校，各试点校根据确定的试点方向开展有序研究。中学段确定的试点研究方向是"新型教与学模式探索与实践"的研究，基于平台的课堂授课在实践过程中教师应用的热情非常高涨，新元中学李蕾老师由衷地说道："学无涯，而生无涯"，刚开始接触"学乐云"教学平台感觉一头雾水，内心发怵。校领导发挥"头雁效应"，率先示范，带头学、带头用，在"领头雁"带领下，也学会充分利用碎片时间、休息时间看视频、读文章、答试题，采取每天上线自己学、会前20分钟集中学。同时把学校的这种"专则精，精则无所不妙"的精神发扬传承下去。初一语文组教师充分利用"学乐云"学习平台内的培训资源，在提升知识储备的同时强化学习成效检验，学习先进、挑战自我，营造了你追我赶的浓厚学习氛围，踏上了信息高速路。

（二）技术支撑的模式构建

技术支撑下的课堂教学，助推了教学模式的改革与创新。育才中学利用"极课大数据平台"开展授课，创新了教与学的方式，形成了"三阶段四模块全程导学"课堂模式，"三阶段"即课前导学、课中探究、课后提升；"四模块"即自主预习、合作探究、成果体验、个性发展。孙俊杰老师数学课堂是这样实践的：在教授《积的乘方与幂的乘方》一节时，依据学习目标将本节课探究需要用的基础知识和基本算式设置为预习学案，并上传到平台上；学生通过预习学案的引导阅读课本并完成自主学习检测；通过对预习学案的分析可以发现班级内90％以上的同学能顺利完成，在完成课堂教学设计时，就可以在预习案成果的基础上继续进行探究而不需要重复探究。

随着试点工作的逐步推进，利用新平台，采用新技术，创新课堂教学环境，培育新型教学模式,实现主动学习、个性学习、合作学习等学习方式的多样化,已初步取得成效。2021 年 12 月育才中学作为典型学校代表分别在烟台市教育信息化会议上作《基于数据分析的精准教学策略和作业设计研究》经验交流,2022 年 8 月育才中学和新元中学分别做《用数据读懂学生,让课堂提质增效》《学乐云平台和极课大数据应用》的经验交流,得到与会领导的高度评价。

第二章

专业引领：
凝聚教研机构的专业智慧

　　为全面贯彻落实《中共中央国务院关于全面深化新时代教师队伍建设改革的意见》，海阳市教体局以"新时代品质教师培养"为抓手，教研与科研并举，本着"干什么、研什么，缺什么、补什么"的思想，着力打造一支适应新时代品质教育的教师队伍，形成了一条从学前到高中的教师素养提升链条。教科室以教学风格研究为统领，培养出一大批海阳市区域教师队伍的领军人物；学前教育段以游戏课程开发为突破口，通过课程建设推动幼教队伍整体素质的提高；义务教育段借助"互联网＋"的优势，线上、线下同发力，研训一体，提升教师的"软实力"；高中室立足"四新高考"研究，架梯子，搭台子，让教师尽快融入新高考；职教室则通过"双师型"教师的培养，打造了一支适应新时代职业教育的教师队伍。各学段教研机构精准发力，形成合力，用专业智慧引领教师从合格走向优秀，从优秀迈向卓越。

教学风格研究：
培育区域教师队伍的领军人物

　　教学风格是教师经过长期的教学实践、反思与创造，形成的一种相对稳定的、富有艺术气息和人文气息的教学风韵与格调，是教师的教学思想、个性特点、教学技巧与学术修养等要素在教学过程中的完美结合和自然流淌，教学风格的形成是一个教师在教学艺术上趋于成熟的标志。

　　近年来，海阳市针对教师队伍缺少领军人物、教师的专业化发展缺乏科学路径、教师课堂教学缺乏人格魅力等现实问题，扎实深入地进行了中小学教师个性化教学风格研究，为区域内 20 位中小学名师举办了个性化教学风格研讨会，提炼出他们形成个性化教学风格的典型经验，总结探索出中小学教师塑造教学风格的可循路径。

一、设计风格：入职 1～5 年的教师完成自我认知

　　教师在追求教学风格的初期，要围绕"我是谁""我能做什么""我应该怎么做"三个基本问题，做好定性、定向、定法"三定分析"，并以此为基础，为自己教学风格的形成设计一份预案。

（一）定性

　　对教学风格的研究是从教师分析自己的教学个性开始的。教学个性是指教师个人的兴趣、爱好、情感、意志、才能、性格、气质等因素在教学过程中的反映。在追求教学风格的过程中，教师要从以上诸方面正确分析自己的教学个性，

找到适合自己个性特点的教学手段和教学特色,以此为基点,开始设计自己的教学风格。

(二)定向

教师在制定个人发展规划时,通过自我分析对自己有一个客观的认识和准确的定位。在此基础上,还要选择与自己个性特点相近的名师进行研究,通过名师的成长经历,思考自己职业的核心价值是什么,为了实现自身的价值应该在哪些方面有所作为,在这些方面自己能做到什么程度。这三个问题思考清楚了,教师未来的发展方向也就确定了。名师对于教师的定向发展具有很强的示范作用,通过对名师教学风格形成与发展规律的总结,可以站在名师的高度审视教学风格,不仅看得准,而且看得远。借鉴名师的成功经验,可以让教师目标专一、锲而不舍地追求教学风格,闯出一条适合自己的专业发展之路。

(三)定法

有了明确的目标,接下来就要研究实现目标的技术与手段。教师应熟练掌握课例打磨、观课议课、微课分析等教学研讨形式,用专业化的手段来研究自己的教学思路、教学方法、教学技巧和教学细节处理艺术,分析教学现象、教学行为背后所蕴含的教育理念,总结自己的教学艺术特点。每一位名师的背后都有一套成熟的教学法做支撑,全国名师如钱梦龙的"三主四式教学法"、魏书生的"六步课堂教学法"、丁有宽的"小学语文读写结合法";海阳名师如烟台中英文学校李德强的"数学典题分析法"、海阳市小纪镇初级中学王永珍的"初中英语整体阅读教学法"、海阳市新元小学周海霞的"小学语文三读法"。这些教学法都是基于学科学习规律和教师个性特点而确定的,成为诸多名师走向成功的价值名片。

"三定"分析是教师追求教学风格的基础,三者的作用却不尽相同:定性,为风格塑造注入了人文气息,决定了教学风格的温度;定向,为风格塑造提供了思想主张,决定了教学风格的深度;定法,为风格塑造提供了方式方法,决定了教学风格的广度。

二、塑造风格:入职 5～15 年的教师形成教学特色

教师在追求教学风格的中期,要围绕教什么、怎么教、为什么教三个基本

问题,做到塑造内容、塑造手段、塑造思想"三塑合一",让自己的教学风格初显风貌。

(一)塑造内容

教学是一项创造性很强的工作,教学内容的选择与塑造,正是教师艺术创作的开始。选择教学内容一定要基于课程标准、学生学情和教师个性,只有在做好学情诊断和教情分析的基础上塑造出的教学内容,才能既满足学生的学习需求,又发挥教师的教学特长。海阳教师塑造教学内容主要有三条途径:一是吃透教材,是指教师逐一整理教材中的知识点,建构系统化的教材知识体系;二是统整教材,是指教师打破教材原有的编排顺序,根据教学主题重新编排教材顺序,形成不同主题的教学单元;三是补充教材,是指教师将原有教材内容进行压缩,根据学生的学习需求和教师的教学特长,补充新的教学内容。

(二)塑造手段

这里所说的手段主要是指教师擅长的教学组织形式、教学语言和教学方法等。每一位优秀教师都有自己擅长的教学手段,但要形成教学风格,仅是"擅长"还不够,必须经过细细打磨,使之具有美感,升华为一门艺术。海阳教师塑造教学手段的有效途径有三条:一是打磨形式,是指教师对适合自己和学生的教学组织形式进行重点打磨,使之灵活、流畅、高效;二是打磨方法,是指教师对自己常用的教学方法进行细细打磨,使教学方法适应学科的教学规律,并被学生喜欢,被教师熟用;三是打磨语言,是指教师对自己的教学语言进行艺术加工,提升语言的美感,增强学生对教学语言的兴趣,促使教学语言与教师个性特点相融合,最终形成一种个性化的语言风格。

(三)塑造思想

思想是名师课堂的血液,它虽隐匿于课堂教学的表象之下,但思想无处不在,它是教师进行艺术创作的源泉。普通教师也有自己的教学思想或教学主张,但这些思想和主张多数还不够成熟,其科学性还没有经过实践检验和权威论证,所以它只能深深埋藏在教师的内心深处,成为一种"隐性"思想。但就是这些不成熟的、"隐性"的思想和主张,决定了教师的教学行为。一位教师要形成自己的教学风格,必须把自己的教学思想和教学主张,由不成熟变为成熟,由

"隐性"变为"显性"。海阳教师塑造教学思想的有效途径有如下三条：一是实践淬炼，是指教师扎根教学实践，把自己对教学的诸多看法放入实践熔炉进行淬炼，经过实践的广泛验证，最终对学科教学产生全新认识，这种经过实践检验的全新认识就升华为教学思想；二是教学反思，是指教师在教学之余要养成反思的习惯，平时多问自己几个"为什么"，才能让个人的教学思想变得深刻；三是专家指引，是指教师在教学思想陷入混沌时，要虚心接受专家的引领，借用专家的教育智慧，摆脱思想的"泥潭"，逐渐让自己的教学思想变得清晰、成熟，实现"隐性"思想的"显性"表达。

"三塑合一"可以让教师的教学内容、教学手段、教学思想等元素相互融合，形成一个统一的整体，这就是其教学风格的基本风貌。

三、美化风格：入职 15 年以上的教师提升教学艺术

经过实践塑造，教师只是初步形成教学风格，这时的教学风格相对粗糙，缺乏美感和艺术气息。要想形成稳定的、成熟的教学风格还需通过实施课程统整、课例打磨、课题精研"三课联动"，对教师初步形成的教学风格进行完善和美化。

（一）课程统整

海阳名师都要构建属于自己的课程，"课程师本化，教师课程化"是教师教学风格成熟的主要标志。教师要统整课程资源，对课程进行系统研究，整体把握课程标准，使课程实施符合自己的教学特点，实现国家课程的师本化；教师还要认识到自身也是重要的课程资源，要把自己的人生经历、兴趣爱好、学科素养和品德修养等宝贵资源开发为课程，通过言传身教来引领学生健康成长，实现教师自身的课程化。

（二）课例打磨

追求教学风格的教师要有自己的精品课例，精品课例的形成离不开课例打磨。海阳名师每学年都选择一个或几个课例进行打磨，通过组织主题性、序列化的课例研讨，采用模仿法、观察法、比较法等形式，引导教师先研究课堂教学的大问题，如各种课型的思路、板块、流程，阅读指导、题组训练的专项教学，小

组合作、单元整体教学的有效性等。再探索课堂教学的小技巧,如导入艺术、提问艺术、理答艺术、板书艺术、留白艺术等。在此基础上,研究自己的教学个性倾向,形成个性化的教学思路,做到课堂结构有创意;研究内容选择的合理性,形成个性化的教学设计,做到内容处理有亮点;研究教学组织的有效性,形成个性化的教学组织,做到方法运用有创新;研究教学语言的艺术性,形成个性化的语言表达方式,做到师生对话有情趣。随着时间的推移,教师打磨的精品课例多了,其教学风格就会变得愈加精美。

(三)课题精研

课题研究是教师美化教学风格的一条捷径。海阳教师积极参与省、市、县各级课题研究,坚持理论学习与实践探索相结合,以理论学习缩小与专家的教学视矩差异,以实践探索增长自身的教学智慧。海阳教师精研课题坚持做到"三个真":一要研究真问题,教师必须对追求个性化教学风格过程中遇到的真问题进行提炼,使问题具有现实性和代表性,再把问题转化为课题进行研究;二要进行真研究,教师要按照行动研究法的路径,即问题→策略→实践→反思,循环往复,进行研究,直至把问题解决;三要取得真成果,课题研究所取得的成果必须具有可操作性,便于在广大教师的教学实践中推广应用。

近年来,海阳先后为 20 位学科名师举办了个性化教学风格研讨会,组织了6 次教学风格主题研讨,整理了 34 节精品课例,撰写了 10 余篇相关学术论文。这些研究经历和研究成果有效提升了区域教师的专业化水平。山东省特级教师、齐鲁名师刘云霞老师说:"在教学风格研究过程中,我尝试针对不同思维类型学生,灵活恰当地采用多种思维搭桥策略,逐渐形成'尊重、灵动、启智'的个性化教学风格,让我和我的学生共同感受到生命成长的快乐!"烟台市教科院院长管锡基指出:"海阳的个性化教学风格研究,让教师在面对一个个视野更开阔、兴趣更广泛、思维更活跃、个性更鲜明的学生时,能以自己的教学特色和人格魅力吸引他们、启迪他们、征服他们,为差异教育的实施奠定基础。"

通过教学风格研究,海阳市培养出一大批具有个性化教学风格的区域名师,他们独特的人格魅力和精湛的教学艺术,正在深刻影响着海阳教师的职业追求。展望未来,海阳市将继续引领教师塑造自己的教学风格,以此提升教师的专业化水平,增强教师的职业幸福感!

学科"公众号"建设：
搭建小学教师专业成长新平台

新媒体时代,也是资源共享共建的新时代。面对学校教师发展不均衡、校际教研质量高低不一的现实情况,海阳市积极抓住"互联网＋"时代的红利,鼓励建设学科公众号,通过个性鲜明的学科公众平台建设,打破学校边界,促进优质教研资源交流与共通,促进了教师的高品质专业成长。

一、服务教师发展需求,建设高品质学科公众号

"海阳市学科微信公众号建设的目的,主要是服务于教师与学生的共同发展,服务于县域学科团队建设,让教师的发展看得见、触得着、学得来。"小学室主任姜萍在学科公众号规划创建会议上说。

(一)设计呈现先进性

海阳市各学科公众号菜单设计,体现了学科前沿热点问题,较好地为一线教师拓宽视野,引领学科发展方向,使一线教师能够看到学科当下发展的现状,找到基本的理论与实践引领,专业成长有高度。如"海阳市小学数学研与行"公众号,设置了"文化与数学""教学资源"两个版块,提供与数学文化、名家名师有关的视频资源,提升教师对数学自身发展、数学应用、数学教学发展的认识。

(二)开发坚持服务性

学科公众号建设,将海阳市新品质教育的理念与实践需求第一时间呈现给

教师，为广大教师与学生提供最需要的内容。如海阳市"海之阳小学英语"公众号，开设英语动画、课本资源与英语微课栏目，方便海阳英语教师以及广大小学生随时查阅学习。自 2019 年以来，英语公众号这些资源较好地服务于疫情防控期间的线上教与学，在"停课不停学"活动中，使学生依然能够高品质地开展英语学习。

（三）内容立足专业性

海阳市品质教育，坚持学科的发展要依据学科自身专业知识体系与学科教育教学规律的基本理念，使公众号建设能够基于海阳市学科教育深化发展自身需求，努力呈现学科的专业性。如"海阳市小学数学研与行"公众号在"教学资源"栏目中，根据教学进度，即时性投入匹配性专业引领内容，学期中多更新新授课教学引领相关内容，学期末则多更新评价、整理复习相关内容，为教师的教学提供了针对性较强的专业引领。

各学科建立公众号运营团队，凝聚了一批热爱学科教育、有责任心的教师，从责任编辑，到文稿审核，再到版面编辑等，以最快的速度将学科团队中的教师感悟、学生成长、教学教研活动等发布在公众平台上。动态的及时更新，使学科公众号成为学科团队建设的催化剂，较好地实现了海阳市各学科、各学校教研团队之间的信息同步，促进了校际同学科教师之间的和谐交流与共同发展，搭建起学科团队共同发展的优质网络共享平台。"每日学习公众号资源已成为我工作的常态，它是一方舞台，更是一泓清泉，是我们教师发展的动力源、能量场。"山东省优秀课例获得者、"海阳市小学数学骨干教师"公众号执行总编孙继娟老师说。

二、搭建联动成长空间，引领教师高品质成长

在学校布局上，海阳市市直学校较集中，师资强，乡镇学校较分散，教师的教学理念相对陈旧，优质教学资源获得渠道不够丰富，导致教师专业成长速度缓慢。因此，为教师提供学科性、专业性强的优质资源，是学科公众号建设的首要任务。为此，海阳市学科公众号建设，不仅仅是建设一个个独立的公众号展示平台，更是将其打造成联系海阳市各学科教师与学科教研实践的纽带，通过公众号平台，实现教师与专家、成果与实践、教育与社会的多方联动。

（一）与专家联动，实现高品质引领

"互联网＋"时代，网络优质学习资源更加丰富与多元，也为更多的一线教师提供了高端的学习成长机会。为此，各学科教研员，遴选最有价值的专家讲座以及名师课例资源，使教师能够足不出户就可以学习全国一线培训课程。例如，在"海阳市小学数学研与行"公众号上，推出"大家讲坛"资源，将国内小学数学界马云鹏、吴正宪、史宁中等知名专家的课程分享在公众号上。

（二）与实践联动，实现高效率发展

公众号是各学校校本教研以及教师专业成长展示的窗口，为进一步使思考聚焦，各学科教研员每学期在学科教研会上，引领学校教师明确教研主题，使各学校教研团队形成共同的教研方向。在学期过程中，各学校分解主题，展开研究，公众号平台则及时将各学校活动开展情况进行展示，实现了公众号与一线实践的紧密联动。各校教研的主题、动态与成果，通过公众号窗口开放性呈现，使各学校打破校际边界、互通有无，盘活了县域教研活力。

（三）与成果联动，推动经验的提升

引领教师走上学科教学研究，并将实践经验转化成策略性成果，也是学科公众号建设的价值性所在。苏霍姆林斯基说，要想使教师幸福，那就把教师指引到一条研究的道路上来。为进一步促进教师教育教学理念与教学技能的提升，教研员及时跟进教师的个人研究问题，并加以指导与提升，通过公众号平台及时展出学校与教师的研究成果。"我们的'教师感悟'与'教师备课室'栏目，使教师的教学反思与日常备课成为一种成果型产品。自《义务教育数学2022年版课程标准》颁布以来，推出数学教师新课标下的新教学感悟50余篇，催化了新课标新理念的落地转化。""海阳市小学数学研与行"公众号开创者、小学数学教研员刘云霞说。

学科公众号建设，与专家资源、一线实践以及教学成果的及时有效联动，不仅使海阳市教师较快地提升了教育教学理念，提升了教师学科教学研究的热情与智慧，更营造了主题明确、方向统一的团队成长氛围。

三、畅通分享交流渠道，打造合作共赢局面

为进一步加强公众号建设为教师、学生以及家长的服务性功能，海阳市教体局从提高公众服务水平入手，使公众号平台成为教师之间、教师与学生、教师与家长的互动平台，形成了多维互动、合作育人的良好局面。

（一）开放留言板，畅通读者与作者交流

在学科公众号平台上，开设了教师感悟与学生成长相关栏目，作者有时是教师，有时是学生。每个教师后面联结着各自的学校团队和自己的亲人，而每个学生背后，则联结着诸多家庭甚至社会。因此，海阳市通过开放公众号留言板，提升读者与作者之间的交流，打造合作育人氛围。海阳市"海之阳小学英语"公众号，基于英语学习的独特性，开设了师生风采栏目，在本栏目下又设置了四个子菜单，分别是 i 朗读、朗读者、流利说、教师随笔。"这些栏目定期更新教师与学生作品，一方面促进教师与学生的共同成长，另一方面，吸引了教育同行、学生家长以及社会人士的关注与参与，密切了教育与社会的联系，形成了教育发展的联动力。"小学英语教研员白艳艳说。

（二）开放视频播放功能，将教育样态可视化

在新媒体时代下，视频资源为营造氛围、宣传推广起到了更为有力的推动作用。如"海阳市小学数学研与行"公众号以及"海之阳"英语公众号，会及时将教研实况、比赛实况等做成微视频，使海阳市新品质教育的成果以更为开放的姿态进入公众视野中，同时以更为生动鲜活的呈现方式走入了广大师生的教育生活，发挥着更为直接的带动与引领作用。

（三）开展后台数据分析，打造公众号热度栏目

公众号平台的最大特点是后台可以收集各种运营数据，而这些数据正反映着公众号以及学科团队本身的发展状况。比如，海阳市"海之阳"小学英语公众号，为学生提供了英语口语表达与展示的平台，更为学生提供了英语学习平台。自 2020 年成立以来，关注者从 0 增长到 18 722 位，单日阅读点击量均维持在 1 500 次以上，从 2023 年 1 月份看，常读用户数为 5 497 人；"海阳市小学数学研与行"公众号，则主要以促进教师专业成长为主要目标，目前有近 3 000

名粉丝,吸引了海阳市以及省内外乃至全国的小学数学教育同行关注,单篇文章单日阅读点击量均维持在 200 次左右,累计关注数一直呈上升趋势。这些数据,引领两个公众号形成了鲜明的建设特色——更多服务于学生学习与更多服务于教师专业成长。

"海阳市的学科公众号,办得很有特色! 未来的建设,要进一步优化,把握方向聚焦问题,着眼发展提炼策略,服务教学推广成果,使其真正成为一线教师的导航台、指路灯。"海阳市教研室主任刁伟波说。

海阳市学科公众号建设切合了"四有"好老师的发展需求,打造了海阳市学科建设新品牌,进一步推动了海阳市新品质教育的研究与深化。

研训一体推进：
提升初中教师"软实力"

近年来，海阳市以新时代品质教育为抓手，遵循"求真务实、提质增效、协同共进、守正创新"的原则，以培育学生核心素养为落脚点，潜心教研、细研课标、深耕课堂，在研训一体建设中，有效提升了初中教师的综合素质，为推动海阳教育高质量发展奠定了坚实基础。

一、潜心教研：以教研活动引领教师内涵发展

教研是教师发展的动力源。海阳市紧紧扭住学科教研这个关键环节，采取校内教研、市内教研、共同体教研三级教研组织形式，加大学科集体教研力度，以教研活动为抓手引领教师内涵式发展，促进教师"软实力"的整体提升。

（一）下沉教学一线开展"入校"教研

初中室建立学科教研员包片分工责任制，将教研员工作重心下移至课堂教学一线，推动学校的学科教研走向规范。各学科教研员深入学校、走进课堂，为学科集体备课、观摩评课、课例研讨等工作提供精准专业的指导，就学科核心素养落地、课堂教学改革中的棘手问题与教师进行面对面深入讨论，让每位教师在课改中思考，收获教学的新思路、新方法，确保学科教研既植根于教师的日常教学活动，又服务于教师的日常教学工作，引领教师专业水平不断提高，形成教研室、学校、一线教师教学管理的强大合力。

（二）组织"主题"式学科教研活动

在主题选择方面，以课改背景下课堂教学改革为核心，围绕学科基础性课程和拓展性课程，紧紧抓住"教材、课堂、作业、评价"等关键内容，聚焦核心素养课堂建设、单元教学、教学评一致性、初四年级中考复习等各类专题开展市内学科教研活动，力求做到教研与教学相匹配。

在活动形式方面，采取线上与线下相结合的联动式教研，线上教研即教师通过在线会议观摩课例、进行在线交流等；线下教研包括课例观摩、集体评课、专题论坛、经验交流等。教研过程中，充分发挥学科骨干团队成员、名师的引领示范作用，丰富多样的教研活动有效搭建起教师学习交流的平台，推动学科教师更新教学理念，提升了教师队伍的整体教学研究能力，有效引领课堂教学改革走向深入。

（三）开展联盟教研活动

依托集团化办学和区域教研共同体，打造联片学校协同推进教研活动的模式，积极开展区域特点教研活动。目前，海阳市 22 所初中学校组建了海合教育集团、尚德教育集团、东片教育联盟、西片教育联盟、北片教育联盟共 5 家教研共同体。教研共同体内设责任学校和引领学校，成员学校形成"共享理念、共享思考、共享融合、共享资源、共享成长"的发展愿景，采取"定时间、定地点、定人员、定主题、定内容、定目标"的方式开展联校教研活动，打破了校际壁垒，形成了以区域教研协同推进学科教研均衡发展的格局。通过联盟教研活动，有效解决了小规模学校教研封闭性的问题，提升了区域内教师的教学水平和业务能力，为校与校之间的交流提供了平台，有效发挥了名校、名师的辐射作用，促进了交流共享、相互借鉴，共同进步。

二、细研课标：以课标培训促进教师知行合一

随着《义务教育课程方案（2022 版）》及《义务教育课程标准（2022 版）》（以下简称新《标准》）的下发，新课程方案、新课标为一线教学实践指明了方向和路径，规定了教学行为该指向何处、走向何方，呼唤教育者打破传统，改变原有课程观、教学观和评价观，积极参与课堂教学变革的大潮。

（一）"宏观"学与"微观"学相结合

初中室首先组织教师集体学习，通过聆听专家讲座，从宏观上学习新《标准》，体会新《标准》的指导性、时代性，明确基于什么样的背景进行修订（为什么改革），改什么、如何去改等问题，全面把握改革走向，避免"只见树木，不见森林"的现象发生。其次，各学科教研员组织教师"微观"学习，深入透视到新《标准》的学科内容体系中，明确义务教育课程标准培养的学科核心素养包含的重要内容，深入到新《标准》中的每一个部分，抓住每一部分的核心概念、每一部分中与以往的不同、每一部分对学校及教师有哪些新的要求，全面把握学科的课程性质、课程理念、课程目标、课程内容及实施，找准新《标准》提出的课程目标落脚点，真正把握新《标准》的学科内涵和特征。

（二）"反思"学与"总结"学相结合

自 2020 年提出启动课堂改革至今，各学校共同行进在课改的道路上，有了"改"在前列的典型学校，有了"改"出成绩的先进个人，积累了许多宝贵的课改经验。行至今天，新《标准》的下发对全体教师又有了新的要求：要在总结既有做法的基础上，更快转变观念，从局部入手、从问题入手，缩短课改的适应期，加快课改的步伐。

在学习新《标准》的同时，初中室通过召开学期教学工作调度会议、走进学校听取汇报、调研座谈等形式，深入学校梳理教育教学中的各类问题，分类制定问题清单，找出问题症结所在，有效制定学科课程实施方案，从深层次反思课改的得与失。教研员定期深入课堂教学，去倾听教师和学生的心声，了解一线教学的棘手问题，全方位解读新课标对教学的要求、建议。全体教师结合教学实践，深层领会新《标准》中所蕴藏的教育思想，在学中做、在做中学，不断总结、反思、实践、学习，知与行合二为一，教学实践有了理论依据，课标学习也焕发了生命力，避免了"穿新鞋，走老路"。这种总结、反思、实践的课标学习之旅，重塑了一线教师的教育观、课程观，对学校办学、教师教学起到了积极的推动作用。

三、深耕课堂：以课堂打磨助推教师专业成长

对教师而言，课堂打磨使教师经历"梳理个体问题——链接他人经验——

感知教学理念——修正教学行为——自主建构新知"的过程,通过打磨教师的专业思想、课程思维和教学反思,将碎片化的教学问题进行系统性的原理分析、策略探寻和理论构建,形成教师个性化的教学模式,有效助推教师专业成长。

(一)学校"结对"式磨课

初中室倡导学校组织"结对"式磨课,充分发挥优秀教师示范引领作用,甄选教学经验丰富、责任感强的骨干教师、名优教师与青年教师结成"一对一"师徒帮带关系,帮助、指导青年教师熟悉课标、教材,给予教学的具体指导。从指导青年教师常规教学的各个环节到听课、评课,从备课组集体备课到教研组研课、磨课,促使青年教师经历从简单模仿到理性思考的过程,快速掌握教育教学的常规要求和教学技能,逐渐形成富有教师个人特色的课堂风格。年轻教师走向成熟,骨干教师从"教书匠"转变为"排头兵",激发全体教师的课改积极性。

(二)教研员"进校"磨课

学科教研员组织各类"进校"活动,以活动为载体促进教师课堂教学的深度研磨。一是进校组织学科教学研讨会、核心素养课堂观摩会,通过名师专题授课、市级骨干教师出示公开课等,让教师在活动中汲取先进教学模式,把先进经验有效迁移至个人日常教学实践。二是进校对学校骨干教师、青年教师、重点培养教师进行跟踪辅导,通过"指导备课—听课—评课—总结提升"等序列化活动,为教师的课堂教学进行把脉诊断,并结合学科要求开出精准"药方",指导教师充实教学理论、改进教学方法。

(三)比武"搭台"磨课

学校层面,组织教师参加学校教学基本功、教学能力、教学管理等各式学科竞赛活动,营造"个人备课—组内磨课—校内赛课"氛围,教师通过集体赛课更新了知识储备,升级了驾驭课堂的能力,投身于"研究学生、研究教法",走出自我封闭的模式,加强了团队交流,培育了团队合作精神;学校则打破了教师只教书、不研究的现状,朝"以磨课引领课改、以磨课引领学校发展、以磨课引领教师专业成长"的方向做出实践性探索。

市级层面,借助教学"大比武"活动促进各学科教师全员磨课。"大比武"

是对教师教学理念、教学能力、教学常规的一次大检阅，整个比赛过程，每位教师都以热情、积极的态度踊跃参加，把"大比武"作为一次锻炼自己、展示自己、提高自己的机会。活动充分发挥"以赛促研，以赛促培，以赛促改"的积极作用，不仅为教师搭建了学习交流的舞台，也提高了教师解读教材、把握学情、设计教案、驾驭课堂的能力，更促进了学校教研、教改工作的深入开展，推动了我市课堂教学改革工作的普及。

2020年11月，基于学科核心素养的课堂教学改革暨烟台市首届课堂改革之旅启动会在海阳市召开。启动会上，烟台市教科院管锡基院长说："海阳市初中教研室推进的研训一体化建设，教师实现了由'潜力股'向'实力股'的蜕变，整项工作朴实、扎实、厚实，很有成效。"研训一体化建设，将更好地引领初中教师立足教育新话题，在实践中探索，在探索中创新。

加强新高考研究：
提升高中教师综合素养

近年来，随着高考改革工作的顺利推进，迎来了"新高考方案，新课程标准，新课程方案，新高考教材"的"四新高考"新局面。面对新高考的形势变化，诸多高中教师面临着以往未曾遇到过的难题。海阳市高中教研室，直面迎接挑战，与高中教师团队一起，加强新高考的动向研究、政策研究和试题研究，通过"三步走"全面提升教师的综合素养。

一、高位引领，教师走近新高考

海阳教研室高中室本着"专家引领、团队协作、个人主动发展"的原则，采取"走出去、请进来"相结合的方式，扎实开展教师培养工作。一是聘请省内外专家到校作专题讲座，提高教师的学科素养。海阳一中、海阳四中、烟台市中英文高级中学多次邀请北京、济南的专家为学校师生做命题专题讲座，极大提高了教师的命题能力，有效加强了教学的针对性和实效性。二是遴选骨干教师赴外地参加培训。高中室多次组织学科教研员、骨干教师赴青岛、济南、烟台市内名校参加各种形式的高考研讨会，聆听专家对高考的解读、分析和预测，学习课改下的新《标准》及《中国高考评价体系》，明确高考命题的方向、考点分布、热点变化、能力要求、试题难度、试题类型等特点，把准高考改革的脉搏，有效进行课堂教学。三是实施名师引领工程。通过建立名师工作室、骨干教师工作室，大力培养海阳市本土名师。通过集体备课、课例研讨、项目研究、听课评课等活动，发挥名师的引领作用，逐步实现全体教师的共同发展、协作成长。

二、精准指导，教师走进新高考

新课改以来，集团化、开放式的教学研究成为主流。为此，海阳市教研室高中室强化教研对日常教学活动的指导作用，为海阳高考的高质量发展提供及时、准确的智慧支持。

一方面，打造过硬的教研员队伍。海阳市教研室着重抓好教研员的"三个专业"：专业精神、专业知识和专业能力。"专业精神"要求教研员牢固树立教学服务意识，深入学校、教研组和课堂搞科研，每年重点指导一所学校、听课不少于50节。"专业知识"要求教研员加强自身学习，掌握学科专业知识，能有效指导教师落实课标、提升课堂效率。"专业能力"要求教研员加强对课程、教学和高考的研究，提升教研指导能力、质量评价分析能力、命题能力，鼓励教研员承担烟台市级以上重点研究项目，定期到学校作学科专题讲座，发挥教科研示范引领作用。

另一方面，做好蹲点驻校的指导工作。从2021年开始，海阳教研室高中室每年针对海阳四所高中进行一校一周的蹲点驻校活动。所有学科教研员深入学校，走进学科组和一线课堂跟踪调研，参与备课、讲课、习题、批改、辅导等所有教学活动。具体做法：一是面向全体，了解现状，在摸清情况上下功夫，教研员走进课堂，大面积听课，第一时间了解品质课堂在各校落实和开展情况；二是问题跟踪，加强指导，在问题导向上下功夫，听课后做到一课一评，让教师对教学中的各类问题形成清晰的认识；三是树立典型，精雕细刻，在塑造精品上下功夫，各学科努力打造精品课例，以点带面，全面推进；四是成果展示，交流研讨，在经验推广上下功夫，教研员召开学科教研成果展示会，取长补短、共同提升，进一步提高整个学科的课堂教学水平。

三、多措并举，教师融入新高考

（一）教师培养，立足新高考需求

一是实行"青蓝工程"，促进青年教师成长。海阳教研室制订《海阳高中"青蓝工程"结对师徒实施方案》，让经验丰富的骨干教师与青年教师结成师徒对子。青年教师要争取一节不落地听师傅的课，要先备后听，同备再上；师傅要全方位对徒弟负责,从各方面给青年教师帮助、支持和指导。该方案对师傅和徒弟有明确的听课规定,学期末结合教学成绩进行评比,并作为考核评价师徒的依据。高中室还有针对性地组织了《教学常规》《如何备课》《如何观议课》《教育智慧》《名师成长经历分享》等集中专题讲座,从"师德师风"和"站稳讲台"两个维度引领青年教师成长。同时制定《海阳市青年教师三年培训规划》,建立青年教师培养长效机制,分层制定青年教师个人成长规划,实现青年教师有计划、有层次、有目标的培养。

二是建立导师制,提升教师管理水平。教育是心心相印的活动,"导师制"活动的开展,构筑起改善师生关系的平台,搭建起连接师生情感的桥梁。师生在交流中成长,在互动中提升。本着"教师人人是导师,学生人人有导师"的原则,坚持以人为本,构建全员参与的教育工作体系。为了让"导师制"工作落到实处,高中室主任王立国对"导师制"分配原则进行了解读:按照对学生进行"思想引导、心理疏导、生活指导、学习辅导、人生规划"的要求,对导师的主要职责、相关制度、考核细则等内容进行了规范。"导师制"将以"细""新""实"为指导方向,细化管理,从小事入手;创新形式,加强常规管理;扎实抓好育人途径,强化学科德育功能。导师每周至少与学生谈心或辅导 1 次,了解学生思想、学习和生活等方方面面;每月至少 1 次与学生一起参加体育锻炼或者进行其他灵活形式的交流沟通活动。每一位导师为每个学生建立"学生成长档案",记录导师与学生每次谈心交流的主要内容,跟踪学生成长轨迹,捕捉学生成长的变化和个人的亮点,因材施教,为学生提供个性化指导。

(二)课堂研究,立足新高考教材

一是教学"比武",磨炼教师课堂教学技能。为了提升教师对课堂教学的组织驾驭能力,海阳市教研室高中室组织开展"大比武"和"优质课程资源"评选活动,并积极推送优秀选手参加烟台市组织的比赛,锤炼教师的基本技能和素养。活动中,高中室做好统筹安排,动员备课组长、优秀骨干教师帮助选手磨课,以此带动全体教师共同进步。

二是集体备课,促进教师高质量发展。备好课是上好课的前提,集体备课又是个人备好课的重要保证。发挥教师的集体智慧、实现资源共享是提升教师教学水平的有效途径。学期初，教研室下发《"集"众之长，有"备"而来——关于集体备课的几点建议》文章，制定关于集体备课"五定七备六统一"的具体要求，各学校各级部结合自己的实际情况，开展有效的集体备课活动。文章对高中集体备课的流程和内容进行了细化，对备课时间、主备人员、备课内容、备课细节、备后反思等都做了明确的要求。集体备课活动中强调了一个"议"字，重视集体交流和研讨，备课过程要求教师人人参与发言，形成"说""议""研"一体化教研氛围，努力达到人人有备而来、人人满载而归的实效。

（三）试题研究，立足新课程标准

一是加强指导，提升教师选编试题的能力。自 2020 年实行新高考以来，各学科高考试题的命题方式、试题结构、难度指数等均发生了很大的变化。重视高考试题分析和试题命题研究，提高命题的科学性、准确性和针对性，是实现精准备考、科学备考的前提。2021 年 9 月，海阳教研室高中室组织《新高考背景下的试题选编》交流活动。此次交流涵盖了语文、数学、英语、物理、化学、生物、政治、历史、地理共 9 个学科，各科教研员与教师就"新课标、新教材、新高考"背景下教师选编试题的困惑进行了面对面交流。各科教研员依据近三年全国各地高考试题，从选编试题的原则和要求、选编试题与学科核心素养、选编试题的步骤与技巧等几方面展开交流，多维度探索高考试题的命制特点和规律，强调研究高考试题对教师日常教学的宏观引导，给教师选编试题指明了方向。

二是业务检测，促进教师自我提升。为了提升教师对新课程标准的理解、掌握高考命题意图与规律，海阳市教研室高中室于每年 3 月份组织 50 岁以下教师参与"'考'验素养，'题'升能力"的同做高考题活动。考前高中室从跟考方案、监考、阅卷、考核等方面对跟考活动进行了细致的部署，各学校设置专门考场并严格实行签到制度，安排专门的考务员进行监考巡考。次周，所有跟考教师进行说题活动。同时，教研室高中室于每年 7 月份组织教师基本能力测试，能力测试涵盖了语、数、外、政、史、地、物、化、生和信息技术 10 个学科。除了 2022 年因疫情防控原因采用网上答卷的形式之外，其他年度的测试全部采用闭卷、笔试的形式进行，单人单桌，由各学科教研员监考。测试结束后，由专业人员对试卷进行统一批阅，并将考试成绩计入教师的考评考核。

"面对新高考改革趋势,教研员要下沉一线,与教师一起,做好'四新'研究,精准备考,努力提升教学质量。"海阳市教体局局长纪卫东在全市高中教学工作会议上强调。

新高考呼唤新教师。海阳市高中教师团队,将继续加强新高考研究,从多维度培养教师,为新高考蓄能,为新高考赋能。

加强团队建设：
培养职教"双师型"教师

　　当前，职校教师的综合素质培养成为职业教育发展的重点和难点。职业教育中重理论、轻实践，重知识传授、轻能力培养，师资队伍建设上偏重理论水平、缺乏知识运用的情况普遍存在，已成为提高职业教育教学质量的瓶颈。海阳市自 2016 年在全市职业学校范围内开展了"双师型"教师团队建设工程，教师队伍素质明显提升，培养出一批新时代优秀教师，促进了全市职业教育持续、健康、高效发展。

一、提高目标定位，营造"双师型"教师团队建设氛围

　　为了使职校教师走在时代的前列，争做学习型、创新型的领头羊，海阳市确定了以"双师型"教师团队建设为载体，实施骨干带动，抓好典型引领，加强团队合作，促进教师专业成长。

（一）着力打造出一支领头雁队伍

　　"强将手下无弱兵"，团队带头人的选拔和培养至关重要。"双师型"教师团队带头人的首要条件是素质过硬、勇于担当，能够履行好自身职责。根据《海阳市职业学校"双师型"教师团队管理意见》的要求，团队带头人不仅在专业水平、教科研水平、管理能力等方面有具体标准，而且要具有较强的工作激情和执行力。在各专业部、学校层层推荐选拔的基础上，教研室审核公布了 6 名团队带头人，分批次外派参加了省级、国家级培训。同时，海阳市教研室敢于放手

大胆使用,在县级优质课评选中,让团队带头人担任评委,让他们参与教研活动的指导工作。

(二)着力打造出一支骨干教师队伍

海阳市职校教师老龄化现象较为严重,新入行教师又缺乏培养和锻炼,师资队伍青黄不接,制约了学校的发展。对此,海阳市教研室实施了骨干带动工程,通过选拔培养骨干教师,发挥其带头作用,形成传、帮、带相结合的教师专业发展模式。《海阳市职业学校"双师型"教师团队管理意见》中对骨干教师作出了明确的标准要求,同时,还要求骨干教师应该具有如下基本特点:具有较强的工作责任心,具有优秀的教育教学基本功,与团队保持共同的奋斗目标,勇挑重担,积极参与团队的各项工作等。在第一个建设周期中,共选拔培养了50名"双师型"骨干教师,以海阳市教学研究室的正式文件予以公布。同时,组织开展了观摩课、展示课活动,每名骨干教师每学期录制一堂观摩课,供全校教师观摩学习;每名骨干教师带一名年轻教师,为年轻教师上一堂展示课;并将活动开展情况纳入骨干教师的年度考核。

(三)着力营造出良好的发展氛围

"双师型"教师团队和骨干教师的成长离不开学校和上级层面的关心和支持,如政策鼓励、经费支持等。对此,海阳市教体局、教研室和烟台轻工业学校把团队建设工作列入了重要的议事日程,确保政策上支持到位,经费上保障到位,为立项团队教师的培养和教学教研活动保驾护航。团队建设目的只有一个,既要看到教师的专业成长,又让教师享受到成长的快乐,收获到成长的喜悦。对考核合格的骨干教师,优先安排参加相关学术会议、进修、培训、考察等活动,并在评先选优中予以考虑。

二、开展实践探索,厘清"双师型"教师团队建设思路

关于促进教师的专业成长有很多措施和方法,关键是要结合当地特色和学校实际,要保证质量和实效。在"双师型"教师团队建设工作中,海阳市教研室主要采取了两条有效途径:一是强化学习培训,二是抓好考核管理。

（一）坚持学习培训常态化、科学化、实用化

多年来，海阳市教研室一直坚持"研培结合、以研促培"为主的培训培养模式，有计划、分阶段开展教育科研培训、青年教师培训、教学诊断活动培训、德育课题研讨培训等活动，每次培训都有考核，考核结果直接与团队建设挂钩。

抓好学习配当。市教研室每学期初都制定下发培训学习配当表，要求学校通过组织集体学习研讨和自主学习研修的形式，对骨干教师的教师职业道德、现代教育教学理论、专业知识与人文素养、新课程理论与实践、教育科研等进行培训。每学期每位骨干教师都能撰写出有较高水平的学习心得和体会，先是在团队内部进行交流，再由学校集体组织交流，成绩优秀的择优参加县市级会议交流。以研促学，以培促学，确保实效。

抓好学习引领。注重充分发挥骨干教师的引领和示范作用。每学期都为团队中的骨干教师确定专题讲座和研讨的题目，通过开展有针对性的专题讲座或研讨，指导引领教师实施职业教育教学新理念的教学实践。每位骨干教师每学期至少上一堂优质示范或展示课，通过校园网站，对全校教师进行教学引领和展示。同时，要求团队中的骨干教师带头参与到教育科研中，每位骨干教师每学期都要争取参与一个县级及以上课题的研究，注重教育教学实践的反思，达到预期目标。

抓好学以致用。注重骨干教师压担子、挑重任的作用。每学期都有计划地安排团队中骨干教师参与或指导其他教师参加各级教学基本功竞赛活动。自2018年开始，在县级优质课评选中，教研室职教室就从团队中选拔了优秀骨干教师参与到评委行列，学以致用，学有所用，让骨干教师发挥自身的带动和示范作用。

（二）建立完善的"双师型"教师团队管理机制

强化考核的杠杆激励作用。团队的成长是一个过程，有周期性，不可能一蹴而就。没有规矩不成方圆，必须建立促进发展的良好机制。《海阳市职业学校"双师型"教师团队建设管理意见》中明确了"能者上、平者让、庸者下"的指导思想，确定了"定期选拔、动态管理、重在培养"的原则。在"双师型"教师团队建设立项之后进行期中检测，第二年进行总结验收。对中期检测成绩不合

格的,撤销立项团队。海阳市教研室、烟台轻工业学校对"双师型"教师团队带头人、骨干教师实施两级管理,以学校管理为主。每个周期都制定出明确的建设目标和工作配当。由市教研室职教室牵头成立考核领导小组,每学期考核一次。原则上任期两年,工作业绩突出者可以连任。

建立成长档案袋。海阳市教研室用成长档案袋对骨干教师的成长和发展进行科学评价,促进骨干教师的自我更新、自我发展,充分发挥骨干示范和专业引领作用,最终促进学校发展和学生发展。通过建立骨干教师成长记录袋评价制度,骨干教师能看到自己所取得的成绩,反思自己的成长过程,一步步明确自己前进的目标,实现了骨干教师评价由鉴定性向激励性,由终结性向过程性的转变。每学期由市教研室职教室和学校对骨干教师定期考核和量化记绩,打分排序,考核合格的骨干教师享受市级骨干教师的称号,考核不合格者取消其称号。在第一个周期中,就有3名骨干教师因为工作业绩较差、带徒工作完成不理想,被予以除名。

三、坚持创新发展,打造"双师型"教师团队建设新亮点

职教室主任修振腾在海阳的"双师型"教师团队建设调度会上说:"'双师型'教师团队建设,要'以服务为宗旨,以就业为导向,以能力为本位,以素质为核心',把培养高素质技能型专门人才作为办学目标。"该市"双师型"团队建设在现有基础上,优化教师的年龄、学历、职称、知识和能力、专兼等结构,形成合理的梯队,保持了团队成员相对稳定,分工明确。没有增加编制,没有增加经费,依靠团队的力量,提高了现有教师的素质和水平。

(一)坚持学科融合贯通

海阳市打破了传统的学科(专业)组织结构,组建不同功能、性质的公共基础课程和专业课程的"双师型"教师团队。在团队建设过程中能及时跟踪产业发展趋势和行业动态,准确把握专业建设与教学改革方向,保持专业建设的领先水平;能结合校企实际,针对专业发展方向,制订切实可行的团队建设规划和教师个人发展规划。公共基础课程"双师型"教师团队在提高学生职业素养上有了创新和明显成效。该市承担的《烟台市中职"四位一体"德育课程体系的构建与实施》总课题中"实践活动"子课题的研究成果,在市域范围内得以推

广,是"双师型"建设成果的阶段性体现。

（二）设计教师发展通道

海阳市研究制定了"双师型"教师认定和评价制度,制订科学合理的认定标准,将"双师型"骨十教师细分为初级"双师型"教师、中级"双师型"教师和高级"双师型"教师三类,为教师设计一条新的生涯发展通道,引导教师不断提升自身素质。对于认定的各类型"双师型"教师,给予相应的政策鼓励和支持。烟台市轻工业学校教务处主任、海阳市首席技师孙京亭说:"'双师型'教师团队建设,为我们中职教师的成长搭建了更高的平台,是一条培养新时代优秀中职教师的快车道。"

（三）建立动态考核机制

海阳市加强对三级骨干"双师型"教师的考核,改变"一认定终身"的局面,以一年或两年为一个周期,对"双师型"骨干教师的实践能力进行考评。建立"双师型"骨干教师实践能力考评制度,定时对"双师型"骨干教师的专业技术能力和实践教学效果进行考核,确保教师始终保持较高的业务水平。

"'双师型'教师团队建设是新时代中职教师培养的应然要求,为海阳市职业教育高质量发展提供了师资保障。"海阳市教体局局长纪卫东说。

"双师型"教师团队建设为教师的理论研究、实践探索等方面找到了有效衔接点,培养出职业教育所需要的好老师。

游戏课程开发：
探索幼教队伍发展新路径

　　幼儿阶段作为儿童青少年健康发展的基础阶段,在此阶段开展游戏课程,可以引领幼儿建立良好的健康习惯,培养良好的品德意识,储备一定的运动能力,为未来的身心健康奠定扎实的基础。由此可见,作为游戏课程的开发者——幼儿教师,他们的专业能力是实施课程的关键,决定着课程实施的成效。

　　海阳市在实施过程中发现,部分教师对游戏化课程开发还处于认识的转型期,旧的理念依然在主导着幼儿的活动,新的课程改革让他们茫然、困惑。为此,该市通过学习与实践相结合、治理与引领相结合、教研与科研相结合的方式,以教师发展带动课程实施。

一、学习实践相结合,提升幼师队伍专业能力

　　教师的专业素养与能力水平,直接影响教育的质量。为促进幼儿教师真正成为幼教专业人才,海阳市教育和体育局通过"培训式学、展评式明、引领式启"等方式,增强教师驾驭课堂、组织课堂的能力,提高教师的专业水平。

(一)培训促学

　　一方面,鼓励幼儿园通过组织培训、资金奖补等方式,帮助支持在岗无证的幼儿教师进行在职学习,努力提升自身学历、考取幼儿园教师资格证,同时要求幼儿园严格把好入职关,新入职教师必须持有幼儿园教师资格证。2020年至今,海阳市幼儿园教师资格证持证率提升了10个百分点,幼师队伍的整体素

质显著提升。

另一方面，海阳市教体局每年均会面向新上岗教师、骨干教师、园长组织不同层次、不同内容、不同形式的专业理论培训，帮助幼儿教师掌握最新的专业理论，用理论指导实践，为幼师队伍专业成长提供理论支撑。

2022年，海阳市针对游戏的观察与指导、游戏案例的撰写等开展了相关的培训活动，并借助烟台市《关于征集幼儿园优秀游戏活动案例的通知》，组织全市幼儿园进行了游戏观察及案例撰写与评比、研讨活动。通过培训、实践与研讨，教师们观察、追随、解读幼儿游戏与行为的能力获得很大的提高。

（二）展评互学

优质课、优秀案例、一师一优课、德育案例、家庭教育微课、自主游戏案例解读等是近年来经常组织的学前教育评比活动，借助展评机会，积极组织教师现场展示、结构化答辩、专家现场点评，帮助参评教师明晰活动案例的优缺点，提升教师的专业素养。

2020年山东省教师信息化大赛中，海阳市3个参赛作品均获山东省一等奖；烟台市组织的课程游戏化优秀生活动案例和自主游戏解读视频评比中，海阳市参赛的10个作品中9个获烟台市一等奖，1个获烟台市二等奖。2021年，海阳市1个参赛作品被评为山东省幼儿园游戏活动优秀案例优秀奖，4名教师被评为烟台市齐鲁幼师之星。2022年，海阳市积极参与省级优质课、优秀幼小衔接案例推选活动，共推送优质课4节、优秀案例33个……

（三）引领启学

首先，对新入职教师进行思想上的引领。组织新入职教师及全市幼儿园教研组长召开幼儿教师专业发展研讨会，针对"今天怎样做老师"话题分析当前幼儿教师发展新形势、新要求，帮助新入职教师明确成长新目标与新方向，制定教师成长计划，助力教师朝着专业发展的方向快速成长。

其次，充分发挥优秀教师、优秀案例的示范引领作用，助力骨干教师快速成长。通过优秀教师经验做法分享、优秀游戏教育案例的分享交流等，增长大家的智慧，从而达到共成长、共提高的目的。如该市组织全市幼儿园园长开展了自主游戏研讨交流会活动，在该活动中，方圆街道中心幼儿园的"亲近自然绿色课程"深入人心,该园借助地理位置优势,组织幼儿亲近自然、探究自然,让幼儿在与自然的游戏互动中实现德、智、体、美、劳全面发展。优秀经验交流会、优秀案例分享研讨会等活动的开展,让优秀经验与成果宛如一把金钥匙,打开了大家智慧的大门,为研究发展之路送来光明。

二、借助"小学化"专项治理,规范游戏课程实施

2018年7月,教育部办公厅印发了《关于开展幼儿园"小学化"专项治理工作的通知》,要求落实以游戏为基本活动,坚决纠正"小学化"倾向,切实提高幼儿园科学保教水平,促进幼儿身心健康发展。

首先,海阳市于2019年2月成立了幼儿园"小学化"专项治理督查组,通过不定期抽查等方式对海阳市各类幼儿园进行了全面排查,对出现的"小学化"现象采取了现场指导、督促整改、回头看等措施,同时针对"小学化"现象进行了分析总结,开展了专题总结会议、规范幼儿园教育行为专题培训会议,转变了幼儿园迎合家长提前教授小学课程的思想观念,树立教师教育游戏化工作理念。

其次,海阳市制定了课程游戏化教研计划,课程游戏化实践真正提上日程,以"游戏化"治理"小学化",同时引导幼儿园积极探索幼小衔接课程,正视幼儿发展规律,禁止幼儿园教育出现"抢跑"现象,推进幼儿园和小学科学衔接。2021年,海阳市教体局印发了《海阳市幼儿园与小学科学衔接实施方案》,并成立了5对试点园校,其中1对为省级试点园校,2对为烟台市级试点学校。2022年,学前教育科与小学教研室联合,不断助推各试点园校的日常教研工作,促进其深入交流,通过送课进园、听评优课、参观园(校)、座谈研讨、家园(校)座谈会、经验分享及案例分析等活动,促进了幼小联动教研的具体实施,使海阳市幼小衔接工作取得了良好成效。

第三,海阳市借助学前教育宣传月、家长会、家长开放日等活动,对幼儿园的科学保教理念进行宣传,指导幼儿园、小学注重日常宣传力度,在微信公众号、教育网站等平台,通过美篇等方式面向社会对幼儿园及小学教育工作进行正向宣传,对"小学化"教育的危害性进行正面引导,引领家长树立正确的育儿观与教育观,支持幼儿园科学专业发展。

三、组建教研项目共同体，培育研究型教师

海阳市借助课程游戏化研究大趋势，积极申报幼儿课程游戏化的相关课题，并以这些课题为纽带，引领各幼儿园组建教研项目共同体，拉开了课程游戏化研究的序幕。

2019年，成功申报了山东省基础教育教学改革项目"幼儿园区域活动双走制研究"；2020年，山东省"十三五"规划课题"基于'双走制'的幼儿园区域活动课程实践研究"成功立项。这两项课题的研究，开创了该市幼儿园幼儿"走班制"、教师"走教制"教育模式的先河。

幼儿"走班制"是指教室和教师固定，幼儿根据自己的能力水平和兴趣愿望选择适合自身发展需求的班级开展活动。"走班制"学习组织方式不仅体现在课堂教学中，也体现在幼儿的各种教育活动中。"走班制"满足了幼儿的兴趣爱好，给了幼儿充分的自主选择权，体现了幼儿的主体地位，受到幼儿的普遍欢迎。

教师"走教制"是海阳市教体局为解决幼儿园师资短缺的问题，挑选了一部分业务精、师德高的教学骨干，采取一名教师跨两个以上幼儿园任教同一门课程的教学管理机制。"走教制"在解决幼儿园优秀师资不足问题的同时，有效提升了教育教学质量，促进各幼儿园之间的优质均衡发展。此外，各幼儿园为了让孩子们能够接触到更多优质教育资源，促进园内教师快速成长，还在园内实施区域活动"走教制"，在开展区域游戏时，班级孩子不动，教师根据需要到不同班级、不同区域指导活动，实现了园内优质教育资源的共建与共享。

幼儿园区域活动"双走制"主要是根据幼儿发展需求和主题教育目标，充分利用各类教育资源设置活动区域，创设立体化育人环境，为幼儿提供了更加广阔的自主发展空间，通过幼儿"走班制"、教师"走教制"建构彰显幼儿主体地位、师幼协同发展的课程体系，令区域活动的作用日益推进与深化，为幼儿园游戏课程改革提供了有益借鉴。

2020年，烟台市"十三五"规划课题"幼儿一日生活活动组织与管理研究"顺利结题，其成果"生活活动具体目标体系""生活活动组织策略""生活活动评价体系"已在县域内进行推广与运用，充分彰显"一日生活皆教育"的理念。

2022年,海阳市各幼儿园积极参与山东省学前教育中心组织的课题研究工作,海阳市育英幼儿园申报的课题"幼儿园游戏分享环节的研究"于2022年10月成功立项。

幼儿课程游戏化课题的深入研究,引领海阳市幼教队伍走向了一条研究发展之路,让教师在实践中研究、在研究中成长,海阳市幼儿教师的科研水平进一步得到提升。

"为纵深推进游戏课程的开发,海阳市成立了以教研员为组长,烟台名园长、烟台名师、民办园优秀园长为组员的大教研组,在全市幼儿园中整体推进课程游戏化研究。目前,全市的'游戏化'课程建设正在由零散化、无序化向集中化、课题化转轨。5年来,已有5项省级、6项市级的'游戏化'课题在研究中推广实施。今后,我们将以课题引领课程,以课程规范活动,真正使教师的素养得到提升。"海阳市学前教育科科长王永超说。

海阳市学前教育,将借助课程游戏化研究大趋势,整合本土文化及现有资源,通过研、思、行相结合的方式,推进资源共享,创新发展教学研究共同体,全方位提升幼儿教师队伍的整体素质。

第三章
跨校教研：
搭建校校联合的多维平台

为了打通学校之间的壁垒，近年来，海阳市教体局宏观把握，整体布局，以集团化办学和教研共同体建设为主要手段，努力推进跨校教研工作，搭建了学校之间联合教研的新平台，为教师专业成长拓阔了空间。集团化办学作为国家重要教育战略规划，成为破解"上好学难"这一问题成本最低、风险最小、成效最大的一条路，也是一条推进优质教育均衡化的成功之路；教研共同体是学校之间自发组建的民间教研组织，各学校通过问题聚焦、任务驱动、同台展示、合作教研、资源共享、文化共融、联合共育等举措，有效解决了教师教育教学中的实际问题。跨校教研策略的实施，在海阳市域内形成了以强带弱、以大带小、就近搭班、局部抱团的发展新格局，大大促进了师资队伍建设，提升了办学效益和水平，推进了城乡学校优质均衡发展。

"3＋3"模式，助力教育集团教师共同发展 ●———

　　集团化办学是为了让学校间的教育资源、师资更好地发挥作用、形成竞争的教育平台。2021 年 10 月，由海阳市育才小学、凤城小学、留格小学、亚沙城小学建立的"协作型"海润教育集团应运而生。集团校带动各牵头的学校共15 所小学，以"3＋3"教师培养模式，即文化定愿景（同步、共振、愿景）——资源进课堂（诊断、混合、论坛）——联合育特色（筑梦、耕读、导师），整合优化教育资源，促进教师专业发展。

一、文化共融，形成共同愿景

　　在推动教师专业发展的初期，海润教育集团要做的就是锚定一个愿景，这就需要同步、共振、愿景三步走。

（一）同步

　　认同的开始是认知。海润教育集团召开"海润集团及共同体学校校长圆桌会议"，梳理各学校文化特色：海阳市育才小学以"和美致远，至真至善"为核心理念，崇文尚德、求真乐善、求实创新，强调以生为本，智德并行，追求以和为贵，以真为美，形成"涵美""慧美""健美""艺美""泽美"五美教育体系；亚沙城小学形成涵盖"家乡文化""红色文化""传统文化""劳动文化""中医药文化""科技文化"六大文化为导向的"海韵课程"体系；凤城小学建设涵养学校发展的"凤品文化"；留格庄镇中心小学建立"尚美"课程体系。在此基础上，学校之间相互了解，多维联动，融通共育，立根定调，确立了同步的关键点——实现教师"美"成长、学生"美"发展。

（二）共振

海润教育集团内各个学校文化既有"美"的共通点，又具有学校实际情况的特色差异点，实现融合发展就需要同频共振。为此，集团召开"领头人"会议，各校校长、副校长共同参与确立精神文化目标，商议共同体发展思路，提出了"和谐发展，美美与共"的核心理念，实施"一体化学校管理、一体化资源共享、一体化课程建设、一体化教研活动、一体化组织备课、一体化教师培训、一体化质量评估、一体化评价激励"的"八个一体化"运行策略，整合优质教育资源，全面实施素质教育，打造新学校、新教师、新课堂的品质教育，确立"一个理念、三项原则、五种机制"的发展总体目标。通过文化共振，以"科研引领、一体多元、协同共进、提升品质"的发展策略，形成海润集团的办学章程。

（三）愿景

文化需要浸润到每个老师身边，有了顶层设计还远远不够，还需要通过专家培训、教师互动的方式对教师进行引领。专家的选择是实现文化愿景能否走入教师内心的重要助推器，选择本地有声望的教育专家既能拉近与教师的距离，又能把愿景通俗易懂地润入人心。2021年11月特邀请海阳市教体局专家李云辉主任和姜萍主任对集团发展方向进行专家引领规划，为集团蓄力赋能，进行文化筑基。

二、资源共建，打造深度课堂

课堂是教育教学开展的主阵地，也是教师专业成长的主阵地。教育集团内学校的各科资源发展并不均衡，如海阳市育才小学的优势资源是习作教学资源、海阳市亚沙城小学的优势资源是大问题教学资源、海阳市凤城小学和留格小学的优势资源是劳动实践教学资源，如何让集团内的优势资源实现流动，资源共建，促进教师在课堂教学中更好地运用、成长，这也需要三步走。

（一）诊断式

诊断式资源共建，发挥集团内学校的优势资源，针对集团内大部分教师教学中存在的问题，组织团队及时进行诊断式研讨。采用"整理提炼问题——成立骨干教研团队——共研同课异构——观评课——总结策略"的流程进行。

例如,针对线上数学教学过程中存在学习评价形式单一、缺少生生互动、教学细节处理不到位等问题,集团学校及时进行诊断式研讨,骨干教师出课,老师围绕线上教学的特点及教学过程中遇到的问题进行诊断研讨,引导青年教师发挥创新意识,进行同课异构教学设计。在同课异构《线的认识》时,亚沙城小学、凤城小学的授课教师以不同的教学风格,从不同的切入点,呈现出了生动的课堂。

针对语文线上习作课教学中学生不会表达、教学难点难以突破的问题,集团学校以"聚焦学科核心素养的学本课堂建设"为中心议题进行研讨,海阳市育才小学出示语文线上观摩课《我学会了____》,通过观课议课,总结出解决思路:一是精心设计导学单,为习作提供"骨架支撑";二是巧用点化策略,通过激趣谈话、头脑风暴、活动预热等方法,促进学生情智增长。

（二）混合式

新课标理念倡导真实情境、解决问题、单元整合、学科融合,需要实施混合式资源共建策略。混合式资源共建指同一场教研会中,教研方式的混合、听课方式的混合和参与人员的混合等,对多维研讨、解决人员参与度等方面实现突破,并且有机融合跨学科教学。高效的教研活动能够促进教师的专业成长和学生的全面发展,是教学质量提高的助推器。以专项培训、常态教研、混合研讨的方式,通过"示范引领—磨课议课—教研反思"系列常态教研活动促进教师专业成长。

针对新课标条件下学科核心素养的课堂建设问题,2022年5月8日,集团通过腾讯会议联合教研,以"聚焦学科核心素养的学本课堂建设"为中心议题,高质量呈现基于核心素养下的课堂教学实施策略研究成效,聚焦核心素养提升,聚力学本课堂建设。

为进一步推进新课标的实施,2022年12月13日,集团及集团校牵头的共同体校共15所小学600余人,通过海阳教育师讯直播＋腾讯会议的方式开展联合教研培训活动,聚焦新课标践行,赋能新课堂建设。在混合教研中,针对数学复习课,集团数学教师成立临时骨干团队,共同教研,共出一节课。在"聚焦新课标践行,赋能新课堂建设"主题活动中,陈哲老师在线执讲复习课《小数运算的整理与复习》,教研员、各校领导与骨干老师分享本校学科教研的经验。混合式资源共建使集团学校共享课堂教学资源,聚焦核心素养提升,聚力学本课堂建设,实现向下扎根。

(三)论坛式

资源共建的原则是全体教师参与,骨干教师引领。为了更好、更全面地发挥骨干教师的引领作用,提升骨干教师的积极性和先进性,集团学校开展了论坛式资源共建。

海阳市育才小学开展"和美课堂革命建设"论坛资源共建,该活动以教学课堂为载体,通过教师的教学行为及学生的课堂展现能力的探究,展示"诗润和美"语文课程、"单元整合"数学课程、"口语达人"英语课程、"和美发展"家校共育经验。一直以来,海阳市育才小学推行家、校协作,邀请家长进校门,参加教学管理、亲子阅读、食堂管理等活动,邀请有一技之长的热心家长走进课堂,搭建"德育实践项目化"框架,并在家委会的协助下通过红领巾假日第二课堂,开展实践性研究学习。

三、联合共育,聚力各美其美

海润教育集团既重视教师群体性专业成长,也注重教师的个性化专业成长,打造一系列各具特色的区域名师是集团培养教师发展的最终诉求。为此,集团通过系列联合教研活动,为青年教师搭建成长阶梯,更新教师教育理念,提升教师课堂实操能力,发展教师综合能力和素养,实现集团学校与教师整体素养的提升,各美其美。

(一)筑梦工程

海润教育集团通过优化教师发展工程,实施"八个一体化"策略,整合三大工程,即"信息技术2.0培训工程""教师通用基本功工程""青蓝结对工程",实施名师送教、师徒结对计划,并从课堂教学、教科研引领、信息化应用等方面做好系统规划。

海润教育集团的学校共享青年教师发展经验、共商发展计划,探讨如何通过课题研究、工作室建设等促进青年教师的专业发展,充分发挥骨干教师和学科带头人的引领作用,定期组织专题讲座,每周一讲解问题,以点带面抓培训,共建共联凝硕果,为青年教师打造一片逐梦的蓝天。

（二）耕读工程

大量阅读工程不仅是学生的读书工程,更是教师的读书工程。当下的教育形式,对教师的专业素养和成长素养提出了更高的要求,这就要求教师不断更新自己的知识体系,容纳更广阔的成长性知识。集团内通过开展青年教师演讲比赛、教师专业写作培训活动、寒暑假青年教师读书交流会、集团读书节活动,通过专业阅读书籍、深度阅读课堂、特色阅读活动这三类阅读工程,促进教师专业发展。

（三）导师工程

海润教育集团的学校在实现教师整体素质提高的同时,重视导师培养,培养一批政治思想高、专业能力强的名师导师。集团加强学校名师队伍建设,加强集团学校已有地、市、校三级名师及骨干教师的资源整合,建立共同体"名师资源库""名师工作室",带动新一批专业知识水平高、肯学习、爱钻研的骨干教师,实现共同体优质师资共享。充分发挥山东省特级教师、烟台名师、烟台名班主任、烟台学科带头人、烟台市教坛新秀的引领示范辐射作用,积极探索利用信息化手段推进"名师资源"共享,进一步提升教师队伍专业化水平。

海润教育集团化办学让海润教育集团内的各个学校优质资源有效放大,推动各学校的教育向更高质量发展,也促使了教师向更专业层次成长。

互补、共享、共进，培育"四有"好老师

海合教育集团由海阳市育才中学、实验中学、凤城初中、里店初中四处学校组成，集团以资源共享、推进教学成果为主要策略实施。以更好地培养有理想信念、有道德情操、有扎实学识、有仁爱之心的新时代"四有"好老师为目标，把习近平总书记在考察北京师范大学时的指示真正变成教师们的行动指南。

一、政策制度支持，推进工作开展

（一）教育政策支持

烟台市以习近平新时代中国特色社会主义思想和党的十九大精神为指导，全面贯彻党的教育方针，落实立德树人根本任务，紧紧围绕加快推进教育现代化、建设教育强市、办好人民满意的教育目标，坚持"因地制宜、分类指导，量质并举、以质为本深化管理体制和办学模式改革，优化教育资源均衡配置，提高管理效能，着力解决制约全市义务教育优质均衡发展的"择校热"、"大班额"问题，拉动薄弱学校发展，整体提升全市义务教育学校管理水平，推动烟台市中小学高质量发展，让每个孩子享有更加公平更高质量的教育。各区市选取部分义务教育中小学校组建教育集团试点，发挥集团内优质品牌学校、优质教育资源的龙头带动示范作用。

海阳市教体局开展海阳市新教师塑造三大行动：强师德、铸师魂、提师能。海合教育集团对此积极响应，为了"办好人民满意的教育"，积极推进跨校教研，搭建成果分享推介平台。

（二）教学后勤保障

实验中学校长杨海峰表示，"实验中学坚持'以人为本，服务育人'的思想，树立服务意识，提高服务技能，保证服务质量，规范后勤管理。为学校的教育、教学工作提供有力后勤保障。"

育才中学运用了精细化管理模式进行日常的教学安排和管理，大大提高了工作效率。育才中学校长王海波对此表示，"育才中学后勤工作领导小组始终遵循学校总体工作思路，围绕教育这个中心，做好教育教学服务工作，做好师生生活服务工作。通过建设和加强后勤管理制度，建立良好的后勤管理秩序，挖掘后勤工作潜力，调动后勤工作的积极性，开创后勤工作新局面，以保障教育教学的顺利进行。"

（三）教学资源支撑

海阳市育才中学开通多个网站的资源课件，整合国家中小学智慧教育平台、烟台教科院控制课堂、学乐云平台以及近两年出资购买的电教资源，并带动辐射集团内部其他三所学校，实现了教学资源共享共生，也为集团内各学科教学成果的产生提供资源保障。

海合教育集团的四所学校在育才中学的带领下，开展了"以教育信息化助推学校软实力均衡发展"方案，进一步优化集团内部教育信息资源共建共享的软、硬件环境，建立资源共建共享的工作机制，调动教师运用信息资源开展教育教学工作的积极性，建设适合新课改需求的丰富教学资源体系，发挥龙头学校的辐射带动作用，不断提高教师教育技术能力，提高教育信息资源的使用效益。

二、形成体系突破，搭建联合平台

（一）校际合作搭建推介平台

2021年10月，海阳市教体局以科学发展观为统领，以提高教育质量为目标，以创新办学体制和管理体制为动力，依托龙头学校的办学优势，辐射和带动各成员学校优质均衡发展，部署成立海合教育集团。集团秉承"尊重差异、融合共享、规范创新、打造特色"的办学理念，全面推行项目化管理，引领和带动各成员校共同提升办学水平。

海阳市教体局建立"协作型"教育集团试点,采取"1＋N"组建方式,即由1所优质学校为龙头,若干所潜力学校参与。集团内各成员学校之间实行管理互通、师资互派、研训联动、项目共研、质量共进、文化共建。集团成立理事会,理事长由龙头学校校长担任,并建立教育集团章程,制定集团发展规划,实现优势互补、资源共享,共同进步。

2021 年 11 月 24 日,海阳市育才中学和里店初中举行了海合教育集团校级送课活动。育才中学张英、张悦(英语)、张悦(语文)作为育才中学青年教师骨干力量,到里店初中进行送教交流研讨。本次送教活动共分为两个环节,第一环节由集团龙头学校的三位青年教师入班上一节观摩课;第二个环节由里店初中各学科教研组共同评课、议课,与育才中学的青年教师共同交流,把握要领,形成技能,从而达到游刃有余的境地。

(二)校校联合实现互帮互助

2022 年 12 月,海合教育集团举办云端会议,海阳市实验中学隋云梅主任认为,由线下教学到线上教学的有效切换,必须从"关注差异"入手,方能促进学生生命的成长。"关注差异"要从三个方面做起:一是根据教学方式的差异,挖掘线上教学优势;二是根据教师素质的差异,构建合作共赢团队;三是根据学生现状的差异,开展因人施教模式。

里店初中鲁永刚老师以"用心耕耘线上沃土,着力培育时代新苗"为主题,进行了交流分享;凤城街道初级中学姜钰老师以"浅谈高效完成课堂教学的方法"为主题,从转变观念创新思想、备课预习双落实到位、情景式教学、注重知识框架与融合、信息技术支持等方面分享了高效课堂方法;育才中学孙俊杰老师向大家分享了在疫情防控期间该校的线上授课模式和管理方法;组建由学科领导与各级部教研组长牵头,骨干教师与全体老师参与的线上教研团队,制定相对应的线上学科课程教学体系,形成强大的线上研讨矩阵。

三、开展创课教育,形成创新合力

(一)"创＋"课程教学观摩实例讨论

海合教育集团的四所学校联合开展了数学、语文、音乐、地理等学科的教学观摩课,全面展现了"创＋"课堂的异彩纷呈。通过学生展示环节,介绍了各学校在阅读、写作、知识整理等方面所取得的成绩。四所学校的骨干教师团队共同开展了主题为"浸创新之法，润创造之人"的教师论坛，对学校"创＋"课堂的实际运用进行深入探究，全面呈现了创课特色教学对师生成长、学校高品质发展的实践价值。王海波校长、杨海峰校长分别就集体教研成果进行了经验交流。师生共同展示的民乐、体育、"创＋"美术多种校本课程，让与会者深刻体会了"创＋"课程的丰富内涵。

（二）分享主题文化，形成特色课程

在海阳市育才中学的带领下，海合教育集团的四所学校融合孕育出校园主题文化：通过重塑教育信仰，承担教育责任，传递教育爱心，联系教育生活来助力教师复合发展；通过挖掘文化内涵、研究课程融合、开展劳动实践，引领学校创新发展；通过好体魄育人，好课堂育人，好课程育人来助力学生全面发展；伴着新时代、新教育的脚步，不断放大教育功能，逐步形成新时代品质教育新特色。

在 2022 学年伊始的开学典礼上，育才中学王海波校长向师生分享了中国航天员王亚平的亲笔签名照，师生们共同学习航天精神，体会航天情怀。随后，四所学校成立跨校教研小组，共同学习感受航天文化，共同努力创建智慧型、运动型、劳动实践型海阳新时代品质教育新学校。通过跨校教研，结合航天精神进行多思维向度型课堂教学的深度研究，充分开发眼、耳、口、手、脑等感官功能，提高学习效率。比如，在语文学科跨校教研中，对课文进行课堂结构重组，在六年级上册《只有一个地球》的学习中，让学生写好字、享美文、学新知，以提高学生的整体语文素养。

（三）文化浸润校园，德育课程一体化

海合教育集团以中华优秀传统文化为基点，从德育实践活动、感恩教育、诵读经典等方面进行文化浸润，实现了四所学校校园文化共生。

基于中华优秀传统文化的校园文化浸润，四所学校推进了德育课程一体化建设，建构德育课程、学科课程、传统文化课程、实践活动课程和家校协同教育课程"五位一体"的德育课程实施新格局，让德育回归生活，促进每个学生健康成长。为打造生命化课堂，实现学科育人，育才中学启动实施了学科德育计划，

培养教师要善于利用和创造一切教育场景的能力,在学生的感动点、醒悟点、分歧点、困惑点、矛盾点等节点上展开灵魂的重塑,从而促成学生的道德生成。

海合教育集团自成立以来,以联合教研交流平台为基础,以"1+N"为模式开展了一系列工作,组织开展了校级送课活动、云端教学成果交流会议、跨校教研推出特色课程和"创+"课程等一系列工作,推进了主题特色课程和德育工作一体化建设。"四有"好老师也正是在这些教学实践中、在集团化教育发展中锻炼成长起来的。新时代的奋斗目标对教师队伍建设提出了新的更高要求,海合教育集团也真正做到了"优势互补、资源共享、共同进步",共同带动教师队伍向前迈进。

整合集团教育资源 促进教师优质发展 ●──

　　昌阳教育集团于 2020 年 9 月成立，是由海阳市发城镇第一小学牵头，发城二小、朱吴一小、朱吴二小、郭城一小、郭城二小、徐家店小学等六处学校参与的共同体。学校努力探索建立师资互借、互用、互补制度，形成良好的共享共进氛围。教师的成长，是集团发展的关键。校际"青蓝结对工程"平台的搭建，带动集团教师提升专业能力，实现共享师资，互助发展。昌阳教育集团学科校际学习交流——英语学科"单元主题课例展示"活动、基于核心素养的小学道德与法治课堂教学研讨交流、数学教研共同体课堂教学评比研讨活动等，给集团内各校学科老师搭建了学习和交流的平台，营造浓厚的教研氛围，提高教师素养，督促落实新课标倡导的核心素养在实践中落地生根。

一、集团化视角，做好师资培养

　　何为集团化的视角？就是从整体性出发思考问题，兼顾共性与差异，强调合作与互补。所以集团师资培养的顶层设计要遵循以下几个原则。

（一）"人人必入"的整体性原则

　　昌阳教育集团的师资培养要面向每一个教师，为每一位教师的专业发展提供适切的路径和机会。比如新入职教师的职业规范教育，在岗多年教师的素质提升教育，骨干教师的专业提升教育，名特教师的思想创新教育等。为了实现这种全面性，就需要教育集团内部建立教师成长的"流程图"。一个教师进入教育集团，应该切入哪个专业发展的培养阶段，必须有一个基本的评估机制和顺畅的进入机制。因此，"教师专业发展流程""教师专业发展评估""教师专业发展导引"这三项内容,就构成了顶层设计的基本框架结构。让每个教师找准自身的定位和行走方向,这是集团师资培养顶层设计的目标之一。

(二)"各美其美"的差异性原则

教育集团是"教育人"的联盟,也是不同学校实体的集合。不同学校在师资培养方面一般都有结合自身实际和学校传统的思路和规划,各校的规划与方案具有历史延续性和现实操作性。因此,应该尊重和鼓励各个成员学校创造性地开展校本培训与师资培养。教育集团所做的"顶层设计"是作为成员学校校本规划的原则性指导和辅助性规范。只有当每一所学校在师资培养方面具有自己的特色化道路和个性化的做法时,集团内部才会出现更多有个性风格、独立思维的教师。教师群体的丰富性,教师发展的多样性,才能对应于学生发展的丰富性和多样性,从而形成具有充沛活力的教育生活。

(三)"美美与共"的分享性原则

作为集团或者联盟的优势,就是打破了个体的封闭和狭隘,形成一个较为开阔的教育生态圈。每一所成员学校应该有开放的心态,容纳新的信息和新的思维。在师资培养方面,教育集团内部要形成学习资源的共享、智慧信息的共享以及学习环境的共享。这一方面降低了师资培养的时间和物质成本;另一方面又使得一所学校的思想和行动可以惠及更多的教师,产生更大的辐射效应。同时,成员学校之间在教师专业发展方面具有各自的优势和特色,这些优势和特色应该成为集团内最切实有效的教师学习资源。成员学校教师之间互相学习,建立均衡分布的名、特、优师工作室,极大地发挥了集团中精英教师团队的影响力。

二、区域教研共建,课程改革同行

在昌阳教育集团各成员单位之间,逐步落实常态下的教学研究项目。为聚焦学科教学,有效地开展落实核心素养,扎实进行新品质课堂建构研究。2022年11月4日,集团邀请海阳市教体局基教科倪寿成科长、教研室小学室各学科教研员以及集团校各校校长、学科领导、骨干教师参加了本次活动。倪寿成科长要求各成员校要通过转变工作思路不断推进集团化办学创新,扎实推进集团牵头学校与成员校多方面、多层次、多途径的广泛交流合作，走内涵发展道路，全面提升集团成员教育教学质量和办学水平。依据会前各校教师的研讨意愿，精心筛选出 4 节优秀示范课，组织开展了"聚焦核心素养培育，提质学校课堂建设"主题教研活动，由海阳市教研室各学科教研员带领进行 7 校评课研讨。集体研讨结束后，刘云霞老师进行了"拔高度、落细节，让课堂成为师生思维生长的修习场"的专题培训，提出课堂要遵循的 2 个原则、探索课堂的教学模式、教学设计要体现核心特征的 4 个层次，为如何让核心素养在课堂中落地指明了路径、策略和方向。

三、构筑师德建设，打造团队文化体系

昌阳教育集团坚持以师德为首的培养模式——让教师享受教育，丰厚精神生命。教师团队以师德建设为重点，"点、线、面"结合，加强集团教师团队的师德修养。

一是选好"点"——树立典型，心中有榜样，学习有目标。

二是画好"线"——树立群体典型，引导广大教师发现自己身上的闪光点，通过一个个闪光点的牵动，逐步形成闪光的教师群体。

三是整好"面"——树立集体典型，让每位教师都能切身感受到自己的工作与集体的荣誉息息相关，从而提高教师队伍的整体素质。

在这种培养模式引领下，集团内每位教师都获得了一种向外看的机会和想法，同时也形成了一种潜在的竞争。因此，我们要在教育集团内部营造"精专向上"的氛围，让各种各类优秀的教师形象得到传播，让多种多样有效的经验方法得到交流。优秀教师的精神激励、鼓舞和唤醒了更广大教师的专业精神和敬业态度，先进教育的理念触动、指导和催化了更多层面的改革与创新。

门前春带雨，心上梦生花。昌阳教育集团各成员校精诚合作，共享优质资源，推动均衡发展，需要用决心和行动去改变，用智慧和汗水去浇灌。昌阳教育集团将继续努力，乘着集团化办学的东风，抓住机遇，智慧发展，共同开拓更有希望的原野。

共融·共建·共享：
教师专业成长的新路径

教师专业成长是教育集团工作的突破口，是衡量集团化办学成效的核心要素，对集团化办学走向深入起着至关重要的作用。尚德教育集团于 2021 年成立，由海阳市辛安镇第一初中牵头，辛安二中、行村初中、赵疃学校、小纪一中等四处学校参与。集团针对教师专业成长校际壁垒仍难打破、教育教学活动不够深入、保障性制度滞后等制约集团内涵发展的瓶颈问题，关注教师队伍的培养，聚焦教师的核心能力，寻求新的教育生长点，促进了教师专业水平的整体提升。

一、瞄准一个目标，进行系统化设计

（一）文化共融，增强教师价值归属

集团办学给教师专业成长带来的是机遇，也是一种挑战。教师要产生归属感和凝聚力，在集团的团队文化营造、共同的发展愿景和合作行为上则需要达成共识，逐步形成一个从散落走向有共同愿景的教师发展共同体。尚德教育集团深入调查教师实际需求，摸清各学校教师专业成长的困境症结，认真研究弱势学校教师的教学能力短板与具体需求，科学合理制定教师专业成长路径。从思想上引导教师主动融入团队，消除内心被吞并的抱怨情绪和不适应感受，互相信任，融洽感情，凝聚人心，形成同向共促的精神文化。

（二）梯队共进，搭建专业进阶平台

教师的专业成长，离不开团队的熏陶和促动。为了促进教师的专业成长，

尚德教育集团根据教师自身特点和成长规律,创新管理体制,按照"合格教师""成熟教师""资深教师""首席教师"和"区域名师"五种进阶类型,形成有序递进、螺旋上升的教师梯队,搭建成长进阶平台。根据不同教师学科展开有计划、有系统、有针对性的培育,通过阅读积淀、师徒结对、过程研讨、总结反思等方式,帮助教师在专业成长之路上认识、完善和超越自我。教师成长进阶认定方案的实施,让每一个教师在专业成长过程中有了行动指南,有其固有的成长轨迹。这种明确的教师成长路径能很好地引导教师群体走向卓越,并形成集团各校有一定体系的优秀教师成长梯队,为集团的腾飞发展培育师资。

(三)师资共融,实现内生发展

尚德教育集团的主要任务是培养和发展教师,使教师队伍形成一个集体,集体中的每个教师都共同成长,又能形成自己的教学个性,最终带动学生的成长与发展。青蓝工程是提高薄弱学校师资的有效措施,有利于人力资源的活化,加快各校区教育质量的均衡发展。为了更好地帮助教师提高教学能力,尚德教育集团通过问卷调查、座谈等方式,摸清薄弱学校教师专业成长的困境,充分考虑薄弱学校的实际需求选派优秀教师帮扶,要求派驻教师快速转换角色定位,把精力集中放在带教工作上,设定交流时间,确定交流内容,帮助薄弱学校进行教师培育,补齐学科短板,实现内生发展。

二、围绕一个核心,全方位凝聚教研合力

(一)课堂共建,提升教学研究能力

集团要走向快速发展道路,核心在课堂。但尚德教育集团各校的教师在课堂教学理念、教学风格、教学经验上有所差异,快速提升教师的课堂教学水平成为亟待解决的问题,需要集团核心校的引领和支持。尚德教育集团成立学科研究中心,由各校区的学科名师牵头相应成立"教师工作坊",通过榜样的力量激励教师工作的积极性和主动性。通过理论共学习、教材共解读、教学共研讨、模式共研究、观点共提炼、经验共分享等课堂教学共建方式全面提高课堂教学质量。同时,定期深入开展"跨校借班磨课""跨校同课异构""跨校听课评课""跨校教学专题小报告""跨校青蓝结对"等课堂教学活动,引领教师提升教学

技艺,打造品质课堂,树立自我发展目标,唤醒自主成长意识,主动向更高层次发展。

(二)专题共研,提供联动研究平台

开展校际互动式的教学研究,能有效促进教师之间的良性互动,有助于教学质量的提升。集团为引领教师的专业成长,整合优势力量,成立"骨干教师专题研究中心",引领骨干教师对自我的专业成长有更高的标准要求。每个学年各个学科根据实际教学需要,有计划地选择不同的专题进行深入研究和实践,建立"教师学科联盟"。采用线上和线下多种联动教研的形式,由集团各校轮流主持,植根于师生日常教学,承担在课堂教学实践中的共性难题进行研究,每一轮研究一个主题,如教学细节研究、教学热点研究、教学难点研究、省市级课题研究,以问题为导向,开展"研讨—实践—再研讨—再实践"的研究方式,让教师在每一个主题研究中形成共识。在骨干教师的示范课引领下,其他教师进行借鉴、实践同类课型,在研磨过程中归纳总结课堂教学经验。联动教研的实施,骨干教师能相互协作、相互学习、相互促进,并继续引领教学,辐射带动全校教师。

(三)资源共享,促进优势互补

集团办学是参与学校之间双向互动的过程。为实现团队化发展,需要集团各校职能部门之间、教师之间资源共享与优势互补,形成集团化办学的最大优势。尚德教育集团统一协调统筹资源,各校区合力共建优质教育资源库,提升资源总量,搭建校际资源共享平台,使丰富的优质教育资源利用最大化,由"一校独有"形成了"一校多源"的共享格局,"一师一校"走向了"一师多校"的师资格局,"一校一品"实现了"交融共生"的文化格局,带动各学校教师队伍素质的整体提升。

三、构建一个发展共同体,健全专业成长保障机制

(一)制度共建,规划集体研修

为唤醒教师的专业成长意识,尚德教育集团建立激励教师主动发展的个人研修机制,统一制订集团教师专业成长行动计划,提出基本要求。为使集团内

教师在专业方面整体成长，研修制度在核心学校和薄弱学校共同研讨的基础上进行顶层设计，充分考虑不同年龄、不同学科和不同层次教师的实际问题与发展需求，做好整体部署。每学期深度研读一本经典专业书籍、开设一节教学公开课、撰写一篇教育教学论文、参与一项课题研究等专业成长设计，成为教师们的行为自觉。

（二）联合共培，提供更多发展机遇

集团办学是重新整合后的发展共同体和研修共同体。尚德教育集团立足内部，建立联培联训机制，体现深度引领作用，注重培训的实效性，有计划、有针对性地分层开展教师培训工作。邀请一些知名的、有影响力的专家进行通识培训和专题培训，引入最先进的教育教学理念为教师积蓄底蕴、拓宽视野。在系列高端的校本培训中，教师有更多向专家请教的机会，思路和视野变得更加开阔，教学研究能力也得到不断提升。注重教师实践后的分享，让教师多分享经验、分享信息，实现教师的内生性驱动，缩短教师成长周期。

（三）评价共轨，实现专业发展共赢

为实现专业发展共赢目标，工作的落实关键靠考核，集团积极构建调动教师专业发展的激励评价机制，定期做好督导，并进一步强化考核结果的运用。注重把握评价机制的针对性和个性化，力求科学合理，适当向有贡献的教学一线教师倾斜；评价内容注意评价的客观性、全面性和综合性，做到实事求是、民主公开、科学合理、程序规范；评价方式注重自评、互评和他评相结合，既注重平时考核，又看重结果考核，做到淡化功利、注重过程、增值评价，统一量化考核，以促进集团教师的共同进步。通过举行才艺展示、教学心得、培训心得、教学论文、突出贡献奖、年终绩效等评选活动，激发教师的职业成就感、获得感和幸福感，树立了专业成长的自信心。

筚路蓝缕，任重道远。如何通过集团办学促进教师专业成长，增强学校办学活力，实现教育跨越发展，是摆在全体教育人面前的一个崭新课题。尚德教育团队将把目光放得更远，脚踏实地开展精细化研究实践，办人民满意的教育，为海阳新品质教育作出应有的贡献。

创新联动：
建立教师跨校教研共同体

　　国以人立，教以人兴。为进一步提升教师专业发展，在"共学、公研、共享、共进"的宗旨下，2015 年由海阳市凤城街道中心小学牵头，联合海阳市育才小学、亚沙城小学和留格庄镇小学建立"基于核心素养下的学本课堂教学研究"教研共同体，通过区域联动、项目带动等方式，较好地实现了共同体内各学校间的理念共享、资源共享、管理共享和成果共享，极大地提升了共同体学校教师专业发展能力和水平。

一、组织创新，搭建教师发展新平台

（一）上位搭桥，为教师专业发展保驾护航

　　教研共同体强调目标一致、共同理解、共同参与为一体，学校教研融于共同体，实现资源整合和提升，为教师专业发展搭建新平台。凤城小学牵头教研共同体成立伊始，做好组织建设和工作规划，召开专题启动会议，聘请教研室领导现场指导，四所学校主要领导分别介绍本校的优劣势及期望的发展方向，在思维和理念的相互碰撞下，确定好共同体发展章程，从上位构建共同体内教师教研活动的"六定"，即定时间、定地点、定主题、定参与人员、定教研方式、定达到效果，从而构建起一种开放、互动、合作、共赢的新型教研体系，切实促进每一位教师的专业成长。

（二）规范管理，提教师跨校联合教研能效

为确保教研活动有组织、有计划、有步骤地进行，共同体联盟学校成立领导小组，由凤城小学校长担任组长，其他共同体学校校长任副组长，领导小组下设共同体办公室，由各学校分管教学的副校长、学科领导、教科研领导、学科组长组成，分工明确，负责联合教研活动的具体实施和教研指导，确保教研活动顺利开展，在活动中提升教师跨校联合教研能效。

（三）常态运行，促教师专业发展稳步前进

教研共同体成立后，根据发展章程，每学期至少举行一次大型的基于核心素养下的学本课堂教学研究，常态化开展课标分析、学科素养解读、集体备课、上课、磨课、主题教研、教学反思等教研活动。在活动中，教研共同体内遵循"自上而下"和"自下而上"相结合的双向教研模式，由承担教研活动的学校提前设计活动主题、时间、地点等，参与学校则组织参与教研的教师以教研组为单位进行前期的准备活动，每位老师都有具体分工，合作探究，形成教研组的研究策略；然后再在学校内进行集体研讨，形成学校研究成果；最后在教研共同体教学研究会上进行展示交流，进行思维的碰撞和策略上的提升，最终形成共同研究成果进行分享，促进教师专业稳步发展。

二、上下联动，碰撞教师教研新智慧

教研共同体活动主要以主题教研的形式组织进行，在具体的实施过程中，实行"自上而下教研"与"自下而上教研"的有机结合展开活动。

（一）自上而下教研

每学期初，结合教研室重点工作，教研共同体共同研究制订主题教研活动计划。共同体学校结合学校实际承担本校教研任务，结合主题开展前期线上主题研讨活动，针对各校教研成果进行研讨，实行共同体内教研成果交流共享。同时还组织共同体学校，开展同学科间"同课异构"研讨分享交流活动，自上而下推进共同体学校教研活动的深入开展，增强教师专业素养培训的针对性，促进教师参与教研活动的实效性。

（二）自下而上教研

在共同体教研活动中，教研共同体注重收集教师最迫切需要解决的问题，以共同体的形式进行联合研讨，"我的教研我做主"，教师的主体地位得以尊重，也极大提升了教师参与教研的积极性和主动性，为提升教师教研水平和能力夯实了基础。

2015年2月，育才小学道法学科教研团队为切实解决学科学本课堂建设中存在的"学生重视程度不够、参与性不高"等问题，以此为主题向共同体成员校发出教研请求；成员校道法学科领导组织本校道法教师，进行基于本校校情"提升学生道法学科积极性"的校本教研，在此基础上，育才小学再组织成员校进行共同体教研。各学校道法学科教师在研读课标的基础上，积极集思广益，最终形成共同体共享、共进的成果；育才小学邢桂霞老师撰写的经验交流《"共有、共治、共享"的公民教育》获烟台市综合实践教育研究室一等奖。

2021年4月，针对基于核心素养下的"新品质课堂建设""学习习惯"和"新教材解读"为重点的教研共同体活动在育才小学举行。活动过程中，凤城小学数学团队骨干乔蕾老师和亚沙小学青年教师文鹏共同执教《线的认识》，进行同课异构。两位老师以不同的教学风格、从不同的切入点进行了课堂授课。在观评课活动中，全体与会教师对两位老师的表现给予了高度评价：骨干教师呈现出知识、经验、课堂驾驭能力的完美结合；而年轻教师则彰显出活力，授课方式和课堂氛围更加年轻，贴近学生的感受。最后，海阳市教科室李云辉主任也对两位老师的表现进行了肯定，表示在教研共同体的文化引领下，教师们理解课标、解读教材、驾驭课堂、文化传承等水平和能力都有了明显的提升，希望各位老师能走出小的教研共同体，走进海阳市、烟台市乃至山东省更大的教研共同体，"会当凌绝顶"，从而"一览众山小"。

三、高位引领，提升教师教研新高度

承载着海阳市教研室领导期望，凤城小学牵头教研共同体成立之初就立足站位于海阳乃至烟台教研的最高处，用"不畏浮云遮望眼，自缘身在最高层"的目标高标准、严要求规划教科研共同体活动，充分发挥共同体学校自身优势契机，导航教师教研新高度，把教师引领到更高层次平台学习、交流和展示，为共

同体学校教师的专业发展插上腾飞的翅膀。

（一）引建平台,助力教师专业发展

自共同体成立以来,共同体学校承担多次烟台市级及以上的活动现场,利用"主场作战"的优势,共同体学校给予更多教师参与活动的机会,老师们在一次次的磨炼中快速提升专业能力和水平。2018 年 10 月,山东省教师研修线下工作坊在凤城小学举行,共同体学校共 30 多位老师参与现场观摩活动,4 位省级专家进行了现场指导,凤城小学张春静老师和育才小学任君梅老师进行现场经验交流;2018 年 11 月全国生命化教育大问题教学研讨会在亚沙城小学召开,共同体学校共 40 多位教师参与现场学习,亚沙城小学的高阿静老师执讲了一节公开课,张文质老师现场点评,予以高度评价并进行点拨,这极大地提升了共同体学校教师自信心和创造力;2018 年 11 月,凤城小学举办了烟台市教科院组织的"十三五"课题中期成果展示会,共同体学校共 20 多位教科研骨干教师参与活动,凤城小学王显丹老师和育才小学李圣荣老师进行了现场经验展示;2020 年 11 月烟台市基于核心素养的课堂改革暨全市课堂改革之旅启动会在亚沙小学举行,育才小学和亚沙小学作为课堂变革展示学校,代表海阳市展示了"学本"课堂的建设成效。更多高层次的教研平台为共同体教师专业发展提供了更多的机会,很多教师也在一次次磨炼中提升自我,获得成就:1 人获得全国优秀教师、1 人获得山东省优秀教师、2 人获得山东省特级教师、4 人获得烟台市教学能手、4 人获得在烟台市师德标兵。

（二）共享智慧,夯实教师专业发展基础

为提升共同体教师在课堂授课、论文撰写、演讲比赛和微课制作等方面的能力和水平,共同体学校选拔优秀教师参与优势项目的评选,集中共同体集体教研优势力量,群策群力,全程参与活动过程,为教师的专业发展夯实坚实的基础。共同体成立以来,获得烟台市级及以上成果奖 7 项,其中凤城小学鞠德平老师的《小学数学思维对话策略的研究》更是获得了烟台市优秀教学成果一等奖;获得烟台市级及以上德育案例 6 项,其中一等奖 2 项;发表烟台市级及以上论文 60 多篇、出版专著 7 部;获得烟台市级及以上个人单项奖 50 多项;获得烟台市级及以上课程资源 70 多节;执讲烟台市级及以上优质课 29 节;立项、结题

烟台市级及以上 42 项……

潮平两岸阔,风正一帆悬。新时代、新征程需要新课堂、新教师,海阳市凤城街道小学牵头的"基于核心素养下的学本课堂教学研究"教研共同体一直走在培养新教师的征途上,他们时刻播撒教育智慧的种子,引领共同体学校教师跨校教研,共同提高,相信该共同体将来一定会成为百花齐放的教师乐园!

一研一课一模式：
打造教师专业成长共同体

在"海阳新时代品质教育"引领下的教研共同体组建,促进了学校之间教育的优质均衡发展。2020 年 9 月,由海阳市方圆学校牵头,与海阳市方圆街道小学、开发区中心小学、朱吴镇第一小学携手成立了"教研共同体",旨在促进校际交流与共享,海阳市方圆学校充分发挥引领和带动作用,开展"一研一课一模式"的共同体教研实践,实现和谐共赢,使教研共同体真正成为富有冲击力和吸引力的教育科研团队,进一步推动课程改革目标的全面落实,更好地服务于学生的学习和成长。

一、明方向:共拟行动目标,共谋交流形式

有研究者指出,"核心素养"的培育意味着课堂教学范式的转型:从"知识本位"的被动学习转型为"素养本位"的能动学习。可见,新时代的课堂教学不是教师有效地传递知识,而是通过教师引导,促进学生自己的知识建构、关系建立、思维发展、情感形成以及能力提升。经各校领导反复研讨,教研共同体聚焦"如何打造基于核心素养的深度学习课堂"开展一系列的活动。

(一)凸显共研主题,共研管理共进

为了促进教研共同体成员校的凝聚力和协作精神,方圆学校提出:教师们应该齐心协力研究共同教学问题,交流教学经验,分享教学资源,共同提高教学水平。各成员校从"基于核心素养的深度学习课堂"教研主题入手,分学科制

定教研计划,从目标达成、智慧导学、核心素养落实以及单元整体教学等方面开展课堂教学研究。

(二)搭建共研平台,共研氛围浓厚

方圆学校将各成员学校在专业成长上有进步、有思想、有故事、有践行的教师组织起来,建立微信、QQ群,建立项目核心成员组,实现核心成员优先发展策略,有力带动其他教师的专业成长。搭建专业论坛平台、校际"教研组零距离平台""骨干教师讲坛平台",促进彼此间的深入交流,切实帮助学校真正发现并解决教育教学实践中存在的突出问题,研究适合学生的教学方法。

(三)鼓励共研创新,共研广度引领

方圆学校以"同质分享•差异互补"为实践原则,创生了聚焦同一主题合作共研、相似项目"一校引领,多校跟进"等富有实效的教研模式,如在2022年6月28日组织了"信息技术支持下的深度学习课堂教学研究"教学共同体活动,作为烟台市信息技术2.0试点学校,方圆学校既实现了相似教研项目的深研,又实现了强强联手、强弱互补式的共长,为共同体中成员的均衡发展奠定了扎实基础。

二、真共享:共用骨干专家,共享优质资源

借他人之力,补自身之短,是教研共同体实现共赢共长的一个有效举措,在这个过程中,方圆学校借助学科骨干和区域专家之力,补给学校各学科短板,进而充分实现在人力资源上的同质分享与差异互补。

(一)聆听专题讲座,共长专业智慧

2020年12月8日,教研共同体学校齐聚方圆学校,开展了以"课堂学习评价"为主题的教研共同体活动,海阳市教研室姜萍主任参加了本次活动,并作了《基于学科核心素养的教学评一致的课堂如何进行深度学习》的专题讲座。她指出:"评"是核心,"评价任务"是引领教师在课堂中有效的实施"教",而"教"的目的是"学",在课堂中教师要时时关注学生"学"的进程,并思考通过什么样的评价任务使"教"和"学"达到一致。2021年11月12日,由方圆学校牵头开展了"构建深度学习课堂,培养学生核心素养"教研共同体的语文专

场。活动特邀威海市教育名家成秀教授、海阳市教研室姜萍主任等相关领导莅临活动现场指导工作。成秀教授聚焦单元语文要素、课程标准等维度对在座的教师重点解读，向大家诠释了怎样教语文，指明了教研前行的方向。

（二）骨干课堂观摩，共同携手抱团

在方圆学校的牵头下，各教研共同体学校通过同步教研、同课异构、同课同构、分学科展示实现深度学习课堂的探索和教师的成长，也通过取长补短实现课程理念的更新。不管是方圆学校高晓楠老师相伴的数学之旅，还是方圆街道小学阳婷婷老师共赴的《Where are you going to do there?》之约，开发区中心小学徐雅静老师荡起的《威尼斯的小艇》，都让在场老师觉得各美其美，美美与共。教研共同体的教师们"沉浸式"听课、评课，思维的火花、中肯的评价、宝贵的经验能在第一时间得到传递。

（三）研讨分享思想，共述成长足迹

"一个人或许可以走得很快，而一群人却能走得很远"，教师发展离不开整个集体的研讨与分享。在评课研讨环节中，各学校老师积极点评，踊跃发言。大家从教-学-评一致性、核心素养的落地等方面结合自身经验提出了建议和思考，思维的碰撞时刻闪耀着智慧的火花，每一次的相聚让在场所有教师受益匪浅。2022 年 12 月 24 日，在海阳市教研室刘云霞老师的带领下，教研共同体开展了以"基于学科大概念的小学数学单元复习课教学研究"为主题的线上教研共同体活动。四所学校的相关领导和全体数学老师，开启了"大概念教研在领航，总复习教学新思考"的线上研讨，刘云霞老师指出：首先要把握相关知识，想要促进学生深度学习，学生学会迁移，要有路径，这就需要教师对本节课有一个完整的结构，带领学生在课堂中从知识层面到方法层面的提升。

三、齐共研：共研发展模式，共探深度研究

生长式教研是校际教研共同体发展的一个重要原则。为此，海阳市方圆学校以教师合作学习为核心，建立共同目标、积极地相互依赖、有效地协同反思，作为教研共同体的理论基础，进而在同质分享、差异互补中真正做实常态教研，提升教研品质，提出了"一研•一课•一模式"的教研框架。"一研"是指以"打

造基于核心素养的深度学习课堂"为长期教研目标,为教师深度的"教"和学生深度的"学"提供驱动力;"一课"是指共同体活动依托课堂教学进行研究,从课堂上发现教学问题解决问题;"一模式"是指"一个中心三个目标",即以一系列的主题教研活动为中心,将教师培养、教学方式系统化、学生核心素养落地为目标,突破学校学科教学重难点,提高教研共同体的教研品质。

(一)确立教研活动主题,达成教研目标一致

教研共同体以学校教学问题为导向,找准和教师能产生共鸣的切入点,明确教研推进的重心,教研方向进行转变。为了更好地实现学生在课堂中的深度学习,实现对知识进行迁移和运用,教研共同体决定将对学生有深度的"学"的研究转向对教师有深度的"教"的研究,通过开展教研活动在成员校中的应用及推广,吸引更多的教师从根本上改进教师行为,实现在原有水平上有新提升。

(二)优化学科教学模式,确保教研内容落地

在教研共同体活动中由骨干教师进行展示与示范,从而引导更多的学科教师主动参与实践,体验教学效果提升的成功感。根据成员校校情,学校基于深度学习的课堂,研发学科教学模式的新样态,如方圆学校道德与法治"自主学习单"的使用,引导学生更好了解每一节课的知识,以教-学-评一致性为抓手,以核心素养的落实为出发点探究和建设有深度的道法课堂;数学课堂则经历观察、分析、判断、优化四个环节思维活动,有效发展学生的思维能力。通过教研活动的推进,揭示了学科思维教学、学生学习与学科核心知识掌握之间的转化机制,形成共同体内深度学习课堂样态。

(三)构建深度教研模式,创新教研互动机制

历经三年来的教研共同体活动,该共同体建立了导向深度学习的问题解决教学的"一个中心三个目标"深度推展教研模式。一是以一系列主题教研活动为主轴。开展导向深度学习的问题解决教学研究,每学年依据主题和教学问题进行"构想-问题-实践-改进"主题教研共同体活动。二是教研共同体成员校确定微教研,将导向深度学习的问题解决教学模式落实到课堂。汇集各校学科教师实践的优秀教学案例,为学生和教师问题解决学习和教学过程中的自主、探究、合作提供脚手架。

我们可以看到由海阳市方圆学校牵头，海阳市方圆街道小学、开发区中心小学、朱吴镇第一小学组成的"教研共同体"学校之间的支持和鼓励，从整体上说，学校教师参加教研活动的次数比以前提高了两倍以上，越来越多的教师在"教研共同体"的带动上迅速成长起来。依托教研共同体，让教师有更多的机会走出去，在共同体中开拓视野，磨砺技能，实现学校教学质量和教学水平的跨越发展。

多维创建,多元实施,
全面搭建教师发展新平台

随着教育形势的发展,规模缩减的乡镇小学面临着生源锐减、师资流失的严峻局面,组建教研共同体,扩大优质资源成了教师培养的理性选择。由海阳市小纪镇第一小学牵头的西南片教研共同体,秉持"合作包容、互学互鉴、共进共享"的精神,充分发挥共同体集体力量,覆盖多元群体,以强带弱,积极探索资源共享、优势互补、区域协作、共同成长的教师发展新模式,努力落实"共享、共建、共赢"的活动目标,实现了互助双赢。

一、多维化构建,搭建教师发展平台

(一)常规教研,搭建普通教师平台

为着共同的发展愿景,满足教师群体的不同需求,西南片教研共同体每学期至少进行一次大型的教学经验交流;常态化开展示范课、观摩课、研究课、赛课磨课等教研活动,有计划地组织质量调研等检测活动;制定并落实教师队伍的专业化发展规划,开展教师结对、教学比武等教师素质提升活动。常规性共同体活动由参与学校共同确定主题,由各学校轮流主办,负责制定活动方案,确定时间、地点、活动主题以及活动方式,提前下发预备通知进行前期准备,负责安排活动当天的一切事务,包括资料的搜集整理、音频资料的编辑、活动总结、活动感悟、通讯报道、美篇制作、后期任务的布置安排等,活动后一周内将活动资料整理打包给成员学校分享使用,将共同体活动与教师常规教学有机结合。

（二）任务驱动，搭建骨干教师平台

共同体把骨干教师的培养作为强化师资队伍建设，打造新型教师队伍的重要途径，通过各种措施让优秀教师尽快成长起来。他们把对教育研究方面有兴趣，在本学科有突出能力，具有示范和带动作用的优秀教师组建成学科能手组，把重点工作分解为具体任务，由他们带领学科团队进行实践研究，产生了巨大能量。2011 年，小纪镇第一小学成功主办了特色工作现场研讨会，以团队汇报的形式展示了骨干教师在团队建设中的作用，会议邀请了海阳市教研室、教科所多位专家领导参与指导，全市所有小学中层以上领导和骨干教师参加了活动，以此拉开了乡镇学校以教师团队发展为主干的师资建设序幕。行村镇赵疃学校的英语教学扎实稳妥，由该校骨干教师牵头的"英语专项教研"大大带动了英语教师授课水平。海阳市行村小学的"数学"教材疏通活动自成体系，由骨干教师发起的数学"四维度"分析研讨让所有数学教师眼界大开、受益匪浅。

（三）自我实现，搭建拔尖教师平台

共同体建设中，各成员校都有部分拔尖教师脱颖而出，他们在各自擅长的领域具有一定发言权，这部分教师的示范引领对激励推动教师成长起着至关重要的领航作用。共同体领导团队有意识地为他们搭建活动平台，让他们一直聚焦教育高端，行走在改革前沿。早在 2011 年西南片共同体就引进了 LDC 的活动模式，首次开启了学习共同体的探索与研究。2021 年该共同体又共同创建了烟台市教科研训练基地，开展了"学生学业述评实践与研究"主题研讨，在低年级无纸笔测试研究中领先一步。优秀教师们凝心聚力，一直为学校的发展、教师的成长助力导航。

二、立体化培养，助力教师个性成长

（一）致力教师专业成长

一是自我悦读。共同体学校每年都为教师专门订置购买专业书籍，为喜欢阅读的教师提供物质保障制定激励措施。利用"读书论坛我主讲"活动为优秀教师提供自我展示的舞台，激发教师阅读兴趣和悦读动力。

二是师生共读。2014 年组织的"师生共读经典，感悟多彩人生"的师生共

读汇报展示,五所学校师生共同参与,开启了师生共读的阅读之旅。每年4月的读书月汇报展示活动一直共同组织共同参与,极大地促进了读书工程的开展。由核心校小纪镇第一小学发起的"提高小学生听说读写能力"项目教研共同体,成为该片教育特色,先后两次在烟台市做典型交流。

三是大家齐读。每个假期共同体学校都统一设计教师读书任务,让教师自行选择适合自我发展的专业书籍进行阅读,开学后开展主题式读书交流,明确的目标提升了阅读质量,有三期《海阳教育》专刊发表了联片教师的读书成果,阅读已转化成教师专业成长的内动力。

(二)关注教师能力提高

一是关注根本提高育人能力。西南片教研共同体把习惯养成作为学生成长的奠基石,2012年组织了以"良好的习惯是一生的财富"为主题的教研共同体活动,特邀了两个农村学校老教师做典型交流,以最接地气的案例方式介绍了自己的教学经验,并组织共同体成员学校表现优秀的骨干教师汇报自己教学中对学生习惯的培养训练,在专家的点评指导下形成了一系列习惯养成策略集锦,作为学生习惯培养的活动手册,让老师们收益颇丰。

二是专家引领提升精神层次。每次活动都精心组织细致筹划,从定位的高度、方案的制定、行动的策划、后续的延展都与海阳市教研室、教科所的领导充分对接,力求活动有效且高质量进行。海阳市教科所车言勇主任和李云辉主任多次参与活动,对微课题研究、读书论坛、教师成长都进行了高屋建瓴的指导,让共同体活动有了质的飞跃。姜萍主任以"温馨、温暖、温润"给予他们高度评价,张建华主任现场送了一副对联:"课堂上,此问彼答,看峰回路转;课堂下,你谈我论,见柳暗花明。横批是:联片教研百年育人"。领导的点评与指导极大鼓舞了教师的士气。

(三)提升教师职业素养

校际帮扶激发奉献精神。针对学校之间师资力量的差异,帮扶送教是他们一直坚持的工作。无论成员校教师有任何需要,共同体都安排强校骨干教师无偿提供帮助,泉水头学校的集体备课设计,小纪镇第三小学的典型课例研讨,行村镇小学的数学模型构建,施教和受教教师都在活动中缔结了友谊。

影子培训培养协作精神。2016 年教研室组织牟平第二实验小学影子培训活动结束后，该共同体组织了"同一片蓝天，同一个梦想"的感想汇报会，分享了自己学校的经验，畅想了今后的努力方向，从此拉开了影子培训的序幕。从教学常规、课堂研讨、集体备课到特色展示，涵盖全学科全方位的影子培训活动，迄今为止西南片共同体已经组织了 11 次教研活动，参与学校达 15 所，参与教师达 200 余人次。

三、一体化实施，重构教师发展样态

（一）课例研修——打磨精品，锤炼基本功

2011 年以来，他们每学期致力于一种课型的研究，先后组织了口语交际、趣味识字、常规阅读、绘本教学、习作三步教学法等方面的课堂研讨，遵循骨干教师试课，邀请专家评课，面上整体践行的推行策略，已经形成了比较成熟的常态课授课流程。2016 年和 2017 年该共同体组织了"让写作有根可寻"和"习作讲评对对碰"为主题的写作研讨，从集体备课、课堂教学、习作评价等方面进行了系统研究，教学基本功更加扎实。

（二）专题研修——资源共建，拓展大空间

一是发挥联合教研、合作备课的活动机制。部编版教材实施以后，教材解读势在必行。语文学科比较薄弱的四所学校组织了"教材解读"的共同体活动，统一安排教师有针对性地进行学习、展示、汇报、再培训，每一个层次都细化到具体的年级、单元、课文及习题，让课程整合与衔接成为共同的智慧。

二是集合骨干力量实现优质备课优质联盟。2013 年该组织集合区域内的骨干教师进行了"创建语文教学资源库"的集体备课活动，历时一个月的时间，将全部的教材进行了梳理整理汇总，形成了一套比较完善的资料库。几年时间，各个学科的联片教研都为教师建立了便捷实用的共享资源库，最优化的智慧共享大大提高了教材解读和教研质量。

（三）集体研修——名师引领，提升新理念

西南片教研共同体一直致力于"基于专业成长的青年教师培养研究"，以"名师"先"引领"、"带头人"先"带头"、"骨干"先"示范"为活动思路，以理

念先导、课堂引领、教研互补为活动形式,学名师、悟名师、仿名师、做名师,在组织青年教师学名师研讨活动中提升了教师教育新理念。

西南片教研共同体的组织建设,提升了区域内学校整体的办学水平,搭建了农村教师共同成长的多维平台,为培养海阳新时代"四有"好教师助力启航!

第四章
校本研修：
形成教师发展的能量场域

　　为深化落实《新时代基础教育强师计划》要求，培养党和人民满意的"四有"好老师，海阳市教体局注重顶层设计，强化系统引领，加强校本研修管理、拓展校本研修内涵、聚焦特色校本研修，为新时代教师专业发展赋能。海阳市教师成长学院创新实施"思想筑基、师德铸魂、专业提能"三大校本研修策略，引领教师快速成长；海阳市实验小学提出了以"丰实"为核心内涵的教育理念，培养师德高尚、业务精湛的丰实品质教师；海阳市二十里店镇中心小学、海阳市亚沙城初级中学等学校实施"青蓝"结对工程，为新老教师之间架起了共同探讨、相互学习的桥梁，实现不同年龄段教师的优势互补；海阳市第一中学实施"新秀·能手·名师"培养工程，关注教师的终身发展，形成好教师不断涌现的良好局面。

依托多维校本培训，
培育铸魂育人的"大先生"

作为教师培育的主阵地，海阳市教师成长学院结合海阳市教体局的"强师德、铸师魂、提师能"新教师塑造行动，以"培育铸魂育人的大先生"为办学理念，将"全力建设教师幸福成长的神圣殿堂"作为首要目标，通过"大先生"培育工程，创新实施"思想筑基、师德铸魂、专业提能"三大教师校本研修策略，引领教师快速成长，为全市教师培训工作提供有力人才支撑。

一、思想筑基：以"先生之风"为引领，厚植教育情怀

古往今来，在不同社会发展时期，涌现了很多能够尊称为"大先生"的优秀人物，他们虽然各有千秋、各有所长，但共同点是心怀"国之大者"。他们的格局之大、情怀之深、品格之高是教师研修的丰富资源。

（一）名师引领

邀请山东省特级教师、海阳市教体局教师工作科科长李丽，作了题为《"大先生"——我心中的一束光》系列契合学院理念的专题讲座，以"培养铸魂育人的'大先生'"为脉络，围绕什么样的教师是"大先生"，"大先生"有着怎样的素养与信仰，从中汲取了哪些学习成长的精髓等一系列问题引领教师走近"大先生"。

（二）同伴互助

通过深度学习、交流讨论使教师有效配合，相互促进，体现教育规律和人

才培养规律。一是深度学习重在确立方向,倾听名家名师们来自丰富实践的言说;去体悟他们的教育智慧与坚韧品格;感受他们的教育情怀和生命律动。二是交流讨论重在资源共享,思维碰撞,从不同的角度去寻找与"大先生"的共鸣点,在实践体悟中不断打开自己,丰盈自己。

(三)自我反思

教师确立各自心中所信仰崇拜的"大先生",学习心中"大先生"之所言、之所为、之所念、之所行,感悟"大先生"潜心教书育人、静心研究学术、培育品德修养,助力成长成才的精神内涵。从"大先生"的经典语录,生平概述,事迹简介,收获感悟等多方面交流并整理完成该院独具特色的《我心目中的"大先生"集锦(1)》,其中,收集了现代教育学者对"大先生"的理解4篇,学校教师交流心得19篇,一个个"大先生"的高大形象在心中巍然屹立,俨然一束光,引领老师们朝着心中的"大先生"目标不断努力前行。

二、师德铸魂:以中华文化为依托,涵养师德匠心

该院牢牢把握"培养有道德的人才,培养道德高尚的教师"的工作主基调,以"中华文化涵养师德"为路径,创新师德教育方式,选取以《论语》为主的中华优秀传统文化浸润教师心灵,构筑教师生命底色,激发教师涵养师德的内生动力。

(一)坚持正向引领,增强教师涵养师德的向心力

一是加强领导。学院领导高度重视中国文化涵养师德工程在学院的常态化、长效化开展,专门将师德师风培养工作纳入校本培训的基本内容,出台了考核标准,并进一步加大了该项目的考核权重。

二是注重实践。在具体培训过程中,遵循教育规律和教师成长发展规律,引导广大教师以德立身、以德立学、以德施教、以德育德。用中华优秀传统文化"学思践悟",引领教师把道德认知内化于心,外化于行,让师德师风培养真正融入教师生命成长历程,全员、全方位、全过程加强师德养成和师德建设。

三是定期表彰。参照烟台市教育局开展的《论语》百日行线上活动经验,在学院范围内开展研学讨论和评比,由院长主持颁发荣誉证书。同时,每月进

行一次活动展示,统一颁发流动红旗,充分发挥榜样引领作用。

（二）实施《论语》研学,扩大师德涵养工程的影响力

该院在中华传统文化涵养师德建设中采用"线上＋线下"相结合的全员、全方位、全过程诵读品悟《论语》,以诵、讲、悟为主要方式,力求真正把中华传统文化的精神"学出来,悟出来",并立志"做出来,传下去",通过孜孜以求的学思践悟不断朝向新时代的"大先生"迈进。

——诵。学院为教师购置了《论语》教材,从"千人百日行"优秀学员中选取种子教师利用每天早晨半小时时间,带领大家诵读《论语》,实现"论语天天学",将高尚师德内化于心,外化于行,以内外兼修的方式实现专业成长。

——讲。首先,由种子教师采取"诵读＋讲解＋谈感悟"层层递进的形式辐射带动全体教师"学思践悟",激发教师学习论语的兴趣,涵养师德师风。然后,教师全员参与,人人都可以当"夫子",围绕"此则论语的大意,联系古今与自身感受谈现实意义,对教育教学的启示及应用"等方面来解读论语。

——悟。每周五的"感悟分享会"是学习《论语》的思考、畅谈和总结时刻。交流会上,品析所得、整理所感、记录收获、讨论交流,教师们在史与实的深入体悟中"温故而知新",达到了"如切如磋,如琢如磨"的学习境界。

三、专业提能:以校本培训为抓手,促进专业化发展

在开展教师校本培训的过程中,该院按照"分层指导、分类培训、注重需求、注重实效"的原则,创新教师培训机制、模式与策略,多层次、多渠道、多形式开展培训,建立以关注"学校实际需求"为本的校本培训体系,构建以关注"教师内心体验"为本的培训模式。

（一）因需制宜,内容确当

为了进一步提高教师培训的针对性和实效性,准确选取培训内容至关重要。首先,通过问卷调查,掌握教师培训中存在的问题,摸清了教师的培训需求,设定培训目标。其次,按照教师专业发展的规律,坚持需求导向,坚持问题导向,充分整合学校现有资源,制定实施方案。再次,以中华传统文化为引领,提升教师人文素养;以"三字一画一话"为基础内容,夯实教师教学基本功;以专业素养提升为核心内容,助推教师专业化发展。这样科学设计、合理安排的培训课程,得到了广大教师的认可。

(二)资源整合,互助成长

教师素养的提高既要凭借外力,更要依靠内力。其一,充分借助全市教育人才资源,实施"请进来"方案,邀请教育界专家学者登门授课。其二,教师作为一种人力资源,既是受训对象,也可以担当主训教师。针对该院教师实际,充分挖掘教师资源,遴选有专业特长的教师,负担培训任务,既能发挥其特长,又能提高其培训能力;既能避免空洞的说教,又发挥了身边榜样的示范作用。其三,教师根据自身的优势及发展方向结对或组成小组"抱团"互助成长,提高学习的主动性和积极性。

(三)形式灵活,注重实效

研修中根据课程内容采用灵活多样的形式,力求注重实效,让教师学有所得。例如,政策解读类课程采用"解读—意义—感悟—应用"的形式辐射带动全体教师了解国家和地方大政方针,更新了教师的教育思想观念;经验交流类课程注重体验和感悟,采用了案例分析、角色互换和情景剧表演等形式,深入浅出地让大家懂得遵循青少年身心发展规律实施教育的重要性;教师基本功课程则不拘一格,更多地采用了鉴赏和实操的灵活形式,教师不仅陶冶了艺术情操,还在学习中以学习者身份切磋琢磨,收获颇多。

"在新教师'塑造'行动中,培育'大先生'工程创新了校本研修策略。在实施的过程中,因时、因势、因地制宜,取得了丰硕的成果,极大地推动了学院教师素质的提高!"海阳市教体局局长纪卫东对该院的教师校本研修成果给予高度评价。树"大先生"之风,立"大先生"之志,海阳市教师成长学院全体教师将赓续初心,接续奋斗,努力奔跑,争做新时代的"四有"好老师,做无愧于新时代的"大先生"!

树立丰实教育理念　培养丰实品质教师 ●————

百年大计,教育为本;教育大计,教师为本。教师是一所学校内涵发展的动力源泉,新品质学校需要一大批新品质教师来支撑。海阳市实验小学于 1981年建校,2016 年 8 月,在挖掘历史、调查现状的基础上,提出了以"丰实"为核心内涵的教育理念,尊重并关注人发展的丰富性、实存性,让教师在文化上形成归属感、向心力,在专业发展上拥有使命感、行动力,培养了一大批有理想、有担当、有能力、讲奉献的新时代品质教师。

一、形成归属感:构建"教师充分认同"的理念制度

一名教师,要想拥有持续不断的发展动力,其根本来源在于教师是否拥有自己的发展愿景和行动力。作为学校的管理者,要把教师引导到关涉道德和信念的动机上,让教师对所从事的职业有更大的认同度,不过于强调外在的荣誉和物质的利益,在自己的岗位上守职尽责、勇于担当。

(一)文化建设,秉承"守正创新"

对于学校文化的发展,首先是尊重、继承、保护,然后才是提升与创新。2015 年 8 月,该校通过对学校历史档案的查阅、与领导教师的交流对话、平日的观察调研,对校情有了一个基本的把握。朴实的人文情怀、扎实的工作作风、笃实的学习氛围、厚实的文化底蕴是对学校校风的一个基本概括,这也是学校近十几年来,由环境、管理、师资等多种因素形成的,校风纯朴、作风扎实有余,但内在动力、发展活力不足,通过长期的研讨、分析,海阳实验小学没有盲目地打破这种文化实存,而是由此总结出学校精神为"四实"精神,即"诚实、扎实、

111

朴实、笃实"。"实"文化体现了学校现存的核心价值观,如何在"实"的基础上创生与发展?解决学校活力不足的问题?至2016年8月,学校提出了"丰"的理念,即丰富多彩、尊重差异、全面发展,最终形成了以"丰实"为主题的学校文化核心,作为学校文化表达的支点。

围绕核心理念,学校进一步分解、阐释,让校园文化易理解、可操作、能落实。在这一过程中,经历了2年之久,对校风、校训、教风、学风等理念前后易稿13次,形成新的"三风一训"。校训为公平、民主、自由、自觉;校风为诚实、扎实、朴实、笃实;教风为敬业、爱生、博学、严谨;学风为勤学、乐读、善思、好问。这样,以"丰实"为核心文化,以"三风一训"为具体的行动要求真正形成。学校通过每周一国旗下讲话宣读、校园班级文化建设、学校各项活动的开展等途径将"丰实"标识、"三风一训"渗透到方方面面。将师生放在文化建设的中心地位,充分发挥师生特长,学校的刊板、廊道作品全部由师生创作。并且"校训石"处于新校的中央位置,学校并没有请名师来题字,而是通过教师作品征集的方式选拔一名教师来题写,对于这位教师来说是一生的荣耀,对于学校来说是"将师生摆在重要地位"的生动体现,对所有教师来说是一种激励、引导。

(二)制度建设,做到"三个必须"

海阳市实验小学秉承"每一项制度都遵循文化,每一项措施都突显人本"的制度建设原则,充分激发每一个个体潜在的主动性和积极性,做到"三个必须"。一是必须得到大家的认同。制度的出台经历自下而上的过程,征求教师的意见并进行修改,直到大家认同为止,体现出共同的价值追求和行为规范。二是必须给条文以精神内涵。从学校文化的需要出发,赋予制度条文以精神内涵,体现学校的办学理念、办学宗旨。如"丰实"人物评选制度、"丰实"少年评选办法,充分体现了学校的文化理念,激励师生奋勇向前。三是必须考虑实施简捷方便。在制度建设过程中,采用"增—删—并—提"的策略,按"校长—中层领导—教代会—全体教师"的研究通过流程,采取"学—考—用"的实施策略,每学期暑假期间进行学习、补充、完善、审议,用时三年定稿形成《海阳市实验小学制度管理手册》。

（三）道德建设，突出"榜样引领"

研究发现，科层体制管理思维之下的学校生态系统会被破坏，学校会处于一种非理性的上下互不信任的状态，领导者以高压和戒备的心理来实施自己所谓的权威领导，造成被领导者对领导者在认识上的不可接受，进而引发行动上的抵触与不满。要消除这种不良的局面，需要在"价值正确"的基础上，实施更加民主、公平和更为开放与包容的道德领导。一是成立"丰实"文化建设团队，形成"一切工作要以学校师生发展为中心"的团队工作理念，团结稳固，目标一致。理顺学校章程，降低决策重心，广泛参与，稳定运行。二是利用假期集中进行《学校发展理念解读》《丰盈内心，砥砺前行》《做最好的自己》等讲座。三是在元旦晚会上，隆重表彰代表教育教学工作中的"丰实"英雄人物。树立教师、学生、领导各个层面的榜样，诠释学校价值观，成为正义向上的精神标杆。

二、立足主阵地：实施"一师一品，一课一优"的教研模式

课堂是教师成长的主阵地，名师的成长永远离不开课堂。学校从教师的教学风格和教学模式两大方面入手，架构课堂实践框架。"品"即品性、品质、品格，"一师一品"即每位教师根据自己的个性风格特点，追寻最适合自己个性发展的优质课堂，在课堂上绽放最美好的自己；"优"针对课堂质效而言，追求课堂的优质高效。

（一）进行理性定位

通过自我追问，分析个人性格特征、课堂教学特点、发展方向，思考"我是谁""我要成就怎样的自我"。学科教研组长、学校领导团队通过长期的观课和日常工作、生活观察，对其个人的分析进行二次论证，再次定位。在此基础上，选择与自己个性特点相近的名师进行研究，通过学习名师成长经历，思考自己职业的核心价值是什么，为实现自身的价值应该在哪些方面有所作为，在这些方面自己能做到什么程度。通过对名师教学风格形成与发展规律的总结，站在名师的高度审视自我让教师目标专一、锲而不舍地追逐名师成长路径，真正闯出一条适合自己的专业发展之路。

（二）实施"自主＋合作"磨课

第一学期实施"名师仿课，人人出课""以个人研究为主，教研组活动为辅"的"自主式"教研模式，按照"选准名师—备课磨课—观课评价—改进提升"的实施路径，实施"课前答辩—课中观察—课后诊断"的"三段式"评价策略，选拔教学风格特点鲜明、个人素质突出、教学质量优质的教师。第二学期实施"合作教研，人人参与""以教研组合作教研为主，个人研究为辅"的"合作式"教研模式。按照"确定主题—制定计划—分工合作—成果汇报—总结提升"的实施路径，采用"教研组＋教师个人"的捆绑式评价策略，评选出学科优秀教研组。实现上下两个学期课堂教研活动的有效衔接，自主、合作有机整合。

（三）构建三大教学范式

一是导学式。通过设计合理的教学问题，激发学生的思维火花，让学生通过主线式问题，形成层层追问、剥丝抽茧的追问能力，让思维火花碰撞、交汇、灵性彰显、个性飞扬，通过聚焦关键问题，提高学生分析问题、解决问题的能力。其主要特征为问题导学，两个关键为聚焦问题＋深度对话，适用学科为数学、语文、英语，核心素养为理性思维、批判质疑、善于反思、乐于挑战，基本程式为情境导学—问题聚焦—思维碰撞—分层练习—效果评价。

二是互助式。对于需要同伴互助合作的学习内容，给学生留足合作的时间与空间，保证合作完成的过程真实、有效。在学习过程中，真正体现出合作互助，有合作任务、有合作规范、有合作分工、有合作展示。其主要特征为合作互助，两个关键为合作＋展示，适用学科为语文、数学、英语、科学、体育等，核心素养为主动学习、规则意识、担当精神、审美情趣，基本程式为检查预习—出示目标—合作展示—分类点拨—拓展提升。

三是探究式。知识的意义体现在将知识运用在生活当中，通过设计活动，创设情境，开拓实践空间，让学生在活动探究中形成热爱生命、热爱生活、探究真理的志趣。同时，活动探究也是动态生成的过程。其主要特征为体验探究，两个关键为活动体验＋组内探究，适用学科为数学、科学、道德与法治、美术、实践活动等，核心素养为探究意识、创新能力、团队精神、热爱生活，基本程式为情境创设—活动体验—组内探究—分组指导—验证猜想。

三、发展驱动力：形成"多元化＋发展性"的评价体系

学校评价的目标是引导师生向着正确的方向发展，其根本意义在于促进人的健康、自信和全面发展。而多元化、多样化、多维度的评价内容、方式、主体，将为整个评价体系带来活力。

学校从教师职业发展的动态性、阶段性、长期性等特点出发，改变以往"一份考核细则定结果"的评价机制，不仅关注教师的日常工作质效，更关注教师未来的发展。学校建立发展性教师评价机制，通过《教师个人专业发展五年规划》的具体要求，从职业理想、专业成长"五个一"，即执讲一节优课、撰写一篇论文、研究一个小课题、研究一位名师成长案例、进行一次专题讲座，以及工作中自主参与的积极性，从质的评价、量化评价、综合评价等各个层面来描述教师的德勤绩能，促进教师的发展动力，提高教师的发展后劲。在每学年年末，学校会对做出突出成绩的教师进行大力表彰，评选出优秀青年教师、优秀班主任、教学能手等。这一切都在于肯定教师的工作成绩，激励先进、鞭策后进。在每年年底前，学校还评选"丰"人物和"实"人物各一名，"丰"人物突出德行表现，"实"人物突出业绩能力，为他们颁发奖杯和鲜花，在元旦晚会上以"感动中国"年度人物颁奖的形式进行大力表彰。

"丰实"教师培养策略，推动了学校教师队伍的发展，近三年来，该校教师立项省市级课题16项，在省市县各级优质课比赛、优质课程资源评选活动中获得优质课、优质课程资源的教师达50余人次，在省市级以上刊物发表论文30余篇，培养烟台市优秀教师、教学能手、名师名班主任、教育教学先进个人等18人。

回首过去，激情满怀；展望未来，信心百倍。海阳市实验小学于2019年搬入新校后，更是开启学校教校本研修促教师发展的新篇章，崭新的学习环境愉悦身心，现代化的教学设施催人奋进。新学校、新起点、新征程、新希望。海阳市实验小学在上级教育主管部门的坚强领导下，将继续抓好教师队伍建设这一核心因素，努力培养新时代"四有"好老师，为海阳教育的高质量发展增添力量！

实施"青蓝"工程　助力教师发展

随着海阳市新时代品质教育的深化,青年教师的补进力度明显加强。青年教师是一个充满朝气与活力的群体,他们具有较扎实的文化基础,但在组织协调能力、教学基本功、知识结构等方面还有很大的提升空间。为尽快适应新时代教育发展的需要,青年教师的培养就显得尤为重要。

海阳市二十里店镇中心小学现有教职工43名,近5年来,新入职教师10余名,占教师总数的25%左右。基于此,该校结合海阳市教育和体育局针对入职1~5年教师的教学风格培养措施,通过"青蓝"工程,实施"精细管理、精准发力、精确考核"的"三精"管理策略,全面优化青年教师的帮培机制,引领青年教师快速成长,早日成为学校的中坚力量。

一、精细管理,确保三个落实

该校在认真分析青年教师发展需要的前提下,制订了《"青蓝工程"三年发展规划》和《"青蓝"教师年度培养计划》,通过传、帮、带、比,引领年轻教师实现"一年达标,两年胜任,三年创优,五年骨干"的成长目标。

(一)结对落实

每学年初,该校都要召开新入职青年教师座谈会,帮助其分析自身的优势及发展方向,在征求学校优秀教师同意的基础上,落实结对对象。结对的主要形式有三种类型:一是新教师与骨干教师结对,重在帮,骨干教师以自身丰富的经验、良好的师德修养和较高的业务水平,指导帮助新教师迅速进入角色;二是新教师与领导干部结对,重在带,通过严谨的工作作风带动影响青年教师,爱校如家，爱岗敬业；三是新教师与同科教师结对，重在比，通过进行教学常规展示，以比促教，共同提高。

（二）职责落实

确定好结对对象后，该校通过签订"认证书"、启动结对仪式的形式，明确结对双方的职责：一是思想上沟通，引导新教师树立正确的工作事业观；二是业务上交流，"青蓝"教师共同备课，互相听课、评课，促进教学质量的提高；三是工作上互助，"青蓝"结对教师要互相学习，共同提高，如信息技术工程 2.0 的实施，就需要"青蓝"结对教师共同研讨。

（三）制度落实

为保障"青蓝工程"的推进，该校制定了"青蓝工程进阶考核制度"，整个进阶过程分为三个阶段，在每一阶段培训周期结束后，学校考核领导小组，将根据培养方案，针对结对教师工作表现给予评价。评价内容包括对新入职教师的评估、对引领教师的评估以及学校意见等 3 项。该校为结对教师建立了"成长档案"，每学期要定期查看，并举行一次成长档案的展示活动，让老师们既与自己作纵向比较，又与别人作横向比较，以促进自身的持续发展。

二、精准发力，迈上三个台阶

为引领青年教师快速成长，该校分三个阶段搭建新教师可持续发展的舞台。

（一）学习期：认识自我

新教师刚刚从大学校门踏进学校，角色的转换让他们每天都会遇到新的问题和挑战，为此该校提出了"树立终身学习意识"的要求，开展"三学活动"。

一是学基本功。基本功主要包括两个"3"，一个"3"是指三字，即钢笔字、粉笔字、毛笔字，要求新教师临帖打卡，坚持练习；另一个"3"是指一话（普通话）、一画（简笔画）、一技（信息技术），要求他们入校必讲普通话、板书多用简笔画、精通常用办公软件。

二是学理论。该校成立了读研写团队，要求教师每学期至少阅读一本教育名著，长期阅读一本专业杂志，留好读书笔记，并定期开展读书交流活动。

三是学课标。该校把"扎扎实实学课标,真真切切悟课改"作为新课改教师素质提升的切入点和突破口,通过线上线下并行、专家校本结合、理论实践同步等方式,提高教师对新课标的理性认识。

(二)进取期:完善自我

新教师在积蓄了一定的专业知识后,该校通过各种活动,激励其进取,使其各方面能力得到锻炼。

活动一:学做名师。各学科开展"学名师,做名师"活动,每学期每学科确定一位名师,通过观名师课堂写实录、听名师讲座谈感悟、寻名师成长探足迹三个方面,全面了解名师,走向"教师—明师—名师"的发展轨道。

活动二:跟踪指导。该校要求青蓝结对教师,师徒二人每月至少上研究课1次、互相听课1节、分析教学效果3次,每学期互相交流教育教学经验不少于4次,撰写心得或专题总结2篇。通过跟踪指导,采取同学科式、同级部式的方式,分析课堂得失,提高课堂授课水平。

活动三:教学展示。该校为结对的青蓝教师营造共建氛围,在同一时间内,让他们就同一内容上对比研究课,通过课堂研究,分析得失,促进其教学水平不断提高。

(三)磨砺期:提升自我

青年教师的快速成长,是一个名师引领、同伴互助、自我加压的过程,最关键还是自我加压,该校通过压担子、搭台子、给位子的方式,为他们创造成长的机会。

一是压担子。"青蓝工程"实施以来,该校开展了丰富多彩的教学大赛及观摩活动,以赛育人。如"同观同析名师课""骨干教师示范课""新教师入门课""青年教师成长汇报课""五个一读研写"(阅读一本名著、撰写一篇案例、反思一节优课、制作一个课件、发表一篇论文)等。该校结合教师发展需求,为青蓝教师营造一种向上、进取、竞争的氛围,使他们的业务水平在大赛中得到历练与提高。

二是搭台子。该校组建了以青蓝结队教师为主要群体的读研写团队,每个学期举行两次对话反思式教研活动,青蓝结对教师交流思想上和业务上的收获，借助"一备课、二展课、三品课"的方式，为青蓝教师搭建展示的舞台。一备课，即由青蓝教师围绕研讨专题分别开展同课同备活动；二展课，即新教师围绕备课，分头执讲展示课；三品课，即自我评课与他人议课相结合的方式，品教学思路、品教学方法、品教学生成。

三是给位子。该校以课堂为主阵地，为青蓝教师创造更多的机会，展示自我，成长自我。无论是各级外出培训，还是教研共同体展示课、青年教师过关课、学科教研会示范课等，学校都为青年教师提供展示的平台，把舞台的中心位置让给他们，鼓励他们走上前台，展示自我，开拓视野。

三、精确考核，实现三个提升

在青蓝工程落实过程中，该校采取"捆绑考核"的评价措施，确定师徒结对的考核内容与办法，主要通过"两课一展评"的方式，见证青蓝工程的实效。"两课"即新教师每学期结束出示 1 节汇报课，每学年结束出示 1 节精品课；"一展评"是指每学期开展 1 次新教师"成长档案"展评活动。学校组织评委小组，从思想道德与业务发展两个方面，对青蓝结对教师的教学基本功、理论素养、课堂展示、课题研究、论文反思等方面的能力，评出 ABC 三类，对于 B 类以下的，需要延长培养期。学校还根据青蓝结对教师双方的师德表现、教学基本功、课堂大比武、荣誉取得等，评价帮培成效，并纳入指导教师的业务量化积分，实行动态管理。

（一）教学能力得以提升

"青蓝"工程的实施，使结对教师都取得了长足的进步。近年来，在全市组织的新入职教师过关课验收中，该校参赛教师过关率为 100％，在全市课堂大比武中，该校 80％以上新教师获一等奖，有 3 位青年教师执教了烟台市英语、道德与法治、音乐优质课，2 位青年教师获得首批海阳名师称号。"学校'青蓝'工程的实施，帮助新入职教师和青年教师搭上了发展的快车道。"该校烟台市教坛新秀单巾芳说。

（二）科研水平得以提升

在"青蓝"工程实施过程中，该校让结对教师共研同一课题，共写同一论文,将师傅的思想和经验真正地传授给徒弟。近5年来,该校教师完成县级小课题10余项,市级课题5项,省级课题1项,发表区域性论文50余篇,省级以上论文近20篇。"教研是科研的基础,科研是教研的升华。青蓝教师结对同研共写,实现了科研与教研的双赢。"该校山东省教学成果二等奖获得者耿平说。

(三)办学特色得以提升

"青蓝"工程不仅为青年教师的成长提供了舞台,而且呈现出学校发展的新面貌。近5年来,学校连年获得"海阳市教学工作先进单位",还先后被评为"烟台市教科研先进单位""海阳市劳动教育先进单位""海阳市心理健康工作先进集体",2022年9月获评"烟台市教育系统先进集体"。"'青蓝'工程的实施,让我们的青年教师走上了专业化发展的快车道,也给我们学校注入了活力。"该校校长杨国志对"青蓝"工程的未来充满了希望。

"在新时代品质教师的培养上,'青蓝'工程的建设是一条很好的途径。你们学校在实施的过程中,因校制宜,极大地推动了中青年教师的发展!"海阳市教育和体育局局长纪卫东,在海阳市教育系统"六争六比"观摩现场,对该校的中青年教师发展成果给予高度评价。"青蓝"工程凝聚着一种专业精神和专业能力的传承与发展,它将帮助结对教师共筑敬业精神,共享教育智慧,共磨教学技能,共同成长为新时代"四有"好老师!

依托校本教研　塑造阳光教师 ●——

海阳市新元小学是一所管理理念先进、育人环境优美、教学成果丰硕的市级规范化学校。近年来，该校着力打造"新品质"阳光教育品牌，对学校的发展提出了更高的要求和挑战。而教师队伍建设是学校"精细化管理、内涵式发展"品牌化建设的保证。该校以校本教研为依托，采用分级管理、分层培养、菜单培训的先进模式，打造"阳光教师"品牌，形成具有学校特色的教师专业发展机制。

一、实行分级管理，铺设"阳光教师"底色

教师是学校品牌化发展的中流砥柱，是否有素质过硬的教师队伍决定学校发展的快慢。该校李树栋校长对教师队伍建设的愿景是：建设一支文化素养过硬、业务水平高超、工作积极向上的"阳光教师"队伍。学校对教师队伍进行分级管理，从学校、学科和教研组三个层面进行分级管理，努力实现全体教师共同提高，铺设好"阳光教师"的自信底色。

（一）学校统筹规划

由校委会牵头，教导处、教科室和政教处联合制定《海阳市新元小学教师队伍建设三年规划》，从制度保障、过程监控、评价考核三方面对教师队伍建设进行细致规划。根据规划，逐年出台教师队伍实施方案，严格要求并加以落实，实现教师队伍的"建构与落实""调整与完善""提升与发展"。学校成立工作领导小组，定期召开专题会议，确定工作思路，严格执行制度。学校对教师队伍的师德培养、教师基本功提升、课堂授课、读书工程、青蓝结对等活动进行统一

规划、统一组织、统一评估,使全校教师重视自身素养提升。

(二)学科骨干引领

学科教学教研活动是教师提升专业素养的有效平台。学科领导根据本学科的特点,制定本学科教师团队的具体要求。每个学科组建骨干团队,在骨干教师的带领下,进行校本教研活动。该校语文学科成立了"馨语"团队,在学科培训、主题教研、课例打磨等活动中,团队成员发挥专业管理和引领作用,推进教研效果。在学校组织的课堂教学活动中,学科领导精准施策,骨干教师示范引领,深耕每堂课,对课堂教学进行会诊,找出共性问题,提出解决办法,形成校本化的教研成果。

(三)教研组凝心聚力

该校着力打造教研组文化。一个教研组是一个团队,教研组长是团队的灵魂。每学年,学校通过同伴推荐、同级竞聘等方式认真甄选教研组长,组建教研团队。该校实行教研组捆绑考核制,对教研组的教研成果、教学效果进行捆绑式评价,达到共同进步的目的。在学校开展的"阳光课堂"教学大比武中,抽取各教研组同名次的教师赛课,以该教师成绩40%的占比计入本教研组其他教师成绩。比赛中,同教研组的教师同频共振,以研讨备课、教学设计、课件制作等形式,展示了教研组的凝聚力。

二、实施分层培养,厚积"阳光教师"底蕴

学校教育是一项长期的事业,具有可持续发展的潜力。学校的发展潜力取决于教师的整体水平。该校实施分层培养的策略,着眼于教师综合素质和专业水平提高,建设学习型教师群体,让每一位教师在不同层次、不同形式的培训中得以快速成长,厚积底蕴。

(一)"新秀"教师,踏实职业生涯第一步

"新秀"教师指的是入职1~5年的教师,这些教师是学校的新生力量,是学校发展的重要基础。有计划地指导培养青年教师,使他们在5年内成长为优秀教师是学校的职责。该校对"新秀"教师的培养策略如下。

一是扶一把。跟本校一位"新星"教师拜师结对子,跟班备课、听课学习,

掌握常规教学基本功;每学期上 2 节汇报课,在师傅的指导下撰写课后反思、教学案例或教学故事等,通过持续的教学反思提高自身的专业素质。

二是推一把。练习三字一话一画等教学基本功,每天练字,拍照上传。还要从形象、语言、知识储备、理答能力四个方面苦练课堂授课的基本素养,逐字逐句反复练习操作。

三是练一把。每学期针对自己的成长现状制定发展计划,每学期至少精读两本教育教学专著;积极参与教育科研,不断进行反思,做到一课一个小反思;整理完整的个人成长档案。

(二)"新辉"教师,打造个人专属风格

"新辉"教师指的是入职五年以上的青年教师。这些教师是学校教学的中坚力量,其专业发展需要继续提升,目标是成为个性鲜明的成熟型教师,成为教育教学的新星。培养发展的方式方法是:自定发展计划,开展基于实际问题的教学研究,个体创造特色,合作体现优势。该校对"新辉"教师的培养策略如下。

一是架梯子。学校引导他们思考自己的教学风格和研究方向,每学年制定符合个人特点的专业发展计划;鼓励他们主持或参与课题研究,以问题为课题,解决学科教育实际问题;把外出学习观摩和高层次培训的机会提供给他们,努力为他们的提高创造必要的条件。

二是压担子。教师的成长主要靠实践,在实践中提高需要外界施加一定的压力。学校对"新辉"教师的成长提出具体的要求:每学期至少撰写一篇有代表性的教学案例、教学故事;积极参加学校和上级组织的各类教学活动,每学期至少上一节校级公开课,任职十年内至少取得县级优质课。学校还把学科骨干、教研组长等重要的岗位交给他们,充分发挥主观能动性,督促他们通过教育教学岗位上的刻苦研究和积极探索实践课改提高自己。

三是搭台子。为了展示教师的风采,学校经常开展各种教育教学展示评比活动,为他们搭建展示风采和成果的平台。优秀班主任经验交流、推荐一本好书、我的读书感悟、青年教师演讲、课堂教学汇报课等活动中,都有这些老师的身影。

(三)"新星"教师,引领团队行稳致远

"新星"教师指的是从教20年以上的成熟型教师,是新元小学的明星教师。须在本学科取得市级以上优质课,在该学科上具有领头羊的示范效应,更要能够承担培训青年教师的能力,在本校和本区域内具有较高的知名度和辐射影响,"新星"教师具有较强的教育教学理论。

一是凸显个人专长。在制定个人专业发展计划的时候,这些老师要围绕自己的专长制定系列提升措施,使自己的特色更突出。在平时的教育教学工作中,对这些老师的个人成长提出更高的要求,同时学校的系列培优活动向这些有专长的老师倾斜,使之在活动中更加凸显自己的优势,形成教学风格。

二是发挥帮带作用。"新星"教师必须带徒,以达到共同进步。他们对徒弟的教育教学进行全方位的指导和跟进。

三是发挥名师效应。借助市县两级评选名师的契机,鼓励这些老师申报。申报成功后,成立名师工作室,除了带徒外,还要带领团队承担课程开发、课题研究、校本教研等任务。目前,该校已经成立烟台名师、名班主任工作室各1个,海阳名班主任工作室1个,有效地推动了全校教师的校本化教研。

三、实施三项工程,留存"阳光教师"底片

(一)青蓝工程

青蓝工程是海阳市新元小学加强教师队伍建设的重大举措,旨在充分发挥骨干教师的传、帮、带作用,促进青年教师在较短的时间内适应教育教学岗位的基本要求,有利于新老教师实现师德师风、教学能力、教学艺术和教育管理能力的同步提高。该校的青蓝工程有明确的指导思想,有具体的实施方案和考核指标,并及时进行总结表彰。该校每学年组织教学经验丰富的骨干教师与青年教师结对,签订协议,开展一帮一互助活动。这项工程带动、督促青年教师不断提升自己的教学能力和水平,也调动了经验型教师向专家型教师转变的积极性。

(二)读书工程

读书工程是该校坚持十几年的优良传统,并形成该校的特色。首先,组织到位。学校制定翔实的读书活动方案,确定每月的读书书目,定期检查读书笔

记,组织"同读经典、共话教育"展评、读书论坛、读书体会交流等活动。为了保障读书时间,学校规定每周三下午是集中读书时间,学校图书室提供各种书籍和期刊供教师阅览,教师自觉签到打卡。其次是奖惩到位。该校将读书活动纳入教师考核当中,教师须完成相应的读书任务。对于在读书系列评比活动中表现突出的教师会奖励图书,促进教师读书的积极性。

(三)信息提升工程

信息提升工程是该校在成为国家信息化实验点校后提出的又一重要项目。该校通过校本培训、课例研讨、实验推进等方式,提升教师的信息化运用水平。同时,引导教师将教育、教学、教研架构到国家教育智慧平台、学乐云平台等优质教育平台上,建立资源库,打造数字化教育环境,提升教师的大数据观念,用先进的教育思想引领教学。

持之以恒的"阳光"教师培养结出了丰硕的成果,海阳市新元小学已经成为名师的摇篮。近 10 年,该校培养出山东省特级教师 1 人,山东省十大科研名师 1 人,烟台市突出贡献专家 1 人,烟台市名师 1 人,烟台市名班主任 1 人,烟台市优秀教师 10 人,烟台市教学能手 3 人,8 人执讲过山东省优质课,60 多人次执讲过烟台市优质课。目前,该校已形成了一支文化素养过硬、业务水平较高、充满生机的教师队伍,他们将为学校的可持续发展注入无限活力,为助推海阳新品质教育高质量发展,开创海阳教育新局面做出更大的贡献。

"3＋N"教师培养策略
开启教师发展"加速度"

教师专业发展是学校发展的基础,开展扎实有效的培训是保障教师专业发展的现实路径和必然选择。海阳市第一中学作为海阳市高中示范校,拥有一支整体优秀的教师队伍。基于"德才兼备、卓越成长"的教师专业发展目标,该校教师发展中心系统规划,通过实施"3＋N"教师培养策略,开启教师专业发展"加速度",为学校教育教学发展提供坚实的人才资源。

一、顶层设计,建立教师专业发展三大系统

教师专业发展是职业生涯中不断持续的过程,基于校本实际,进行顶层设计,通过建立教师专业发展的三大系统全面引领推动学校教育高质量发展。

(一)建立教师专业发展的组织系统

基于打造一支"身心健康、基础扎实、专业与特长突出,人文与科学精神兼备"的专业化教师队伍。学校成立了以"校长办公室"为中心、教师发展中心为主体的专业支持机构,为教师的教育、教学、科研、管理和自我成长提供专业系统支持。教师发展中心从领导、教师两大层面拟定校本培训管理系列制度,明确规定了教师专业发展校本培训的时间要求和达成标准,并将培训考核结果作为教师职评、评优评先等工作的一项重要指标,保证培训的稳定性和实效性。

(二)建立教师专业发展的参与系统

基于"志同道合""成长需求"教师专业发展理念,通过自主申报、双向选

择从各个学科遴选出不同成长阶段有主动发展愿望、有专业成长潜力的教师，确立了覆盖优秀职初教师、青年骨干教师、名师（含校内外）、专家组、项目组、项目领导小组等多维度、多元化的教师专业发展参与主体；打破年龄、学段、学科壁垒，建立起以学习共同体为载体、前辈优质资源哺育后辈、同辈资源互补、后辈反哺前辈的教师专业发展参与系统。

（三）建立教师专业发展的培训系统

基于"德才兼备、卓越成长"教师专业发展目标，教师发展中心通过整合校内外专家资源，实施"$1+1+1+3+X$——多重导师制"（即"1位省级名师＋1位市域内名教师＋1位区域内教研员＋3位校内年轻教师"）为教师实现多元化、个性化、差异化的专业发展赋能。教师发展中心通过链式培养机制，以构建"两驱动四环节"品质课堂为最终目标，以理论学习、专家指导、课堂多次实践为主要培训路径，建立完备的教师专业发展培训系统。海阳市第一中学于建涛校长强调："在加速教师专业发展的道路上，我们要聚焦教师人格魅力、知识结构、育人过程、理念思维和教育境界的'和气、才气、智气、匠气'。如此，教师拥有了职业幸福感、育人成就感和从教荣誉感，并向着最美的教育春光前行。"

二、多措并举，实施教师专业发展三大工程

教师是学校育人工作的核心力量，打造一支高素质的教师队伍直接影响学校育人目标的实现。教师发展中心通过实施"新秀•能手•名师"三大工程，让教师们成长在一中、成才在一中、成名在一中。

（一）青年教师"新秀"工程

围绕"让青年教师迅速成长起来，成为学校的中坚力量"教师专业发展培养目标，教师发展中心从"专业理念、专业知识、专业技能"三个维度，精心定制培训菜单，指导青年教师做好个人发展规划，明确成长方向。教师发展中心建立完备的培训成果反馈报告制度动态记录青年教师的专业发展成长轨迹。

一是夯实青年教师基本功，重点抓好普通话、三笔字、课件制作、教材解读、教学设计等基本功；二是开展青年教师教学基本功风采大赛，促使青年教师

优化课堂教学,提升教学能力;三是开展"我的成长之侣"师徒结伴活动,成立"青年教师成长同盟",形成联帮带、比赶超的学习氛围;四是进行"如何上好第一课""细读文本""提升学生核心素养""关注教师身心健康"等内容丰富形式多样的菜单式培训;五是推出"青年教师成果发布会",如"我的课堂变化""我的课改故事""感悟教育""我的课题研究"成果展等,注重经验积累、总结和提炼。

(二)骨干教师"能手"工程

围绕"让骨干教师迅速成长起来,成为学校的台柱子"教师专业发展培养目标,教师发展中心从"思考力、教学力、研究力"三个层面,专心指导骨干教师厚实专业发展本领,形成独树一帜的教学风格、与众不同的思考方式和别具一格的研究能力。

一是多元培训,专业引领。教师发展中心充分利用优质教育资源,线上线下相结合、校内校外相结合,多元培训,专业引领,切实提高骨干教师职业道德素养和专业能力。例如,邀请国家注册二级心理咨询师、省家庭教育指导师、市家庭教育专家组成员、青少年成长心理教练姜萍主任进行"有效沟通,温暖互动"主题培训,邀请烟台市名校长李丽进行"专业成长路径"指导培训,邀请区域内教科研专家李云辉主任进行"新品质教育下的课题研究指导培训"专题讲座等。

二是协同教研,抱团成长。教师发展中心围绕"弘扬教坛工匠精神"主题,将每学年的3月和9月定为教学研究月。如语文组开展"习作教学研讨""整本书阅读指导"等活动,数学组开展"数学教材培训""同课异构展示"等活动,英语组开展"魅力课堂研讨"活动,其他学科开展"综合实践活动研讨课""心理健康教育研讨课"等活动。通过协同教研,让骨干教师们博采众长,抱团成长。

三是深耕课堂,精研教学。教师发展中心统筹规划,组织区域内专家及名师、教研员、学科组长与骨干教师,围绕教材、学生、教学目标等深入剖析,通过骨干教师出示示范课、观摩课、汇报课、诊断课等形式,探索、实践"两驱动四环节"教学模式,打造"学为中心真落地""深度学习真发生""核心素养真发展"

品质课堂。

四是课题研究，专业提升。教师发展中心将课题研究作为骨干教师可持续发展的生命线，通过"1＋1＋1＋3＋X——多重导师制"引领学习型骨干教师走向研究型名教师。教师发展中心通过主题派对式研修、问题研讨式研修、项目开放式研修、游戏体验式研修四种模式指导骨干教师开展课题研究，通过校级、县级、市级、省级、国家级课题研究有效转化教育教学成果，不断厚实骨干教师的研究能力。

（三）卓越教师"名师"工程

围绕"让卓越教师迅速成长起来，成为区域内具有一定影响力的教育名师"教师专业发展培养目标，教师发展中心通过"定调子、挑担子、架梯子"三种途径，用心规划卓越教师专业发展路径。

一是定调子，明晰发展方向。名师具有独特的个性风格和鲜明的成长样态，教师发展中心以"这一年，我要成为这样的自己"为主题，通过SWOT分析法引领卓越教师明晰发展方向。教师发展中心通过绘制独特的专业成长"自画像"，为卓越教师成长为教育名师进行专业发展长、短期规划，从而为不同的卓越教师找准职业发展的"生长点"。

二是挑担子，放大成长格局。胸中有格局才能走得稳、行得远，教师发展中心借助外力结合内力，构建名师成长指标，以挑担子的形式，放大卓越教师的成长格局。例如，教师发展中心充分发挥卓越教师的辐射带动作用，在校内开展"卓越教师"宣讲活动，以身边鲜活的案例涵育教师专业情怀，拓宽教育视野。

三是架梯子，绽放最美姿态。教师发展中心通过"微课微言""最美书房""品牌教师日""成果发布会""我的教育故事""我型我秀"等丰富多彩的活动，鼓励卓越教师释放激情、展现自我；依托名师工作室，深化与名师及成员之间的沟通，让卓越教师在名师的"打磨"中取长补短，在名师引领、带动中提升专业发展能力；建立学术委员会，聘请国内知名大学教授作为导师进行高端引领，搭建教育论坛、沙龙、年会等展示交流平台，提供课题研究、论文发表、论著出版等机会，激励卓越教师自主发展，助力多层次、高水平发展。

截至目前，该校省特级教师2人，烟台市名师（培养人选）4人，烟台市名班主任(培养人选)4人、学科带头人3人、教学能手4人、烟台市教坛新秀10人、海阳市名师(培养人选)10人。"这些措施保障了该校分科、分层、分类开展教师培训,为海阳市打造骨干教师、名师名校长和教育家型教师队伍提供了保障,更为全市教育持续优质发展注入了新动能。"海阳市教体局局长纪卫东认为。

三、精准评价,关注教师专业发展三大专业

教师评价关乎教师的专业成长。基于发展性评价理念,教师发展中心在内化《海阳市第一中学教师专业发展标准》内容的基础上结合学校特色从专业品质、专业知识、专业能力三个维度设计评价指标。教师发展中心精准评价将量化积分纳入教师专业发展评价记录表,引导教师在从正确认知自我到走向理想自我的过程中实现专业增值,充分发挥评价对教师专业发展的引领作用,助推学校高质量发展。

(一)关注专业品质

教师高尚的职业道德和专业的敬业精神,是教师专业发展的动力源。教师发展中心从基础性指标、发展性指标和弹性指标,对教师专业品质发展进行评价。其中,基础性指标指向教师专业品质中的底线,即每个阶段教师都应该遵循的职业道德和准则;发展性指标体现特色创新,以教师专业发展参与主体为具体抓手;弹性指标凸显学术追求,将教师的个性化发展和学校特色工作有效整合。在教师专业品质上,更加关注用高尚的职业道德引领教师的大视野和大格局,实现整体学习生态的升级。如在2020年"新冠"疫情防控期间,学校通过开设"抗疫有我公开课",鼓励教师以身示范、身体力行引领学生世界观、人生观、价值观的形成。

(二)关注专业知识

教师知识文化素养的高低直接关系到学校教育质量和教育目标的达成。教师发展中心从"读懂学生""读懂学校""读懂时代"三个层面对教师专业知识评价进行建构,形成教师专业知识评价指标。在教师专业知识上,强调教师要不断提升主动研究和创新意识能力,以学习方式的升级促进学生核心素养的形成。

（三）关注专业能力

教师的教学技能、教学方法决定着教学质量的高低。依据《海阳市第一中学教师专业发展标准》，教师发展中心从教育与教学能力、激励与评价能力、研究与实践能力三个维度对教师专业能力发展进行评价。每个维度的具体评价指标又体现了基础性指标与发展性指标的有效结合，同时还根据实际增设个性化的弹性指标，凸显教师的学术追求。在教师专业能力上，以学生发展情况作为评价教师育人能力的主要指标，让教师在引领学生成长的同时实现自我增值。

教师是立教之本，兴教之源。本着为党育人、为国育才的初心使命，海阳市第一中学在探索教师专业发展的道路上找准教师发展所需，聚焦真问题，付出真行动，形成真思考，形成优秀人才争相从教、教师人人尽展其才、好教师不断涌现的良好局面。

培育德馨教师　推动学校内涵发展

总书记指出"教师是立教之本、兴教之源。"教师发展是学生发展的基础和平台,教师发展更是学校发展的内涵。学校组织教学、开展活动,要靠教师;学校课程设计、课堂提质,要靠教师;学校各项管理、服务改进,要靠教师;学校文化建设、品牌打造,还是要靠教师……可以说,学校高质量发展的关键是教师,高水平教师是实现教育高质量发展的前提和基石。

海阳市亚沙城小学在追求内涵、优质发展的道路上,坚持"立德树人"目标任务,以德才兼备、德艺双馨的教师培育,作为推动学校发展的重要抓手。近年来,亚沙城小学始终立足于树立现代教育观念,在优化教师知识结构,培养教师创新精神和实践能力,促进教师专业化发展等方面进行积极探索,总结了"123"德馨教师培育方式,对学校内涵发展起到推动作用。

一、一条主线,营造德馨教师发展人文氛围

海阳市亚沙城小学德馨教师发展,遵循"教师生命成长与专业发展并重"发展主线,从教师整个生命成长出发考虑教师专业发展,用文化引领教师发展高度和方向,让教师处处感受学校的关爱关心,让教师热爱校园生活,热爱教育这个行业,让教师生命成长跟专业发展同步!

(一)实践人本成长理念

海阳市亚沙城小学着力构建"人情化关怀、人性化管理、人文化教育,全面提升教师人文素养"的人本管理模式,鼓励教师阳光运动,健康生活;倡导教师快乐阅读、广泛阅读;改进教师评价,坚持正确导向;优化教师管理,力求民主

科学。在真诚沟通中多鼓励、多引导教师,在不遗余力地为教师解难题、办实事、做好事中努力提高教师的幸福指数。

（二）浸润德馨学校文化

学校文化是一所学校的文思文脉,传承着学校的精神与气质,是学校整体工作的标准和方向。该校始终坚持"德能并修,追求师生自主和谐发展"的办学理念,全面推行"启智养德,情智共生"的德馨教育。海阳市亚沙城小学发动全体教师的智慧,开展学校办学文化的挖掘与提炼工作;通过党史长廊建设,凝练和完善了学校办学文化价值体系;通过校史手册编写工作,增强了全校教师对学校文化的认同度;通过校史长廊的建设与参观,让学校文化滋养教师心灵。

二、两大课程,赋能德馨教师发展专业底蕴

教育兴邦,师以载道。立德树人是教育的根本任务,是教师的根本任务。以德率才、德能兼备的"四有好老师"是民众与国家之望。该校构建"基础素养课程"和"专业素养课程"助力德馨教师师德师能"双提升"。

（一）基础素养课程,以师德塑"魂"

两大课程中的基础素养课程主要指向引导教师凝心聚力,提高师德修养,提升积极的职业心态,为学校发展奠定基础。

根据师德师风建设面临的新形势、新情况和新问题,海阳市亚沙城小学不断创新师德师风建设的宣传载体、活动载体,精心组织系列活动,通过榜样示范来推进教师团队建设。一是开展"专题教育"。每年寒暑假及特殊节日,组织教师深入学习教育部及省区市师德师风相关政策法规,引领教师明确行为规范,增强廉洁从教、依法从教观念。二是常态化开展活动。学校组织教师宣誓、师德承诺书签订等活动,通过仪式化宣传教育,引领教师将师德规范内化于心、外化于行。三是典范师德榜样。学校连续五年举办"亚沙城小学德馨教师评选""讲好亚小故事,赞心中最美教师""亚沙城小学建党100周年朗诵会""亚沙城小学献礼建党一百周年书法展"等专题活动,让教师在耳濡目染中接受优秀师德师风的洗礼,真正实现了让师德师风教育入脑入心。

（二）专业素养课程，以师能立"根"

两大课程中的专业素养课程主要指向聚力教师专业发展和成长。为建设一支"高素质、专业化、创新型"教师队伍，该校在抓好教师专业素养"过三关"活动中，推动该校德馨教师队伍的成长。

第一关：理念关。

好教师不仅具有丰富扎实的知识底蕴，而且能审视和把握教学方向。该校通过外出培训、邀请专家到校讲座、小组研讨、科研沙龙、个人自学等各种形式的培训，让教师深刻理解教育新理念、落实教育新理念并用新理念指导教学。

第二关：实践关。

海阳市亚沙城小学引导教师将研究的目光聚焦在课堂，做到"三个三"。"三研究"指的是研究教材、研究课堂、研究学生。"三课"指的是说课、讲课、评课，课堂教学"三课"大比武已成为该校促进教师专业成长的一项常态化工作，每学期由教务处牵头，以教研组为单位，组织开展教师课堂教学大赛，以赛代培，以赛促培，不断创新赛课组织方式，着力提升教师教学能力，有效地促进了教师教学技能的提升。"三改进"指的是该校在教研组开展学、评、教一体化品质课堂教学大比武活动，邀请专家进行诊断、指导教师一课多磨、一课多上、一课多改，促使教师不断追问"这堂课设计重点是什么""为什么要这样设计教学""哪些地方还需完善"，把自己的实践变成一种反思性实践，促进了研究的深度。在近几年海阳市教研室组织的课堂教学大比武活动中，该校参赛教师均取得不错的成绩。

第三关：成果关。

为了调动老师的积极性，发挥老师的优势，该校引导老师在教育教学中发现问题、聚焦问题并提炼成可研究的课题，将教学活动、科研活动融合在一起，在教研活动课题化、科研活动常态化的过程中实现教科研一体化。倡导教师表达成果形式多样化，成果评价多元化，如教学论文、教学案例、教学随笔、教学课件等。每年召开小专题的开题会和结题会。将教师的研究成果进行推广，实现成果效益最大化。

三、三个梯度,关注德馨教师发展个性需求

学校教师年龄结构合理,涵盖了职业入门期、专业成长期、经验成熟期、智慧播撒期各个层面的老师。该校坚持把教师的需求与学校的发展相结合,找到二者之间的最佳切合点,按需求为标准,建立梯度培养机制,确定培训内容。

(一)发挥骨干教师的示范作用

为了提升学校品牌,造就一支高素质的教师队伍,不仅要重视干部队伍的培养、全体教师整体专业化水平的提升,更要注重教育宣传,打造名师,重视骨干教师培养。该校对骨干教师专业发展定位为"提升""研究""引领",借助"海阳名师名班主任""骨干教师成长营"等平台明确骨干教师的成长目标,创造条件为教师专业成长"指思路、搭平台、给任务",助力骨干教师成长。

(二)加强青年教师的系统培养

该校对青年教师进行"理论研读培养""师徒结对培养""行动反思培养"。"理论研读培养"是让青年教师深入开展专业阅读,不断优化知识结构,丰富教学底蕴;"师徒结对培养"为青年教师提供可学习、模仿、研究的典范,骨干教师和青年教师在一起开展教育教学及研究工作,实现"教学相长";"行动反思培养"指导教师通过课堂观察、课后反思、教学感悟进行分析,自发开展教学研究。

该校青年教师在读书、实践、反思过程中,快速成长。

(三)提升全体教师综合素养

该校积极开展"校长荐读""教师经验分享""信息技术支持教学"大比武、课件制作比赛等,提高教师的业务技能。抓好适应期教师的"入格"培养、成长期教师的"合格"培养、成熟期教师的"升格"培养。

几年来,该校教师获得烟台市级荣誉奖励 10 余人,取得烟台市优质课 10 余节,在各级各类会议上承担展示课、示范课任务,充分展示了教师德才双馨、和谐尚美、立己达人的时代风貌。在教师的推动下,该校先后获得了"烟台市教育教学先进单位""首批市级中小学劳动教育示范学校""烟台市实验教学先进单位""烟台市德育工作先进单位""山东省中华经典诵吟特色学校"等省市县级荣誉。今后该校将继续坚持目标引领,务求实效,注重教师德能兼修,促进学校内涵发展更上一个台阶。

在五彩课程开发中助推教师专业成长

"一流的教育依赖一流的师资,师资队伍建设是一所学校得以持续发展的关键与根本。"加强对青年教师的培养和管理是师资队伍建设的重要任务,对学校发展具有决定性的深远意义。海阳市凤城街道初级中学紧紧围绕五彩德育课程开发研究这一中心工作,对青年进行序列化培养,一批优秀的中青年教师成为理论基础扎实、造诣深厚、业务技能精湛的新时代品质教师。

一、以品德教育为窗口,赋能青年教师生长力

党的十八大提出"把立德树人作为教育的根本任务,培养德、智、体、美全面发展的社会主义建设者和接班人"。教育部部长袁贵仁在全国中小学德育工作经验交流会上指出"要把社会主义核心价值体系融入中小学教育全过程,努力开创中小学德育工作新局面"。叶澜曾经强调:教师首先得自己具有丰富的精神生命,才能够带给学生丰富的精神生命。因此,凤城中学以构建"金色梦想、红色骄傲、橙色实践、绿色劳动、蓝色憧憬"五彩德育课程开发为抓手,培养青年教师的人格修养、德育意识、创新思维,丰盈教师的精神生命,让学校教育教学变得生动有趣。

(一)明确愿景,聚合价值观

学校领导通过专题讨论、教师论坛、学校讲堂等形式,形成学校青年教师的发展愿景,通过"五彩德育课程"建设这一载体激发教师个人潜能,促使青年教师竭尽全力达成目标,追逐梦想。

（二）改革形式，增强吸引力

学校通过教师问卷、座谈会、日常问题征集等形式，了解青年教师的想法和需求，再确定教研内容；根据教研内容，确定教研形式。这个过程中，让教师广泛参与，教师是主体，让教师在活动中寻找归属感，激发个体和团队活力，增强校本教研对教师的吸引力。

（三）评价保障，形成推动力

学校在组织青年教师团队中，对人员参与、教研过程、预期效果等方面进行制度完善。教研过程中，对每位教师如何做、阶段效果如何都要做出明确的规定。既注重团队的评价，又将个人参与情况和贡献置于团队中进行评价，以评价推动校本教研共同体的形成，促进校本教研的开展。

二、以校本研究为锚点，提升青年教师研究力

学校历来十分重视校本研究，主题式校本教研活动唤醒了教师的教研主体意识，促使教师形成"发现问题—提出问题—探究问题"的良好教研氛围。团队研究助力教师发现真问题、解决真问题，形成问题解决的路径和方法。青年教师学习先进的教育教学理论，树立科学的教学理念，站在统揽全局的高度来扫视德育内涵，在整合传统优势的基础上组织青年教师积极探索和创新，逐步提升青年教师行动研究力。

（一）先行培训，理念提升

为了提高青年教师的课程开发水平，以便在实践中勇于探索、大胆创新，必须先学习理论，研究文献，汲取精华，丰厚底蕴。首先我们成立由校长牵头，全体中层、各学科骨干教师为成员的研究团队，并建立青年教师工作室，每位成员随时学习素材，学习专家的前沿理念和先行学校的宝贵经验，然后发表自己的学习收获体会或者疑惑思考。

（二）组建团队，结伴前行

"一个人可以走得很快，但是一群人可以走得更远！"学校组建了一批有事业心、有责任感、有理想抱负的青年教师参与课程开发，他们不仅有高学历、高

素质,还有足够的智慧、足够的热情参与学习研究。

一是建微信群,分享心得。微信群使老师们更加明确:要把社会主义核心价值观融入教育全过程,深入开展理想信念教育、爱国主义教育、中华优秀传统文化教育和革命传统教育,引导和帮助学生把握好人生方向,扣好人生的第一粒扣子。坚持素质教育,教育引导学生培养综合能力,鼓励和培养学生的创新精神;树立健康第一的思想,不断增强学生的体质,培养学生积极向上的健康心态,健全人格、锤炼意志;坚持以美育人、以文化人,提高学生审美和人文素养。

二是主题沙龙,思维碰撞。教育沙龙是教师自发的群众读书和教育研究形式,学校给一定的活动经费,沙龙定期开展读书、交流等活动。教师经常写自己的教育笔记,经常做自己的教育反思,会讲自己典型的教育故事,将德育理论学习初探成果向同伴交流、进行思维碰撞、提升认识。

(三)专家指导,激发内驱力

"放下架子下基层,架起梯子促提升。"教科室领导多次莅临学校指导课程开发研究进程,给予青年教师无穷的智慧和力量,更给青年教师自我反思的勇气。

团队教师遵循关注学生的日常生活方式和生活习惯,关注学生的身心健康,关注学生的学习和交往生活,关注学生的人生观、价值观的形成四个基本原则,从认知目标、情感态度价值观目标及行为目标三个维度入手,拟订了课程方案、课程体系、课程目标、课程评价等,做到主题明确、目标清晰,紧密统一,环环相扣。

学校还从促进青年教师工作、学习的幸福入手,通过形式多样的教育教学反思活动激发教师的内驱力。第一,内省式反思,即通过自我反省的方式来进行反思,可通过反思日记、课后备课、成长自传等方式完成。第二,学习式反思,即通过理论学习或通过与理论对照进行反思。第三,交流式反思,即通过与他人交流来进行反思,可用观察交流、学生反馈等方法。第四,研究式反思,即通过教学研究来进行反思。以研究的态度从事教学、以研究的视角反思教学、以反思的成果改进教学。

校本研究形式有学习反思、论文交流、案例展示、专题研讨、情境示范、教学诊断、集体培训、民主评价和基于校园局域网的资源共享等。其中,学习反思是整个校本研究的基础,而集体培训、民主评价和校园网络渗透在其各个环节之中。

三、以德育班会为抓手,提升青年教师创新力

课堂是课程实施的主阵地,也是实施素质教育的主要载体。随着校本课程的研究深入,结合烟台市"德融数理·知行合一"德育模式实施,变革课堂教学方式和学习方式,专心琢磨教学艺术,每节德育课都从创设情境入手,把枯燥单调的说教转变为生动、形象的画面,为引入数据、解答问题、拓展思维做好铺垫,达到过目难忘、直击心灵的效果。每位老师经常思考的三个问题。

(一)你打算这节课让学生获得什么?(目标问题)

教学目标是课堂教学的出发点和回归点。教学目标的制定是否准确清晰,直接影响着教学环节的设计,制约着教学活动的展开,并最终指向教学任务的完成。

(二)你打算用多长时间让学生获得?(效率问题)

教学实效性是指为达成教学预期目的选择最有效的教学内容、教学策略,让学生在一定时间内获得最佳的学习效果,使教学具有最大的效益。这里指的最大效益除了教学的知识点学习的过程与方法外,更多的是要关注学生学习的愿望、探求知识的热情与能力。

(三)你打算让学生怎样获得?(方法问题)

这是教学目标实施的重要一环。教师要充分发挥教学目标的导向作用,根据教学目标安排教学内容和教学程序,选择科学的教学方法和使用恰当的教学媒体,来组织教学活动。

学校在"金色梦想、红色骄傲、橙色实践、绿色劳动、蓝色憧憬"五彩德育主题班会课程教育中,每位青年教师备一节课、讲一节课、树一个典型,先在各色德育上突破一个点,再在"五彩德育"面上全面实施,推动学校的"五彩德育"体系全面有机结合,让"五彩德育"更加走向深入、走向科学、走向理性和走向高效。

　　青年骨干教师是支撑学校可持续发展的主体力量,学校遵循行动逻辑,不断深化改革,用制度促教研,用文化凝聚团队,让教师在持续研究中实现专业成长。一批优秀的青年教师通过"五彩德育"校本课程建设实践锻炼脱颖而出,他们感受到来自学校的温暖与关爱,增强对学校、对教育的认同感、归属感和幸福感。

多措并举，培育"行知教师"

自 2012 年始，行村镇小学以"行是知之始，知是行之成"的教育理念创建"行知教育"品牌，旨在通过知行合一建设一支"知行思合一"的教师队伍，培养"会做人、会生活、会学习"全面发展的学生。一入该校，一个醒目的大字映入眼帘，它将"行"字一分为二，中间插入上下组合的"知"字，完美地将"行知"两字融合在一起，陶行知老先生把它念 gan，与习近平总书记的一句名言"撸起袖子加油干"的"干"同音。其既代表了陶行知老先生知行合一的教育理念，也代表了行村镇小学全体师生凝心聚力奋发向上的精神风貌。行村镇小学是一所偏远的农村学校，学生多，教师少，且教师流动性非常大，每年都有年轻新教师调入，培养新教师是他们一直努力探究的课题，也总结了几点比较有效的方法。

一、知校情，明方向，快速融入团队

行村镇小学虽然是一所农村学校，但拥有深厚的文化底蕴，教育教学工作一直位于全市前列，连续 13 年被评为"海阳市教学工作先进单位"。为了让新教师快速融入这个大家庭，了解学校发展历程、教育理念、教育目标和教育教学工作要求，该校采取了以下几个措施。

（一）新教师座谈会，了解学校文化

每年学期初，学校都会召开新教师座谈会。首先是由校长亲自向大家介绍学校发展历程、取得的荣誉和"行知教育"理念、目标以及"行知教育"框架图，让新教师感到加入该校教师团队是一份幸运。同时，让他们初步了解"行

知教育",为更好地开展教育教学工作奠定基础。第二个环节是优秀教师经验交流,学校请"山东省优秀教师""烟台市师德标兵""海阳市名师和名班主任"等优秀的教师向新教师介绍成长历程,让新教师初步感受该校教师团队优秀的同时,明确努力方向。第三个环节是倾听新教师的心声,了解他们初到学校的感受以及工作生活方面的需求,学校尽可能为他们创建良好的学习工作生活环境,感受大家庭的温暖。

(二)青年教师座谈会,快速融入团队

青年教师团队是助力新教师成长的重要力量,为了帮助他们快速融入这个团队,每个学期,学校都会组织青年教师座谈会。青年教师充满活力,因此,每次召开青年教师座谈会前,学校都会组织教师精心装饰会场,营造温馨且充满活力的会场气氛。活动前,学校会公布活动主题,如"奋斗者,正青春",让青年教师围绕主题准备;活动中,给每个青年教师发言15分钟的时间,大家分享一些好的工作方法、好措施及存在的困惑,交流的过程,大家互相学习,答疑解惑,是新教师快速成长的好机会。交流结束后,学校还会组织一个有利于团结协作的游戏,将座谈会的气氛带动到了高潮,也拉近了教师与领导之间的距离,更是新教师快速融入青年教师团队的好机会。

二、师带徒,明要求,快速胜任工作

俗话说"新人骑马,师傅送一程",尤其对新教师来说,刚参加工作,对于学校教育教学的工作要求知之甚少,对于学校琐碎的工作,就像个无头的苍蝇,到处碰壁,到处出错,为了减少新教师走弯路,更为了保护新教师的工作积极性,所以,每个新教师非常需要一个有经验的师傅以身示范,具体引领。因此,师带徒是新教师快速胜任工作最有效的措施,近年来,行村镇小学充分发挥学校优秀教师的榜样引领作用,以老带新,帮助新教师快速胜任工作。

(一)举行拜师仪式,提升责任感

每个学年初,学校要根据新教师的具体情况,为其量身配备一名有经验、有能力、有爱心又有耐心的优秀教师做师父。为了创建浓浓的尊师氛围,行村镇小学每年都要举行隆重的"拜师会"。拜师会上,通过青年教师为师父献茶、

师父教师代表发言、新教师代表发言、喊师父等活动，拉开了师带徒的序幕，他们将在平凡而忙碌的工作中结下一份特殊的情感。对于老教师，做了师父多了一份光荣，也多了一份承诺、一份期待、一份沉甸甸的责任。对于新教师，做了徒弟，意味着多了一份关爱，多了一个"事无巨细"的引领者，帮助他们快速胜任教育教学工作。

（二）制定考核制度，明确努力方向

为了提高师带徒的效果，行村镇小学制定了具体的考核制度，实行捆绑考核，具体考核要求如下。教学常规方面：备课作业、课堂教学、教学成绩指导，每项工作，徒弟进入一等，师父加 3 分，二等不加分，三等扣 3 分。教学成绩方面：徒弟成绩高于级部平均成绩，师父加 3 分，低于平均成绩 1～3 星不得分，低于 3 星以上扣 3 分。课堂教学方面：师父每周听徒弟一节课，并认真记录，教研组根据其记录，徒弟一等，师父加 3 分，二等加 2 分，三等扣 1 分。课堂教学评估方面：徒弟一等，师父加 3 分，二等加 1 分，三等扣 3 分，或者是徒弟一等，师父一等，以此类推。比赛方面：在市级组织的各种比赛中，师父指导徒弟获得一等奖，师父加三分，二等奖加 1 分，三等奖不加分。

三、周教研，明方法，快速提升专业

教而不研则浅，研而不教则空，有效的教研活动能促进教师的教育教学水平。因此，为了助力新教师和青年教师的专业素养提升，近几年来，行村镇小学一直坚持开展学科周教研活动。目前，周一下午数学教研、周二下午语文教研、周三下午英语教研、周四下午科学和道法（间周）教研活动雷打不动、如火如荼。

（一）建立制度，强化落实

一直以来，行村镇小学非常重视学科每周一研活动，为了确保周教研的落实，学校建立了《行村镇小学周教研制度》，统一规划各学科教研活动时间，并将各学科周教研两节课时间落实到了具体课程表里。为了确保教研活动有计划、有准备、有效果，制度规定，各学科领导提前一周制定并下发周教研计划，包括教研内容、教研活动准备、教研活动要求，具体内容分工到人。同时规定，

教研过程中,教师要认真记录,为了规范大家的记录和便于日后查找学习,学校统一印刷了《行村镇小学教师周教研活动记录本》,教师要将所有教研活动内容和本周要完成的工作都记录其上,学期末,作为教师教研活动参与情况的重要考核指标。为了强化周教研活动的落实,制度规定,校长和分管教学的副校长要不定期的参加各学科教研活动,督查教研活动质量。

(二)明确主题,提升质量

学科周教研的内容一般包括:常规检查总结、理论学习、课例研讨、集体备课等。经过多年的实践,他们发现所有的教研活动必须有一个主题,如果没有主题,教研活动就是零碎化的,没有灵魂,没有深度,更谈不上深入发展。所以,《行村镇小学周教研活动制度》规定,学期初,学科领导要组织教师认真全面分析市教研室工作要求、学科特点、学科教学实际情况(取得的成绩和存在的问题),精准确定各学科教研活动主题。例如,自2014年以来,行村镇小学语文学科围绕单元整体教学培养学生自主阅读能力,探究"五读三写"自主阅读课程,在近十年发展过程中,他们坚持在探究中实践,在实践中总结,在总结中反思,在反思中继续实践,这个过程是螺旋上升的过程,教研活动主题也在不断深入。

第一阶段:2014年8月—2016年7月,开展了"预习作业"主题教研活动,完成了语文学科低、中、高三个学段不同的《语文预习要求》。

第二阶段:"加强方法指导,提高自主学习能力"主题教研。2016年9月—2017年1月:立足字词教学,培养预习兴趣和习惯。2017年2月—2017年12月:立足课文理解,加强阅读方法指导。为了在有限的语文教学课时中,增加学生的阅读量,扩充学生的阅读面,2018年2月—2019年7月,开始基于单元主题,探索单元整合教学。

第三阶段:2019年9月至今,根据部编教材的双线单元组织结构特点,尝试以"语文要素"为核心进行自主阅读单元整合教学。近几年来,行村镇小学在新教师培养方面也取得了一些成绩,包括海阳名师2人,海阳名班主任1人,烟台市教坛新秀2人,多人执讲烟台市优质课,多人主持和参与了省市级课题。新教师培养将是一个永远不变的课题,也需要不断探究和创新。

实施大单元教学提升教师课程建设能力 ●——

海阳市亚沙城初级中学是一所海阳市教育和体育局直属的公办初中,于2014年8月开工建设,2015年8月31日正式开学招生。学校自成立以来,秉承"读书明理,立己达人"的校训,以"民族情怀,国际视野,独立人格,创新精神"的办学目标,创造性开展"系统架构型"课堂教学探索,注重为学生架构起知识系统、思维系统和人格系统。

党的二十大报告归纳了中国式现代化的内涵、本质要求和特征,这对如何打造中国式现代化教师提出新的要求。该校自2022年9月开始探索利用大单元教学模式,提升教师课程建设能力,塑造"三位一体"的现代教师专业新动能。

一、大单元集体备课,推进教师终身教育观念现代化

(一)唤醒团队合作意识

大单元教学在县域范围内的实施还是一个新事物,大单元的备课是全新的,这首先就需要教师采用集体备课方式,贡献集体力量。该校规定,根据每个年级不同学科的教学计划,每个教师每个学期要个人备出2～3个单元备课,在个人备课的基础上,每周各个学科固定时间、固定地点,集合教研组所有老师,对每一个教师的个人备课进行集体研讨,充分利用团队的力量,对每一个备课"精雕细琢",让每一节大单元备课都能展示大单元教学思想,凸显大单元教学的作用。

在这个过程中,再次唤醒了教师的团队合作意识,让教师认识到,面对新

145

的教育形势,必须发挥集体的力量,才能有效地将学科核心素养要求落地落实。

(二)提高技术使用能力

大单元教学的备课,需要对学科原有自然单元在整体感知的基础上进行整合和再建,这个工作,如果教师只是利用手头资料和已有知识经验,显然不容易完成。该校创建电子备课中心,建立电子教育资源库,与县域内许多学校联合开展线上教研活动,成立大单元教学研讨共同体。以跨学校、跨学科网络直播磨课、听评课的方式,缩短空间距离,增加研讨频次,实现资源优化与共享。让青年教师带动年长教师技术成长,让年长教师辅佐青年教师专业进步,实现不同年龄段教师的优势互补,让所有人跟上现代信息技术飞速发展的步伐,不让任何一人落下信息教育时代的队伍。

(三)建构系统思维模式

随着网络信息技术的发展,概念性知识以指数级增长,教学须基于系统思想,不断为零散、碎片化的概念性知识孤岛搭建立交桥。因此教师要以系统化、结构化、网络化视角重构课程内容,基于课程内容提炼大概念。它并不是学科中某个具体的知识性概念,而是聚焦学科本质,具有一定的统领性和共识性,能使离散、琐碎的知识点和题材相连接,进而构建"知识结构"或"学科地图"。大单元教学应教师成长需求而来,促进教师在纵向上理解知识本质、横向上产生对知识的联结扩展,进而发展自我建构系统思维模式的能力。

二、大单元课堂授课,推进教师立德树人水平现代化

(一)可以促使教师掌握系统知识

教师在进行大单元备课时,是基于整个单元规划和课时设计,在课程标准、核心内容、基本学情的深度分析基础上的"再建构",即确定主题—明确目标—逆向设计(评价早于活动设计)—结构化任务、递进性活动—课型、课时、作业、测试统筹安排与科学设计。以大主题或大任务为中心,对学习内容进行分析、整合、重组、开发,形成具有明确主题、目标、任务、情境、活动、评价等要素的结构化、多种课型的统筹规划和科学设计。双向联结教师系统思维理论与实践的能力,一方面帮助教师对系统思维的大单元教学进行理论实践化,另一

方面对学生接受的系统知识进行实践理论化。

（二）可以让教师拥有健全人格

该校的办学理念是为学生的幸福一生奠基,幸福人生的根基是健全的人格,该校的大单元教学表达的是大学习的观念,把学习作为一种终身的能力和习惯去打造。大单元教学扩展了教学视野,使教师在教学中不再只是盯着知识点、考点,而是课内课外、校内校外,格局放大。大单元教学赋能教师的同时让学习不再只是考试和分数,让课堂成为师生汲取知识的乐土,探索发现新知的乐园,拥有畅想未来的自由呼吸;使学习成为一件可以获得成就感和使教师拥有归属感的美事、乐事、趣事。

（三）可以提升教师的学科素养

该校大单元教学以提升学生学科核心素养为追求,运用整体性和系统性思维对单元学习内容进行有逻辑联系的整合和组织,设计相应的情境任务,整合相关的学习资源,让学生在经历和完成学习任务的过程中习得知识和技能,并基于知识和技能的运用开展概念性理解,借助概念的迁移和协同思考培养解决现实问题的能力。整个学段作为整体内容进行大框架的解读,再从大框架下建立系统内容和授课内容,它注重当下内容和前后知识的联系和地位。保证教学目标贯穿于整个教学过程,使学科核心素养具体化,可培养、可干预、可评价。

三、大单元作业设计,推进教师教书育人能力现代化

大单元教学设计,离不开单元作业设计,高质量的单元作业设计是指引学生高效学习、有效反馈教学成果的重要途径,也是提高教师自身课程驾驭能力的重要方式。

（一）大单元作业设计,提升教师系统育人能力

大单元作业设计,包括基础性作业、探究性作业、实践性作业、创造性作业以及新课标特别强调的跨学科综合性作业等。该校基于大单元进行作业设计,要求教师将同一单元里不同课时作业之间的知识点关联起来进行整体设计,增强知识内容的衔接性和递进性,并且可减少机械性的重复作业,提升发散性题型的比重,在提升作业设计整体质量的同时,可提升教师的单元分析能力,培养

147

教师对学科课程的整体把握和系统设计能力,从而更好地引导学生通过作业构建系统的知识体系,达成科学、完整的学科认知,这也是单元作业设计更为重要的终极价值。从未来教育的角度看,单元整体作业设计有助于教师站在单元之上整合课程内容,以大单元作业设计为切入口改变学生学习方式,提升教师育人能力。

(二)大单元作业设计,提升教师落实学科核心素养的能力

大单元作业设计是一个系统的工程,教师应努力建构多样、综合、创新的作业新样态,要综合考虑知识、技能、思维、核心素养等元素,使单元作业形成一个相互链接、环环相扣、层层递进、由浅入深的逻辑结构,是基于学生立场和学习过程的整体性设计。该校教师从单元主题出发,以任务驱动创设真实的情境,激发学生自主探究、积极思考的兴趣,在作业实践中形成必备的解决生活真实问题的能力,其形式丰富多样,并鼓励让学生自主设计单元作业,从学生的兴趣出发,让作业更灵动。这样设计的单元作业,可使学生的高阶思维得到发展,从而使学习因需发生,帮助学生建立宏观的学习框架,有助于提升教师落实学科核心素养的能力。

(三)大单元作业设计,提升教师课程建设的实践能力

通过单元整体作业教学实践,全体教师"优化作业设计,提升教学效率"的意识提升;作业设计逐渐从"被动执行视角"向"兴趣研究视角"转变;作业类型由"单一"向"丰富"转变。该校的大单元作业设计,从课时作业走到单元综合作业,从单学科作业走到跨学科融合作业,从课堂作业走到校外实践作业,如清明节踏青综合素养作业,整合了乡土地理、民俗历史、生物知识、劳动实践等课程,给学生提供了可施展的广阔舞台,为学生成长提供了多种可能,极大地提升了教师课程建设的实践能力。

新时代的中国呼唤新时代的品质教育,中国式教育现代化也亟须加快推进中国式教师的现代化,海阳市亚沙城初级中学实施大单元教学,有效地提升了教师的课程建设能力,为海阳市新时代品质教育的"好老师"建设贡献亚沙力量。

实施"三大策略"　推进教师读书工程 ●——

　　读书是教师专业发展永恒的主题,是教育发展的不竭动力。海阳市辛安镇第二小学自 2010 年开始,将读书工程作为学校的特色工作。多年来,学校立足校情,多方位思考、多举措保障、多渠道推动,实施教师读书工程,探索出一条卓有成效的推动策略,打造了一支厚德、明理、博学、敏行的教师队伍。

一、强化管理,保障教师读书常态化

　　苏联教育家苏霍姆林斯基说:"读书,读书,再读书——教师教育素养的这个方面正是取决于此。"为了保障教师读书稳步推进,学校遵循"制度约束和自我约束"相结合的原则,实施"三级联动"的管理模式,使教师读书制度化、自觉化。

(一)加强宣传发动,达成阅读共识

　　新学年伊始,学校制定《辛安镇第二小学教师读书实施方案》,确定阅读书目范围、规划读书活动等,召开教师读书启动仪式,使广大教师进一步解放思想,提高认识,切实让读书成为教师的自觉行为,让读书成为提升教师综合素质的平台。

(二)健全制度体系,完善保障机制

　　实现有效阅读,还需要制度约束和榜样带动,该校制定了《辛安镇第二小学教师读书制度》《辛安镇第二小学教师读书考核细则》,让教师读书工作落到实处,由分管教育的副校长具体负责,组织开展相关工作;学校实施"三级联

动、榜样带动"读书体系,领导班子成员整体规划、率先垂范、带头读书,读书团队骨干成员多层次、多视角向教师推荐阅读书目,从上到下一级带动一级,在制度保障的条件下,营造出人人爱读书、人人好读书的良好氛围。

(三)创设读书条件,提供阅读资源

该校将阅读作为办学理念的主要元素,提出了"读书点亮心灯,读书成就人生"的行走路径。从硬件环境上,一是创建"一室",即教师阅览室,书籍种类齐全,室内布置温馨,富有浓郁的书香气息,教师每天安排一节课的时间到阅览室阅读,为教师创设了较好的读书条件,让每日阅读成为教师的一种生活方式;二是保障"一书",即学校根据教师需求,每学期进行合理规划,投入资金购买书籍,为教师读书提供充足的阅读资源。

二、强化举措,确保教师读书专业化

教师专业成长需要高品位的阅读滋养和阅读引领,读书成了教师专业发展最有效的途径。历年来,该校在实施教师读书工程中,关注"全覆盖、多举措",本着"骨干参与、自主合作、共同发展"的愿景,根据自主阅读与集中阅读相结合、搭建交流平台实现同伴互助相结合、自我反思与整体评价相结合,促进教师读书规范化、专业化。

(一)自主研读,激发内驱力

博观而约取,厚积而薄发。每学期召开教师读书启动仪式后,该校教师根据《辛安镇第二小学教师读书实施方案》制定切实可行的个人读书计划。同时,学校设计印制教师读书笔记,命名为《书香私语》,教师真正做到了"不动笔墨不读书",留有大量的读书笔记。该校李英平、李崇宁两位老师被评为"烟台市优秀读书人物"。2013 年 12 月,海阳市电视台及《今日海阳》两家新闻单位对该校"师生阅读与书香校园建设"进行专题采访,并在"海阳新闻"转播。

(二)同伴互助,提升阅读力

特级教师于永正认为,"年轻人读书时要重视交流分享,只有交流,才能碰撞出火花,才能生出教育智慧"。该校以互动式阅读,开展形式多样的读书活动,为教师搭建阅读交流分享平台,让教师在互动中碰撞出智慧的火花。一是

基于解决问题的读书报告会。教师带着工作和成长中的困惑读书，增强阅读的针对性，提高读书的实效性，对教师读书具有显著的激励、启发、促进作用。二是基于共同成长的读书沙龙活动。每次读书沙龙活动确定一个主题，好书推荐会、读书交流会、主题聊书会等，每次读书活动形式由主讲人确定。三是基于提高表达能力的演讲朗诵比赛。学校确定主题，教师自主选择展示内容并脱稿展示。在交流中，激发教师的学习激情，陶冶情操，提升品位，成长为智慧型教师。自2014年起，该校与海阳市实验小学、海阳市里店小学、海阳市辛安镇第一小学、海阳市朱吴镇第二小学四所学校成立了读书教研共同体，每学期举行一次大型共同体活动，展示读书成果，分享读书经验，得到了海阳市小学教研室领导的认可和好评。2014年，该校以"致青春——青年教师美文诵读活动"为契机，邀请海阳市小学教研室领导到校指导。教研室姜萍主任在全程参与活动后，这样说"从教师激情投入的全情诵读中，我们全程感受到了这所学校'润、美、痴'的读书之情。对文字的喜爱之情温润全场、对语言的全情感受蕴藏于一颦一笑、对书与名家的痴爱渗透进或温婉或铿锵的语言与体态中，很美！爱读书的年轻人、爱读书的教师、爱读书的'学校场'。有了这样的'场'，生活在其中的师与生都是美的"。

（三）反思评价，促进学习力

读书和写作，一个是汲取和输入的过程，另一个则是释放和输出的过程，写作是阅读的更高表现形式，也是对阅读的深入思考和行为转化。该校在推动读书活动的同时，鼓励教师撰写读书反思，对阅读再提升，让教师将读书收获与日常教学工作、专业成长相结合，不断进行深度思考，构建了"专业阅读＋专业写作＋专业发展"的阅读成长体系，提出了"每日一读、每日摘录、每日一写、每月一展"的读写行动口号，学校还专门建立了展示教师读书反思的平台，如"校园读书报"展示教师随笔、学校教研平台刊登推广优秀作品、学校QQ群和微信群分享交流。经过长期的积累和探索，该校建立了较为完善的教师读书评价体系，从读书内容、读书时间、读书数量、参与活动情况、培训奖励情况等方面进行量化综合评价。

该校教师发表国家级论文12篇、省级论文16篇，在海阳市级刊物《海阳

教育》上发表文章 30 余篇；孙朝媛、于瑞娜等 24 名教师撰写的教育随笔获奖
60 余篇。

三、强化引领，推动教师读书长效化

读书成为教师的自觉行为，以读书活动引领推动教师专业发展，以教师的
持续发展实现学生成人成才，构建了教师读书常态化、长效化机制，发挥着强师
德、铸师魂、提师能的作用，培养一支新时代"四有"好老师。

（一）实施专家引领，助力师生成长

该校利用三大途径，为教师的读书成长搭建平台。一是"请进来"，即通过
邀请专家来校指导，引导教师掌握有效的阅读方法。每学年，该校邀请海阳市
小学教研室、教科室专家到校对教师读书进行高屋建瓴的指导。2016 年 9 月，
该校邀请"中国动物小说大王"沈石溪到校讲座，为师生的读书注入不竭动力，
将该校读书工程推向高潮，2016 年 12 月《海阳教育》"特别关注"栏目专题刊
登了此次活动。二是"走出去"，学校带领教师参加各级、各地教师读书相关活
动，博采众长。2015 年 4 月，该校李英平、徐金虎等 5 位教师到烟台市牟平区
新牟小学和牟平区第二实验小学"影子培训"，学习两所学校在读书方面的优
秀经验。2021 年 5 月，该校教师李英平到北京师范大学参加"京师好老师生命
成长营第 30 期"暨烟台市"中华文化涵养师德"提升工程骨干校长教师集中
研修班培训，在经典中修身正己，养为人之正气，为师之底气。三是"线上线下
相结合"，充分利用校园网的线上资源，为教师提供更为广阔多元的读书资源。

（二）实施课堂引领，开展全学科阅读

教师专业成长实际上是"读书—底蕴—教学"的转化过程，这是一个创生
的过程。从一定意义上说，教师读书是为课堂教学服务的，教师围绕课堂教学
阅读本学科相关书籍，丰厚文化底蕴，让自己的课堂充满智慧和灵气，在不断
积累中对自己的教学进行批判性反思，使自己的课堂教学游刃有余，时时体会
到教学的乐趣。随着学科教学的深入，该校将学科阅读拓宽到全学科阅读，强
调全学科覆盖、全方位推进，教师将理论阅读和实践思考融会贯通，从"教学思
考"走向"教学思想"。让理论阅读与实践思考形成"火借风势，风助火势"的

共生共振之势,进而完善、改进、提升、丰富自己的教学实践和行动。

(三)实施课题引领,开展主题性阅读

课题研究能产生最大的内需。该校鼓励教师在教育管理及课堂教学中寻求突破及创新,以课题为引领,助推读书走向更高的平台。通过在研究中读书,读书中研究,让教师阅读更加专业化、系统化、持久化。该校提出了"个个都是读书人,人人都是研究者,人人都有小课题"的专业引领思路,有针对性地对教师的研究方向进行定位。最终,教师在课题研究中对专业学术性书籍的阅读更有针对性,这种以课题研究为导向的主题阅读让教师从"有经验"走向"有思想"、从"教研"转向"科研"。该校姜军波等 10 位教师主持的 1 个山东省级课题和 4 个烟台市级课题经专家鉴定结题。

一个人走得快,一群人走得远。坚守初心、抱团成长是该校教师的一贯品格,他们与书为伴享受着阅读的快乐,走出了一条"读书成就人生"的专业发展之路。

长风破浪会有时,直挂云帆济沧海。乘着新品质教育发展的春风,站在新的起点,海阳市辛安镇第二小学全体教师始终初心如磐,奋楫笃行,力争做新时代有理想信念、有道德情操、有扎实学识、有仁爱之心的"四有"好老师。

涵养师德提升师能　助力青年教师成长

教育是国之大计、党之大计。有这样一群教师,她们甘为人梯,献身教育,用自己柔弱的臂膀托举学生攀登新的高峰;她们甘作春蚕,鞠躬尽瘁,用自己的专业才能发展学生的才智;她们甘当园丁,任劳任怨,用爱心和汗水温暖学生心田,塑造学生心灵,让每个学生心怀梦想,扬帆启航。她们就是——发城镇第二小学青年教师小绿叶团队。

教师是立教之本、兴教之源。发城镇第二小学能有这样一支齐心协力、专业扎实、本领过硬的教师队伍,离不开学校的精心培养、多措并举,通过各种行之有效的方法,引导青年教师成为有理想信念、有道德情操、有扎实学识、有仁爱之心的新时代人民教师。

一、强化理论学习,夯实信仰根基

"为党育人、为国育才"是国家的教育信仰,"播种快乐 共享幸福"是发城镇第二小学的教育信仰。青年教师朝气蓬勃,充满力量,需用思想信仰武装头脑,肩负起为校、为党、为国育人育才的艰巨使命。

学校专门成立青年教师思想领导小组,以"党建＋"为引领,每月组织开展"书记上党课",学习习近平新时代中国特色社会主义思想,认真学习党的二十大思想,充分利用学习强国资源,多样化、多形式帮助青年教师贯彻理论知识,增强青年教师思想政治工作的亲和力和实效性。学校把师德师风作为评价教师队伍素质的第一标准,将社会主义核心价值观贯穿师德师风建设的全过程,严格制度规定,强化日常教育督导。同时,要求教师认真学习贯彻《新时代中小学教师职业行为十项准则》《中小学教师职业道德规范》等相关法律法规文件,做到理论规范入耳、入脑、入心,内化于心,外化于行,自觉用理论制度规范约束自己的从教行为。

二、提升专业技能,发展自身素养

发城镇第二小学年轻教师比例占到全体教师的70％以上,是教育教学的主力军,他们有朝气、有活力,怀揣激情,带着理想,在发城镇第二小学这片沃土上,为学校的发展贡献着青春和力量。然而青年教师缺少工作经验,为推动青年教师快速成长,学校党支部启动了"青蓝工程"师徒结对活动,专门为青年教师的发展搭建成长平台,提供优质服务。

(一)夯实教师教学基本功

墨香卓越,国粹传承。写一手好字是教师最重要的基本功之一,为传承和发扬中国传统书法文化,全面提高并展现教师教学业务能力和教学基本功,营造书香校园,一直以来,发城镇第二小学十分注重教师的书法学习与交流,为给教师们搭建学习书法的便捷平台,学校利用每周二的中午时间聘请书法老师开设了专业的书法课,教师们课上认真聆听,师徒之间利用课余时间积极探讨和练习,坚持不懈,真正把"提笔即示范"落实于行动。

(二)重视教师阅读积极性

苏霍姆林斯基说过:"要天天看书,终生以书为友,这是一天也不能断流的潺潺小溪,它充实着理想。"通过读书锻炼思维能力和对教育问题的思考能力,努力转变思想观念、思维模式,努力提升自身素质,不断进行教育创新。发城镇第二小学制定青年教师读书计划,每学期规定教师必读和选读书目,要求教师结合教育教学实际做摘抄、写心得,利用喜马拉雅朗读优秀文章,定期开展教师读书沙龙分享会,让年轻教师通过阅读提升自己的内在素养。学校每学期还会为教师订阅教育教学专著、专业报纸杂志等,让教师接触最前沿的教育理念和教学实践经验,不断完善自己的教学体系。青年教师在阅读中"悦己",在阅读中探寻教育的本质,在阅读中看见儿童的心灵,在阅读中领悟教师专业成长的真谛。

（三）促进教师教育执行力

教育叙事分享会，是将青年教师拧到一股绳上来的有效方法。该校每周会组织一次青年教师教育叙事分享活动，将发生在自己身边的故事整理成文，通过口述分享给大家，在大家的点评中互补互通、共同提高。青年教师通过"讲故事"活动进行教育叙事写作，寻找到属于自己的成长方向，在这里，教师们开始了一场场关于教育的冷静思考和深度感悟；在这里，教师们走进学生独特的个性世界，对他们加以智慧的引导和帮助；在这里，教师们传递着正能量，走进发城镇第二小学，你会处处感受到那种想做事、能做事、齐心协力做好事的热情和干劲。只要青年教师始终保持一颗滚烫的敬业、乐业之心，钟情于教育事业，踏踏实实，不懈追求，必然会在教学的征途上留下一串串闪光的脚印，实现自己的教育梦想。正是因为有这样一群年轻教师，所以理想中的乡村教育梦也在一步步成为现实。

三、教研助力成长，强化教学实践

（一）"三轮打磨"提升教师课堂驾驭力

磨课是提升教师课堂驾驭力的重要途径之一。"三轮打磨"是该校教研组内打磨课例的重要手段。参与教师要树立互相帮助、双向成长的意识，大胆质疑提问，讨论磋商解惑，最后达成共识，共同提高。一磨定框架，参与教师要针对课例的教学目标、重难点、课堂环节活动设计等，提出问题假设，在相互探讨中分析问题、解决问题，最终定好讲课的基本框架；二磨定课形，授课教师根据第一次的打磨结果再次试讲，然后针对课堂的新生成，参与教师再次提出问题假设，经过磋商再一次完善课例；三磨成课例，授课教师在总结前两次讲课的基础上进行第三次试讲，最后完成一些细枝末叶的精雕细琢，形成优秀案例，撰写心得体会。这样，教师通过自我反思与学习，在师傅的引领下，在同伴的相互帮助下，经过"实践—反思—调整—再实践"，不断地提高自己的专业素养，真正做到了"以优促新、互帮互学、共同提高"。

（二）借助多种资源促成长

发城镇第二小学积极为青年教师成长搭建平台，通过安排部分青年教师定期组织培训学习，请进来走出去、观名师课、学科带头人和骨干教师为青年教师上示范课、推门听课活动、积极承办教研活动等，给教师展示自我的机会，以课题、教科研项目为载体，开展"大概念统领的单元整体教学""单元背景下阅读策略单元教学研究"等活动促进青年教师专业成长。

奋斗中送走岁月，实干中铸就辉煌。发城镇第二小学将继续发挥骨干教师"传、帮、带"的指导作用，加快培养青年教师专业成长的步伐，打造一支师德优良、专业过硬、幸福成长的教师队伍，提升发城镇第二小学的教育教学质量，为实现学校高质量发展保驾护航，为实现海阳市新时代品质教育赋能。

探寻"仁爱"教育新路径，为教师发展赋能

海阳市新元中学始建于 1984 年，是全国德育序列化教育的发源地，是海阳市的窗口学校。学校地处城乡结合部，生源复杂，部分学生家庭教育缺乏，造成孩子自私，不懂得礼仪、缺少仁爱之心，甚至还养成了很多不良行为习惯。面对现状，探寻"仁爱"教育新路径为教师发展赋能是学校的责任、义务和使命。

一、建构"仁爱"教育理念，创新发展思路

自建校以来，该校不仅以质量立校，更注重对学生的德育教育，促使学生德、智、体、美、劳全面发展，该校将德育序列化教育的内容进行了整合，结合"忠孝雅诚"教育打造出更贴近时代感的"仁爱"教育，为教师的全面发展赋能，以此推动校风、班风、教风、学风的转变，促进教育教学质量稳步提升，达到全员育人的目的。

新元中学的特色发展经历了三个阶段。第一阶段（2009—2013 年），打造"仁爱"教育德育品牌。该校开展了"忠孝雅诚"的主题教育，逐渐形成了"忠心爱国、孝亲敬长、行为高雅、诚实守信"的"仁爱"教育德育品牌。第二阶段（2014—2018 年），"仁爱"教育特色发展。2018 年，该校组织分年级开发了《仁爱教育读本》校本课程，将仁爱精神在学校教学、管理、课程、育人等方面进行渗透，逐渐形成了"仁爱"教育特色。第三个阶段（2019—2023 年），确立仁爱教育学校特色。该校提炼了"仁爱"教育的科学定位，将仁爱教育理念全面地融入学校工作之中。

二、推行"仁爱"教育模式,彰显学校特色

(一)秉承"仁爱"教育理念,规范学校风气

校风具体表现在学校长期的办学实践中形成的培养目标、办学传统、校风校训、学风教风等校园文化活动风格、师生的行为方式及其背后的价值观念,新元中学倡导"仁"的思路进行学校管理,规范学校风气。主要体现在:一方面,严格要求教师树立教师仁义仁爱的表率形象,从教学实践、教研探讨、学生管理等各个方面严于律己,引导和激励教师内外兼修、品位与品格双赢,真心、真情、真诚关爱每一位学生,努力营造良性互动的教育事业;另一方面,学校在教师个人的职业生涯发展、教师工作环境等方面下功夫,努力为教师赢得更多权益,解决教师工作和生活中的实际困难,让爱成为锻造学生品质、学生素质与能力的有力武器,具体表现在以下三方面。

一是"务实求真,向善守正"的校风。校风是具有鲜明学校个性特征的道德风貌,更是社会风尚的重要组成部分,建设良好的校风不仅是社会主义精神文明建设的需要,更是学校的立校之本。该校以"务实求真、向善守正"规范校风,求真的工作精神乐教爱生,加强道德涵养,尊重客观规律,树立求真精神,树立起公平的处事态度和大公无私的道德观念。

二是"严谨、合作、敬业、优质"的教风。教风是一个学校的精神旗帜,它对学生可以起到熏陶、激励和潜移默化的教育作用。新元中学教风以"严谨、合作、敬业、优质"为内容,开展了名师引领、学科教研、青蓝工程等活动,不断提升教师个人素质。"其身正,不令则行,其身不正,虽令而不从。"新元中学以"修身正身"的儒家思想定位学校管理者,并运用"道德正身"的内控思维和自律意识,将教师的思想和行为导向立德树人的共同目标。学校行政团队有担当,重服务,树正气,讲执行,工作善始善终,追求轻负高质教学。"克己复礼为仁",用"正身"的儒家思想为自己准确定位,以自己的人格来影响带动教师队伍,践行"重人爱人"的教师品格。学校倡导的师本活动是不断丰富、不断创新的教师培养模式,通过多样化、系统性的活动,扩大教师参与度,促进教师主动学习,积极探索,增强教师教书育人的本领,逐步成长为仁爱教育的主力军。

三是"勤奋、主动、扎实、提高"的学风。"勤奋"就是要求师生要有无止境

刻苦能力、学习态度和坚韧不拔的精神。"主动"就是要求每一位学生积极追求,并不断探索的过程,而且还要多做有利于他人及社会的事,不计报酬,不计名利。"扎实"就是要求学生踏实的学习专业知识和操作技能。"提高"就是要求全体师生不断追求思想、文化程度、职业水平、学习质量的高度。"勤奋、主动、扎实、提高"是要从"心"和"行"出发,将新元中学"仁爱"教育理念润物细无声地贯穿到学校日常工作学习之中,真正内化于心、外化于行。

(二)结合新教育发展模式,开展"仁爱"教育

如果说校训奠定了学校总的文化基调,教风和学风的配套设置丰富充实了校风校训,教学模式则是校训得以贯穿实现的根本途径。新元中学针对学生能力培养的不同要求,提出了不同的教育对策。以生为本,重视学生个体价值,让学生感受到重要性,以激励性的教育方式激发学生内在的求知、求上进的愿望,用教师正己立人的表率作用、权威魅力,培养学生的责任心、自律性和自我决断力,从而实现培养学生健全人格的目标。结合学生实际,该校创新活动载体,力求寓教于乐。通过升国旗教育活动、主题班队会、爱国诗歌朗诵、经典诵读、"歌咏比赛"实践活动等,培养学生的爱国情怀。

经典诵读课程是学校师生全员参与的一项拓展性课程,对儒学经典的传承弘扬,学校坚持积累为始,内化为重。学校以《弟子规》《论语》等经典著作为教材,让学生晨诵午读,学习礼仪知识,规范言行举止,在点滴中提高学生的素养,健全人格。近年来,又以国旗下讲话、读书节对儒学经典进行研读创编等方式对师生诵读能力的培养持续加强。

三、凸显"仁爱"校园文化,打造仁爱品牌

新元中学以"仁爱"为主题构建学校环境文化建设,提升学校形象。

(一)将"仁爱"教育与学校规划相结合

在学校的 2022—2023 学年度学校文化建设发展规划中,强化了学校走廊文化、楼道文化,在这些文化建设项目中,都将"仁爱教育"列入其中,提出明确的达成目标,从而突出了在学校教育中的地位,并且在每学期德育工作计划中,不断加以细化,总结成功与不足,提出调整策略,作为衡量学校德育工作的

重要达成指标,保证"仁爱教育"有序实施。

(二)将"仁爱"教育与师德建设相结合

将"仁爱"教育对学生的培育目标也作为师德建设的衡量尺度,要求教师要先于学生关爱他人,团结互助,文明礼貌,遵章守纪,努力学习,勤奋工作,重于实践,做学生的示范员。自身的言传身教来感染学生,营造全员育人的氛围。为关注每一位教师的生命幸福、职业追求和专业发展,激发教师内在的美好和初心,努力推动教师成为"四有"好老师,学校开展了"常怀仁爱之心,漫谈教育与师德"主题师德培训会,学校要求教师要自觉增强"学为人师、行为世范"的意识,要牢固树立终身学习理念,不断拓宽视野、更新知识,不断提升个人涵养和业务水平,努力做到内修于心、外化于行,塑造真善美相统一、孩子崇敬爱戴的教师形象。

(三)将"仁爱"教育与特色课程相结合

围绕育人目标,该校积极地构建特色课程体系:基础课程——国家课程校本化、拓展课程——校本课程特色化。结合学生核心素养培育和仁爱教育核心的价值观,学校开发了系列特色课程,生生必修,确保授课时数,让仁爱理念真正做到内化于心。一是志愿服务课程。从志愿服务的内容、管理和方法三方面构建初中生志愿服务体系,编制《新元中学学生仁爱志愿服务手册》,进行志愿服务精神的教育。二是仁爱教育课程。新元中学开发了《忠》《孝》《雅》《诚》《仁》《爱》系列课程,对学生进行礼仪、孝道、仁心、爱行的仁爱教育。三是节日课程。结合传统节日,该校开发了《仁爱》校本课程,分为"爱祖国""爱人民""爱学校""爱家庭""爱社会"五大板块,将特色德育实践活动与传统节日充分融合。

目前,新元中学已经全面形成了"仁爱"之风。"仁爱"新路径的探寻是该校教育工作者从普通教师到优秀教师的一条扎实路径,为该校教师全面发展赋予了新的动力,为新时代"四有"好教师的培养奠定了坚实基础。

实施全员班主任制　提升教师育人能力

烟台市中英文学校建校 20 年间不辱使命,不负重托,造就了在求学中最肯学、最善学、最会学的学生,自 2008 年起共有 37 名学生考入清华大学、北京大学,锻造了在育人中最敬业、最勤业、最敬业的学者型老师,创建全员班主任制的育人模式,让这所学校始终呈现出蓬勃向上的发展力量。

一、建立专业化的育人团队

"师者,人之模范也"。教师要成为学生道德学习的楷模,首先要进行自我教育,努力提高育人专业化水平。

(一)组建专业化的育人课程研发团队

为有效推进学校育人指导课程的系统研发,2012 年,该校把全员班主任制作为一个课题、学科门类,纳入学校创建名校的总体发展规划,并成立了班级管理及学生教育研究工作室。工作室先后吸纳 139 名成员加入,包括学校教育处主任、优秀班主任、专职心理教师及优秀副班主任等,主要负责教育理论研讨、培训教材编写,负责指导学生教育、对参与班级管理的学科教师培训及全员班主任管理等工作。

(二)研发系统性的全员育人课程体系

经过十几年的研究实践,学校依托班级管理及学生教育工作室研发构建了"三段四类四块"全员育人课程体系。其中"三段"包括高一、高二、高三三个学段,"四类"包括基础类、专题类、能力类、综合类四大类别,"四块"包括"读懂自己""了解学生""提升关系""助力成长"四个模块。每个年级基础课程、综合课程、能力课程各一套,形成较为成熟的全员育人课程体系。这些课程资源主要借助于面授课、直播课、研讨课等形式,向全体教师开放,引导教师参与培训学习。

（三）营造共生共在良性育人研讨生态

依托育人研究工作室,不同年级、不同学科教师相互影响、相互作用,形成共生共在的发展关系。同时,建立起由不同年级的优秀班主任主导、各方参与、各有侧重、协同推进的共在共生的良性研究生态。这种研究模式,目的在于打破由于研究主题单一等主客观因素导致的研究主题在深入、协同、持续等方面的限制,激发学校育人研究室、名班主任、政教主任、班主任、学科教师等各种力量,既保持各自的角色定位,又发挥其固有的岗位与管理职能,最终使其在全员育人工作中纵深推进、协同一致。

二、建立科学育人机制

（一）构建名班主任标杆带动机制

发挥榜样的示范引领作用,是提高教师育人能力的重要方法之一。通过榜样的带动,以点带面,树立良好的工作氛围,进而营造良好的立德树人文化,提升学校育人质量。学校的很多班主任在育人、班主任工作方面有独到之处,这样一个个从一线教师中走出的育人榜样,具有强大的示范效应,引导教师在育人工作中有样学样,激励更多教师不断开拓进取,积极参与到育人工作中。

（二）构建新班主任遴选晋级机制

为了培养出有自主意愿、有专业能力、有实践经验的育人"导师",该校建立了"三阶段、三阶梯"遴选晋级机制。"三阶段"遴选机制包括学校推选、集中评选、考核优选。首先由学校组织公开报名,采取自主、公开、公平、公正的办法,依据名额推选出候选教师。然后由学校领导、育人工作研究室专家团队从中评选出一批培养对象;同时兼顾不同年级、学生数量的比例分配相应的名额。最后,经过一年的理论、实践考察,对达到标准的教师由育人研究室颁发证书。"三阶梯"晋级机制是指育人导师的成长需经历"导师培养对象—育人认证导师—专业执行导师"三个阶段的晋级,每一阶段都有相应的积分认证标准,并有实际任务和综合评价。在实践中主要依据"学生评价、理论水平、工作成效"三方面作为晋级的主要依据,并逐级提高认定标准和具体要求,激发每一名教师的成长内驱力。近10年,学校累计遴选出209位育人导师培养对象,接受系统培训并通过考核的共计126位。

(三)构建学习实践相结合的培训机制

为了促进育人导师的快速成长,该校采用集中学习与实践研修相结合的培训方式,通过"学习内化—转化输出—再学习内化—再转化输出"的螺旋进阶模式,确保育人导师拥有持续不断地成长动力。集中学习主要围绕心理健康教育、学生成长中出现的问题、典型案例剖析、学生行为规范等内容展开;实践研修主要以实际授课为载体,推动导师以持续输出倒逼高质量输入。此外,由专业团队编写《在中英文我这样教育学生》等材料,进行专业化培训,不断提高育人导师专业能力。任旭静毕业第一年,她还是个不满22岁的孩子,每天面对班级50个"熊孩子",无数次走出教室躲在楼梯上偷偷抹眼泪。教育方法简单,教育效果欠佳让她身心俱疲。在专业团队的帮助下,任老师在挫折中迅速成长,育人能力迅速提升,学生亲切地喊她"静姐",一喊就是多年。每当学生遇到问题的时候,她都可以妥善解决,成为独当一面的优秀班主任。学生唐鹏程是一名现役军人,他动情地说:"静姐当年在我最困惑的时候给了我很多帮助,特别感激"。

三、建立班级管理导生制

班级管理导师制是在"整体、合作、优化"教育理念下,把学校班级育人目标、任务分解到担任"导师"的任课教师身上,导师依据"用心沟通,以德树德;竭诚交流、以情动情;刻意磨炼、以志励志;修身垂范,以行导行"的育人原则,既管教又管导,既教书又育人,形成整体合力、优化管理的一种班级管理新模式。学生张静怡从栖霞市来烟台市中英文学校学习一年后,进步很大,深有感触地说:"老师的爱心和高度的责任心,使我知道了人生拼搏的意义,忘掉种种烦恼,树立信心,奋力拼搏,真的很感谢中英文学校,让我能够一颗安宁而充满激情的心,从容走过高中生活,创造了人生奇迹。"青年教师于玲玲说:"来烟台市中英文学校以前,总觉得只要把课讲得漂漂亮亮,学生学得好就是好老师了,通过导师制发现,教育工作很繁杂、很辛苦,但在复杂的教育工作中,我学会了与学生交流,学会了在思想上给学生以引导,自己也在这忙碌的过程中得到很大提高。"

(一)确立优化导师的工作目标与基本内容

推行导生制,最根本的目的在于增强服务意识。为此,学校确定了导师工作的三大目标。一是密切师生关系。增强对学生的亲和力,对学生实施亲情化、个性化教育,深入学生心灵深处,进一步融洽师生关系。二是激发学生潜能。挖掘学生的发展潜能,使学生在学业、品德、心理等方面得到更大提升,潜能和个性得到充分发展,努力使每个学生都得到最好的发展。三是提高育人能力。自觉转变教育观念,提高自身的育人能力,促进自身素质的全面提高。

(二)强化导师的思想引领与行为指导作用

思想引领与行为指导并行。学校注重强化导师的思想引领与行为指导作用,让导师制度充分体现育人价值。一是思想引导。引导学生树立正确的人生观、世界观、价值观,提升学生的思想道德水平。二是行为训导。悉心观察学生生活和学习的每一个细节,善于发展学生不良的行为习惯,能把握教育良机,适时加以引导,使学生逐步克服不良习惯,形成良好的行为习惯。三是学业辅导。在学习上给予学生指导和帮助,引导学生掌握良好的学习方法,培养学生良好的学习习惯,解决学生在学习上的各种困难。四是生活指导。了解学生在校生活情况,关心学生生活上的每一件事;经常与家长沟通,全面了解学生,争取学校教育与家庭教育完美结合。五是心理疏导。了解学生心理上、生理上的变化,及时进行相应的心理疏导,解决学生心理上产生的困惑。

(三)提供保障推动导师制度的深入落实

任何一种制度的出台,都蕴含着管理者的期待与希望,全员班主任制的推行也不例外。学校的管理者此举的目的在于最大限度地调动教师的积极性,充分发挥教师的育人能力;加强家校联系,为家长、学生提供最优质的服务;最重要的是营造一种优秀的学校文化,培育出品学兼优的高素质学生。为推动全员班主任制的落实,烟台市中英文学校定期评选"优秀导师",每学年根据学生评议、家长反馈、学校领导推荐,每个级部确定一名优秀导师,学校给予优秀"导师奖",同时把优秀导师的经验在全校推广。

"全员班主任制"实施后,各类活动中、学科教学中强化德育内容的渗透;把育人与日常学生行为、教学常规教学紧密结合,让育人无处不在……这是真正着眼于学生终身幸福的德育。经过多年持续努力,中英文学校育人工作取得显著成效,学生以良好的道德品质赢得社会各界赞誉。初二学生杨雅雯,被海阳市委、市政府授予"海阳市十佳道德模范"。每年都会有一批品学兼优的优秀学生报考中国科学院大学、北京航空航天大学,立志献身祖国的国防事业。我校北大毕业生程春晓毕业后放弃出国、保研及高薪工作,义无反顾走进军营。记者采访时他说:"我中学时期母校就教育我,要树立远大志向,报效祖国。我想通过军营的历练,让我能有更丰富的人生,更好地为祖国服务。我也想尽我所学,保家卫国。"

星光不问赶路人,一路砥砺奋进,增强了他们面向未来的信心和底气;向着更高目标进发,尤需踔厉奋发、笃行不渝、持续创新,相信经过日日夜夜的发酵,他们终会熔铸成流光溢彩的美好结局。

以生态课程开发唤醒教师的课程意识 ●——

　　海阳市英才实验学校从建校以来，一直坚持"特色立校、兴校强校"的发展之路，打造学校生态课程品牌。在生态教育思想指导下，该校确立具有自我特色的生态课程目标，把唤醒教师的课程意识作为主要培养目标。

　　新课程改革突出的重要理念是：教师要从"课程执行者"转变为"课程参与者"。但结合该校现状：教师普遍忙于事务性的工作，理论学习被动，课程文化的相关知识匮乏，缺少先进课程理念引导下的教育教学方法，课程意识相对比较薄弱。基于这一认识，学校在 2020—2022 学年，先后完成德育课程、学科拓展课程、校本特色课程三大体系课程校本教材编写，并在生态课程的开发中积极地唤醒教师的课程意识。

一、营造氛围，为唤醒老师课程意识搭建学习场

（一）借他山之石，自我赋能

　　海阳市英才实验学校的老师们都以"英才人"自居，主人翁意识强，每学期初前两天都是头脑风暴式的经验分享时刻，在全校性的会议中，老师们聆听着身边同事讲述自己的故事，重新梳理自己新学期的思考，也为自己新学期的工作加压赋能。

　　生态课堂建设是该校每个学期的重头工作，每个学期该校都会组织老师们学习最新的教育理念，并在课堂中大胆尝试。比如在本学期的教师成长经验分享中，郭程程老师讲述了自己参与校级赛课的故事，为了讲好这节课，该教师从学期初就立下目标，首先认真研读每一课的教材、教参，在备课时深究每一个问

题的有效性。为了使学生的个性得到充分展示,学会在课堂上如何思考、如何合作、如何回答,从第一个月便进行细致培训。该教师利用周末一个网站一个网站的查找优秀课例。通过分享,老师们的心灵被该教师身上那种主动的课程意识深深触动,深切地感受到课程教学中蕴藏着许多丰富、深刻的教育内涵,带着"倾听"的眼光也投入课程与教学实践中,并记录着他们所看、所听、所思。

(二)拓课程体系,主动创新

核心素养背景下的教学,一方面要求教师能够跨越学科边界,创设更为生活化、情境化的问题解决环境,促进学生必备品格、关键能力的发展和形成;另一方面,还要求教师对重要的学科知识、核心能力做出判断和筛选,做出统筹安排,开发前沿教育资源。

随着办学内涵的不断深化,英才实验学校的特色课程体系也越来越丰富,例如,以"六一"文化艺术节、英语节、体育节、读书节、风筝节、科技节、诗词节为主要活动形式的校园文化节课程;以开笔启蒙——开学礼、踏歌远行——毕业礼、童心向阳——入队礼为主要内容的仪式课程;以国庆节、劳动节、中秋节、春节等为载体的节日课程;以夏至、冬至、清明、小满等节气为内容的节气课程;以父亲节、母亲节、重阳节等为契机的感恩课程等更好的拓宽了课程体系场域。学生们在这些课程的学习中,探究着、追寻着,潜移默化地润泽了心灵,涵养了品格。校本特色课程的研发与创新,推动教师走向"课程自觉",他们清晰地认识到自己的每个教学行为背后蕴含的课程旨向,并能够根据当下学习环境和学生的学习需求灵活地调整课程方案,创生出新的课程。为了增强孩子们热爱家乡的情感,教师们又挖掘出了很多具有海阳特色的传统文化课程,比如勾织、海阳大秧歌、舞龙等具有地方特色的非物质文化遗产走入学生的视野,该校教师也在开发生态课程体系中有意识地将校本课程开发内容与自身的教学实况相结合,在一定程度上提升了自我效能感。

(三)评先进典型,盘活资源

为唤醒教师的课程意识,该校坚持每学期评选校内"首席教师",其中的一项重要参选指标就是课程意识,对于在生态课程开发中,能够积极主动参与,把新课程理念运用到实践中并进行思考和判断,并把课程发展与自身成长紧密联系起来的老师,立为全校学习的先进典型,并做经验分享。"纸上得来终觉浅,绝知此事要躬行",为了激活更多教师的课程意识,"首席教师"的课堂是对全校开放的,同学科教师可以进入课堂学习,其他教师也可以跨学科学习。教育就是这样,一朵云可以推动更多的云,一个灵魂可以唤醒更多的灵魂,教师们的课程意识被深度唤醒。

二、专业引领,为唤醒教师课程意识搭建研练场

(一)寻找支点

海阳市英才实验学校自 2008 年一直致力于"生态课堂"的研究与推进,从以学案导学为支架,以学力培养为中心的 1.0 版"生态课堂",发展到以"教学评"一体化为统领,以关注学生深度学习为中心的 2.0 版"新样态生态课堂"。随着 2022 版新课程方案的颁布与实施,该校清晰地感受到新课标强调课程立意。在新增的学业质量标准中,强调"教学评"一致性,指出要基于真实问题情境、大任务、大活动展开,探索大单元教学。然而之前该校教师的教学依然是一节课一节课地上,学生学习依然是片面化、碎片化的知识。怎样把教师们拉出课时,拉到更高的高度上整体性地认识所教的知识,组织学生的学习呢?该校发现单元整体教学是撬动课堂转型的一个支点,为进一步提高教师们对大单元"教学评"一体化的认识和设计能力,开启了以大单元"教学评"一体化为依托,以发展学生的学科核心素养为中心的 3.0 版"生态课堂"教学实践的破冰之旅。

(二)专注研学

为了解核心素养落地之法,每一位教师都积极参与学习,该校积极创造条件,推荐网络相关专家的培训,推荐专业书籍。暑假中组织教师们线上共学,该校以"背—悟—用"为指导思想,组织教师开展了学课标、听专家讲座系列学习活动。各学科组统一制定学习配档,组织教师网上研修,教师们认真观看,整理笔记,分享感悟。开学第一月便是线下共研,各学科组织教师对"大单元整体教学"进行专题学习,网上查阅资料,分享优质资料,进行备课组内的专题研讨,教师们厘清了大单元整体教学是什么,实施大单元整体教学的四个核心点,

为后续的课堂实践奠定了理论基础。共学共研中,该校教师的课程文化意识逐渐萌发,学科也在一次次教育论坛分享中开发出教师的课程创新能力。

(三)专家指导

为进一步提高研究实效,该校在生态课堂磨课期间,邀请海阳市教研室领导分时段莅临指导,各学科以单元整体的思路,分课时展示了磨课的研讨成果。观摩公开课后,教研室领导既有理论培训,又有实践指导,教师们收获颇丰,课程意识逐步提高,也为接下来的二轮磨课储蓄了力量。

三、团队协作,为唤醒教师课程意识搭建实战场

(一)校内引领

自 2021 年开始,该校各个学科成立了教研共同体,主要由学科骨干教师建立一支学习型的团队,"教学评一致性""大单元整体教学""深度学习""差异教学"等当下热门的教育理论成为大家共同学习和研讨的话题。自 2022 年开始,作为学校骨干的首席教师每个学期都要出示优质课,精选网上优质课资源,与当下最前沿的教育理念相融合,给同学科教师以引领。

(二)校际比武

上学期的海阳市大比武,该校果断决定给青年教师更多锻炼和施展的机会,在准备课的过程中,以学科组、备课组为单位,帮助青年教师进行打磨。刘晓桐老师是该校入职不到两年的教师,自接到通知后,科学组便开启了全面的打磨。在学科领导的带领下,他们集体重新学习课标,找到了单元对应的核心素养,根据之前学生上课所出现的问题设计最新的磨课计划。在一遍遍梳理教学设计和一次次器材调试的过程中,该教师对课程的理解也越来越深。在打磨课的过程中,教师们清楚地认识到核心概念和科学思维应该如何在备课中呈现,理清了单元的核心概念有哪些,以及通过建模、推理论证、开放性的问题设计怎样去培养学生的科学思维。一个个问题就像板结的土壤,教师们不停地扎根冲破难关,课程意识被深度唤醒。

(三)全面开花

为了提高教师整体水平,使大单元教学的成果落地,该校自上个学期全员

参与生态课堂磨课,本学期继续进行备课组校级赛课。教导处按一定比例,每个备课组随机抽取 3 名教师赛课,提前两天公示,教师们进行大单元集体备课研讨、备课、制作课件、精选微课、搜集资料等,学科评审团组织观摩,参与评课指导、评价,备课组内进行捆绑考核。这样的赛课方式,既发挥了备课组教师的智慧,又让教师在赛课的过程中实现了理论与实践的有效对接。

生态课程的建设,需要教师积极参与其中,行中思,思中行,这样才能具备与之相匹配的课程意识。"每一位教师都是课程建设的中坚力量",这是英才实验学校对每一位教师的期许,以一颗积极、主动的心态投入其中,这也是英才实验学校每一位教师躬耕教育的追求。

建设特色团队　锻造品质教师

　　海阳市实验中学在海阳市教育和体育局推行新时代品质教育的大背景下,坚持"为学生终身发展奠基,对中华民族未来负责"的办学理念,"慎思笃行,尚实求真",在每年的开学之初组建多元开放的特色团队——读写研团队,旨在充分发挥骨干教师的聪明才智和积极进取精神,发挥他们在实施素质教育中的示范辐射作用和在教育教学、科研等工作中的带头作用。

一、专项化管理,为团队建设提供保障

　　为进一步加强教育教学管理,全面推进"三联课堂",切实提高学校课堂教学质量,实验中学在每年的开学之初进行专项整治与培养。

(一)制定方案,组建团队

　　学校制定《基于学生差异的核心素养下"新课堂"学科教学策略研究实施方案》,在"以人为本"办学理念的指引下,结合学校实情,本着自愿参与的原则,组建读写研团队。

(二)组织申报,建工作室

　　进行基于学生差异的核心素养下"新课堂"学科教学策略研究,于开学第三周组织《基于学生差异的核心素养下"新课堂"学科教学策略研究实施方案》申报工作,满足教师个人研究的需要,根据要求申报工作室主任与成员,并按计划准备开展研究。

二、规范化管理，为团队建设搭建载体

海阳市实验中学通过研究工作室活动的开展、课题引领以及读写活动，为读写研团队搭建了优质的成长载体。

（一）工作室担当

根据学校工作部署和工作室的规划，各工作室按计划和配档组织活动。

首先是备课研讨。所有参与研究人员学习《基于学生差异的核心素养下"新课堂"学科教学策略研究实施方案》后，工作室各成员依据研究专题准备一课时的精品备课，在工作室内进行说课，突出研究主题策略，其他成员提出研讨建议后进行二次备课，完成任务并按时上交活动材料（每名教师前后两次的备课教案、工作室各成员的研讨修改建议、活动纪实照片及活动记录汇总）。

其次是上课展示。展示的内容包括三个方面。一是体现分层次教学，对可选习题设置与讲评有效展示；二是注重问题导学及合作探究学习方式研究，教师讲解不超过 15 分钟，不小于 1/3 的学生进行台上展示，合作学习评价机制科学有效；三是有效实施目标教学，根据研究专题做好课堂观察、课堂总结、评价与反思。针对上述内容执讲研究汇报课（执讲者结合个人的授课做好教后反思，其他成员工作室群网上研讨评课，并将网上研讨内容打印截图），工作室主任组织评定排序，材料上报。

第三是授课比赛。各工作室推选一节最优汇报课参与校级公开展示，进行讲课比赛。研讨活动要求主题明确，实效性强，并由工作室主任负责于活动前一周的周四上午放学前，将活动具体安排上报；活动结束后，工作室主任负责收齐活动材料，每次活动过程要留有详细记录。例如，各工作室组织的听评课活动，必须有明确的观课、议课要求：全工作室教师必须同时参加，各工作室主任根据本工作室教师情况确定好观课点进行分工，自制观课记录表，工作室内所有教师根据自己的观课点，对研讨课例进行评课并做好反思，详细记录研究活动过程，并将过程性资料收集完整，上报教导处保存；每次听课结束，工作室内教师的听课记录、听课活动照片，由工作室主任填写"听课记录统计表"，装订后统一上交。

第四是材料汇总。汇总材料一是征集优秀导纲（作业设计）。征集基于学

生差异的优秀导学提纲。参评人员为本年度参加新课堂研究的教师,评选要求按专题会议统一布置,以课堂研究工作室为单位进行初选,每组推选优秀数不超过工作室教师数的 50％,宁缺勿差,然后进行校级推选,并填写优秀导纲推荐表,推荐数量不超过上报数量的 70％,导学提纲的设计要体现学校新课堂研究主题的新型教学理念。二是撰写活动纪事。每位参与研究的教师都要认真梳理自身《基于学生差异的核心素养下"新课堂"学科教学策略研究》的过程,结合县市教学研究部门及学校开展的具体研究活动,撰写一篇研究论文或研究反思,既要有研究实例,又要体现研究所得;既要有问题剖析,又要有解决措施,以便更好地总结和提升自己的研究实践,原创字数 1 500 字以上。

(二)课题引领

课堂教学研究工作室主任要承担立项一个校级课题。课题范围一是进行基于学生核心素养的学科课堂教学策略研究,在目标设计、学习活动、课堂评价中,聚焦学科核心素养,推进以学为中心的课堂;二是进行基于学生差异的学优生培养及学困生转化的方法策略研究,探寻作业分层设计管理、实施小组合作学习、教师异步教学的新思路;三是充分关注学科德育价值的挖掘和转化,从课程的高度挖掘教材本身蕴含的育人价值,探索在学科教学中落实"立德树人"根本任务的方法和策略;四是纵深推进"互联网＋"课堂研究,将线上教学的经验与常态课结合,探索将信息技术与教育教学深度融合的方法;五是深入探索实施"基于核心素养的语文单元拓展整合阅读工程"研究,健全语文课程开发研究制度,注重提升学生语文素养的方法与策略;六是开展任务驱动,进行主问题引领的"教、学、评"一致性研究,推进学生课堂的深度学习,提升学生学习力。鼓励以班级为单位开展合作学习研究,工作室主任必须有能力组织成员参与课堂研讨各项活动(必须进行网络研讨)。

课题申报后制定计划。修改完善的《实验中学新学年度新课堂教学研究课题申报表》和各工作室根据拟定的研究主题制定的研究方案,方案内容包括研究目标、研究内容、拟解决的问题和预期成果、活动方法、组织程序、活动配档,活动后要将活动内容、活动总结及所有材料进行汇总;成员个人制定课题活动计划,包括个人在组内的地位、担负的研究内容和职责、具体做法、预期达到的效果等(要详细阐述本人执讲的研讨课例的主要展示目标等事宜)。

(三)读写助力

教师读写研团队成员积极参加各项读书活动,填写学期读书计划,配合学校读书工程开展。团队成员带领全校教师积极阅读专业著作,并留有读书笔记。定期开展读书交流活动。每年12月份举行读书感悟活动,每一年的感悟主题不同,激发教师们对职业的热爱与幸福感。每个月团队成员完成校报(教师报、学生报)工作,交流学习体会,报道新闻事实,促进校园文化建设。借助海阳市与烟台市新闻媒体平台,通过美篇、通讯报道的形式,对学校各项教育教学工作进行宣传。

三、评价化管理,为团队建设提质增效

该校在团队建设管理过程中注重实效性、激励性,实行公正严密的评价机制。

(一)阶段推进

首先是合作共进。定时召开级部领导会议、学科分管领导会议,结合教学中存在的问题,充分发挥学科组长的带头作用,让他们能够带领团队合作共进。

其次是课堂规范。学校进行不定时地推门听课与日常巡课,及时发现问题,予以更正,从而规范课堂教学行为。

(二)材料汇总

进行阶段性材料汇总。由学科分管领导进行研讨次数确认汇总。活动次数确认方式:一是学校周计划公布确认,二是网络研讨截图或活动照片或音像资料(期末学科领导检查确认),三是活动结束后的档案材料(纸质稿与电子稿),三者缺一不可。其中网上研讨情况由学科分管领导进行检查核对,组长将网上研讨截图(显示时间、工作室名称、成员研讨纪实)照片上传给学科分管领导进行检查,过期不候。工作室主任将本学期研讨过的活动材料整理收集(不需装订),待第二学期研讨活动结束后一并整理上报,列入新课堂研究相关考核。学科分管领导须按时上报各工作室研讨次数汇总表(已统一印发)和网络研讨截图打印稿。

（三）期末考核

工作室研究要有课堂教学研究成果，出示一次课堂教学成果展示，并上交精品课堂教学实录、个案集（含教学设计、课件、教学评析）、论文发表、课题报告等成果形式。能在校园读书活动中起带头作用，并留有3 000字以上的读书笔记；按时完成校报；积极参加上级和学校组织的读写宣传活动；鼓励积极进行教育教学信息发布与宣传。每一项管理检查情况通过周安排及时反馈与公示，将检查结果纳入绩效考核。

多年来，海阳市实验中学的读写研团队建设日臻完善，涌现出一大批优秀教师，烟台市教坛新秀张汇老师由衷地说："感谢实验中学搭建的读写研团队建设平台让我成长如此之快，教坛新秀是一份荣誉，更是一个激励，是一个节点，更是新的起点，我会在这个团队中更加勤奋努力，向着更好的'四有'好老师出发。"海阳市实验中学校长杨海峰对未来充满了希望："实验中学将在特色团队建设之路上勇毅前行，开拓创新，努力追寻海阳教育的诗和远方！"对于海阳市实验中学的读写研团队建设之硕果，海阳市教体局局长纪卫东在实验中学的艺术会展活动中说："在素质教育发展的路上，实验中学一直是领航者，是先导，是典范，更是楷模。"

制之有衡，行之有度。在学校团队建设的过程中，海阳市实验中学一如既往地努力改进、提高，认真贯彻党的二十大精神，乘着海阳市品质教育的春风，本着提高教师素质，对学生终身发展负责的初心，稳步走在创造海阳市优质教育的大路上！

第五章
名师领航：
强化区域名师的示范引领

微光成炬，名师领航，照亮逐梦前行路。习近平总书记指出，教师是教育工作的中坚力量，要坚持把教师队伍建设作为基础工作。海阳市教体局积极响应总书记的号召，多措并举，努力构建一支高质量的教师队伍。名师是教育队伍的先锋，海阳市通过名师引领，传播先进教育理念，展示有效的教学方法，充分发挥名师的学术引领和榜样示范作用，让更多教师成长为师德的典范、育人的专家、教学的行家、科研的能手，从而推动海阳市教育事业更快更好的发展。

以"五心"聚"五力"，
共同踏上成长快车道

"兴国必兴教，兴教必重师。"从教后始终坚守在乡村小学的褚桂芳老师悟透了这几个字的分量，33 年来，用情用智做事，教书育人两面旗帜并举，先后荣获省特级教师、全国优秀教师等殊荣。成功"单飞"后，她领衔主持名师工作室，以"五心"聚"五力"，身先示范，立己成人，引领更多有迫切成长需求的教师脱颖而出，对推动群体专业水平再提升起到了关键性的领航作用。

一、精心共建目标，激发教师的成长原动力

"给自己'计划'，是人生的选择；为自我'计划'，是发展的境界。"褚老师总是特别重视目标规划，想好了再去做。为全力提升工作室的领跑效力，她会为团队研修制定缜密的学期计划、明确的工作方向和行之有效的活动方法，真正做到了实践有规划，行动有指向，修正有要领。

为加强协同引领，使研有所向，她还指导工作室成员立足自身优势和发展需求，把个人愿景和工作室共同的愿景结合起来，进行名师之路构想，撰写切实可行的个人发展规划：我为什么待在这里？我能做什么？该如何做？目标突破口如何选准？我的前途会怎样……无论是读、研、写等方面的自我时间表，还是备课、反思的构思撰写，都要在自我学期计划里做出精细规划。

发展规划制定了就要力争执行，这是教师教育教学自律的"承诺"。在描绘这幅未来可实现的宏图过程中，褚老师会充当协调员的角色，让每个人都成为主动者，学会当自己的领导。她鼓励大家全身心地投入，一步一个脚印踏踏

实实去做;激励真情实意地付出,学会调整甚至修改目标,不断为自己制定新的阶段目标……这样时时用目标去引领、激励、修正,鞭策反思和前行,寻求教师生涯完善和发展的原动力,向着"成为名师"的梦想奋进。这个不断达成目标的过程就是不断积累的过程,终有一天厚积能够薄发,成功的天窗就会被打开。

二、尽心传承经验,增强教师的工作导向力

如何让成员们主动参与到自身成长中来,潜意识地内驱发展呢?褚老师深知需要外部助力,深谙"名师"的责任担当:就像一面"镜子",往往能让人看到自己的"样子";也是最好的"教材",是一种传承与助推。一个合格的工作室主持人不仅要善于做"教练员",更要能做"运动员";要努力修炼做"鸣师",内强素质,外树形象,成为学科教学和研究的"先行者"及"领路人"。

她做好专题讲座,真诚传递对教育工作的热爱和不倦追寻的勇气;她外出学习归来,都会充当好"二传手",整理先进经验进行传阅、交流;她从来不惧出丑,出示观摩课例,为教学研讨提供鲜活可感的范例;她不懈读书学习,既为自己的实践与研究注入新鲜血液,也为工作室发展积累可用经验;她针对当前实际问题进行研究,引领大家反复实践,总结提炼成果和经验;她坚持反思写作,不断深化认识,形成经验在期刊发表、结集出版……这一切,大家看在眼里,记在心间,竞相效仿。有青年教师这样说:"人总是会有惰性的。但是榜样就在这里,你会不自觉地循着导师的轨迹前行,变得认真而富有成效!"

事实也证明,一个肯无私分享的名师,总能实现多赢,团队成员会因你而强,你也会在成就别人的同时提升自己。

三、恒心引领阅读,提高教师的发展内驱力

好读书是一种高尚的情趣,是为人师者之职业本分;阅读能润心,更是促进农村教师自身专业发展最为便捷的方式。褚老师是爱读之人,在潜意识里也鼓励、鼓动别人多读书,孜孜不倦地去做推动教师阅读的"点灯人",努力做教师美心阅读的"同行者"和"导行者",在点亮自己的同时也照亮他人,为校园阅读注入崭新的推动力量。

督促团队成员列出学年必读书单,并定下"五个一"读写目标规划,即每

天至少读书一个小时，每周至少撰写一篇阅读感悟，每月至少上投一篇论文、随笔，每学期争取发表一篇省地级作品，每学年集中研究一位名师的教育思想，使专业阅读切实成为教师专业成长的内需动力。

指导教师合理精选书目、规划阅读时间和选择阅读方法等。选择教育经典、人文书籍、经典儿童文学等有益书籍，倡导书本阅读和网络阅读有效结合，相互补充，相得益彰；利用"晨余""晌余""夜余"等零碎时间，忙里偷闲地勤读，闹中取静地悦读；采用启疑式、互动式等阅读方法，引发思考，促进探索，产生共鸣，促使教师由"感性阅读"向"理性阅读"转变。

牵头组建"书香致远教师悦读联盟"，搭建有效交流平台，使勤钻研的教师有了更广泛的阅读交流途径，有了与同伴进行深层次、多层面思维碰撞的机会。根据教师实际需求开展读书心得交流、好书推荐接力、读书实效反馈等多彩活动，切实提高教师专业阅读的主动性、自觉性、持续性与系统性，从而生成专业智慧，同步共进，抱团成长。

四、潜心指导教研，提升教师的专业创新力

一个优秀教师的核心竞争力是什么？归根到底，是专业创新。怎样才能拥有核心竞争力？毫无疑问，名师工作室就是教研创新的"孵化器"。褚老师说："静心沉潜几年、十几年，始终将'真研实干'作为专业成长的密码，赋予司空见惯的日常教学和研究以思考和创新色彩，人人都成长为一颗星，这是我对大家最诚恳的希望。"她以课题为抓手，以课改促提升，努力把工作室建设成为热点问题研究中心和名师成长摇篮。

选题立项，锻造教学精品。在工作室成立之初，褚老师引领成员选择"小学生英语阅读素养培养策略研究"作为主攻方向，进一步找寻解决教学问题的切入点和突破点，共同提炼出受用的"三段六环"阅读课堂教学流程，采用"分散与集中"相结合的方式创建精品课：依托微信群建立日常联系机制，进行分散创课录课、网上观课研讨、汇总反馈总结等，完成具有较高水准的教学案例、观课报告或论文；以学期研讨和年度"成果汇报""指标考核"为抓手进行集中活动，最终促进教师发展，提高教学质量。

总结创新，达成"课、演互融"。善于总结是一个人增长才干、不断创新的

关键。"课、演互融"的具体方案,就是工作室在阶段总结后,基于实际需求创新的成果,将原本枯燥的"情理"融于富于趣味的英语剧中,使课堂教学与英语剧表演校本课程并行,日益受到孩子们喜爱。作为学生英语剧表演的辅助者,教师从用心挑选主题和海选素材中谋提升,从精心加工演出文本和配乐道具的制作中求突破,从恒心指导模仿和倾力引领表演中品快乐,从细心录制剪辑视频和上传评价中享受幸福……不思考就不会有发展,不研究就难以有创新,不创新就势必要沦于平庸;这些历练使教师走上教育创新的多彩舞台,实现从"新手"成为"熟手"、从教学骨干成为主动研究型、智慧谋略型教师的蜕变。

五、热心推介成果,扩大教师职业自信力

一直以来,褚老师怀揣勤励精进之心坚持研究、笔写留痕。发表的小文、获奖的成果和出版的专著让她赢得了"才女"的美誉,也给了她教育立身的底气和勇气。"智慧成果被分享推荐,可以让人从中获得主动发展的动力与自我超越的方向,能提升业内影响力和职业自信力!"当褚老师深切体会到这一点,便在指导团队成员做个人发展规划时,着重强调必须有切实可行的写作目标及论文成果的发表愿景描述,要在教得优、说得出、写得好的过程中逐渐炼成优秀教师。

褚老师除了正常任课,还兼着学校教科研和信息报道工作,修改、上传老师们的撰稿被她视为分内事。她个人邮箱里的好多发件,都是经她修改、再向外投寄的教师文稿,大多是本校老师的作品,也有来自其他学校的。多学科、多领域、多角度的稿件审阅,是既让人头疼又倍感愉悦的过程:有时候,读到格式规范、语句通畅、充满真情实感的好稿子,忍不住拍案叫绝,第一时间做好分享;有时候,读到所写书目不太熟悉或干脆闻所未闻,便只能找来原著亲自读一遍,或者浏览相关书评;有时候,得费心熬神地字斟句酌,从主题立意、段落调整、标点符号指导修改……金灿灿的收获就在彼此提携下不期而至:一份份样刊,一张张汇款单,凝聚了多少心血啊!细品着"成长与成果同步"的味道,感受着教师的专业成长和主动发展,她的心里无比舒畅。

海阔凭鱼跃,天高任鸟飞,扬帆起远航,不负育人梦。领衔工作室多年来,由最初的成就个人走向工作室团体的发展,褚桂芳老师努力在专业发展与专业

引领的道路上磨砺自己,不断输出"群体拉动力"。我们欣喜地见证了教师们拔节的生命旅程,他们随风而起,换羽高飞,其中有些人还成为教育科研骨干和学科带头人,成为教育新锐力量并被提拔到领导岗位,这也让我们看到了乡村教育的希望之光。

【名师简介】褚桂芳,女,正高级教师,现于海阳市发城镇第一小学任教英语。曾荣获烟台市优秀教师、烟台市师德标兵、烟台市教育科研先进个人、烟台市教育教学工作先进个人、烟台名师、山东省特级教师、全国优秀教师等荣誉称号。在《山东教育》等发表成果十余万字,出版个人专著《把上班当成约会》。

辐射与引领：
百花齐放春满园

要提升县域教师队伍的整体素质，关键在于培植具有专业素养的优质教师队伍。为此，海阳市教育体育局充分发挥名师引领辐射作用，以点带面促进教师整体队伍素质的提升。齐鲁名师刘云霞老师，就是这其中的一位。作为一名小学数学教研员，刘老师对小学数学教育、对学生、对教师充满着独特的理解与关注，她在追求自身专业成长的同时，通过成立名师工作室、搭建多样活动平台等方式，促进了海阳市小学数学教师队伍的快速稳步发展。

一、坚持修炼基本功，提升自我专业水平

爱学习是刘老师的基本特点。从教 26 年来，刘老师始终保持着对小学数学的热爱，"发现问题—学习实践—解决问题—提炼成果"是刘教师专业成长的基本路径。

（一）提炼教育主张

刘老师认为教学理念的变革是课堂教学变革的核心。教育是一项直面生命的事业，每个学生以完整的个体生命状态存在于课堂生活中，他们不仅是教学的对象、学习的主体，而且是教育的资源，是课堂生活的共同创造者，基于学科、基于学生、基于自我形成个性化教学思想，才能使个人教与学更有根基。刘老师的教学主张是"思维搭桥，寻联求通"，在她眼里，数学教育的终极价值追求是培养具有数学思维方式的理性生命个体。实践中，她基于数学学科抽象、

逻辑与严谨的鲜明特点，抓住知识本质，设置关键性学习活动，引领学生用数学的眼光观察（抽象）、用数学的方式思考（推理）、用数学的语言表达（模型），使学生在思维对话的过程中，感悟数学本质，发展数学思维，实现生命的交融与共进。

（二）坚持教学研究

"研究是一个教师职业生命力的源泉"，刘老师这样说。事实如此，她的专业成长，始终伴随着研究的影子。2008年春天，在烟台市思维对话型课堂建设的大背景下，刘老师分别参与及主持申报了烟台市"十一五""十二五"重点课题"小学数学思维对话策略的研究"与深化研究，拉开了指向学生思维能力培养的小学数学思维对话型课堂建设研究，在接下来的15年间，刘老师从未停下对小学数学教学研究的脚步。从小学数学课中学情把握的研究，到小学数学学科德育的实践研究，再到着眼学改进教的课堂观察模式研究，及至小学数学单元整体教学研究，刘老师主持市、省级教育科学规划研究课题近10项，内容涵盖了学科知识、教学方式、教研方式、学生学习、课程建设等多个维度。正是持续深化、关联拓展的扎实研究，使小学数学教育在刘老师的心中具有了更为广阔更有温度的理解。

（三）坚守课堂教学

刘老师常说，教师的高光时刻在课堂。课堂是师生共振共进的生命成长场，与学生基于一个问题，共同讨论成长对她而言是一件无比幸福的事情，但如何打造具有深度与高思维含量的数学课堂呢？多年来，刘老师坚持对数学知识的体系化架构，以确保自己能够对学生的数学学习体系了然于胸；她总结数学教学规律与数学学习规律，基于学生不同年龄段心理与思维发展特点，灵活组织教学；她最为看重的是课堂上如何营造思维对话的碰撞场，并就如何给学生进行思维搭桥总结基本策略，形成了支撑教学主张的策略体系。在具体的教学中，刘老师充分尊重学生的个性化、差异化特征，通过直观形象策略、问题导引策略、点拨追问策略等助推学生个体与整体的思维抬升，使每个学生都能在刘老师的课堂上体验价值感与成就感。

二、组建名师工作室,辐射引领共同成长

从海阳名师、烟台名师,到特级教师、齐鲁名师,一路走来,刘老师始终坚持"辐射引领,助力教师共同成长"的基本理念。

(一)设计活动催化成长激情

成长意味着改变,如果教师愿意自我成长,就会成为一种由内至外的焕发。为此,刘老师通过组织活动,催化教师的成长激情。如,利用寒假组织青年教师开展成长交流活动,使青年教师互相看到彼此成长的动态,抱团向前。再如,结合教学进度,组织三备三磨活动。2017年10月,刘老师组织"刘云霞"名师工作室课例研讨活动。以"24时计时法"为研讨课例,组织教师研究知识、开展专业的课堂观察与评课活动,既推动了工作室内教师的专业成长,又引领了海阳市小学数学教师的数学理解。事实证明,通过有效的活动设计,较好的催化了教师自我成长意识,用文化将教师引领到追求专业成长的道路上来。

(二)开展教研提升理论水平

"教而不研则浅,让我们的教育教学实践沐浴在教育学心理学的光辉之下。"在刘老师看来,教学是一项科学性的劳动,如何使教师意识这其中的规律进而改善自我的教学呢?唯有设计高质量的教研活动。实践中,刘老师设计了三类教学研究活动。一是指向于数学知识本质把握的教研。比如,基于图形与几何、数与代数等主题知识,开展典型课例研讨,引领教师在教研过程中把握图形、数、运算的基本特征,以及共性的教与学的策略。二是指向于教学策略性知识的教研。比如,如何设计教学活动,如何组织学生展开深度交流?刘老师带领工作室成员,聚焦自己感兴趣的课例,分低、高学段,引领教师通过具体的课例明确活动设计的重要性,提炼总结组织学生在课堂上进行"踢球"的艺术性策略。

(三)组织写作催化教研成果

"写教案、写论文、写反思是教师的日常教学工作,但很多教师不会写。可如果教师不动笔,那么所有的思考都会停留于表面形式,不能变成主体实践的主动自我建构。"正是出于这样的考虑,刘老师特别重视教师写作能力的提升。

一是指导教师如何写教案，即基于教学评一致性理念，思考目标、活动、评价活动的设计；二是指导教师如何写论文，通过组织网络培训研讨的方式，引领教师发现题目以及行文逻辑的重要性；三是指导教师写反思，刘老师总结了教师有效反思的基本方法，即基于问题，有片段，有分析，进而有提升，使工作室教师很快走出了大而全的套路式写反思的困局。

三、搭建多样活动平台，营造县域教师成长场

2019 年 8 月，刘老师在海阳市教育体育局组织的小学数学教研员选拔考试中脱颖而出，成为海阳市小学数学教研员。她多措并举，为教师专业成长不断搭台助力，促进了海阳市小学数学教师的飞速专业成长。

（一）规划引领，焕发校本教研生命力

刘老师通过入校听课、组织教研的方式，用一个学期的时间基本走遍了海阳市各小学，发现教研主题缺少数学味儿，教研过程不扎实，成果转化较少是各学校校本教研面上存在的共性问题。而教研无疑是学校数学学科建设最具生长力与生命力的活动方式。为此，刘老师将"固本强基，做有数学味儿的主题教研"作为整个学年的重要工作抓手，指导全市小学确立了各学校教研主题和着眼的具体问题，通过开展"让主题教研为教师积攒起飞的力量"专题培训，引领各学校形成"回归数学，回归校本，回归人本"的基本教研理念，明确了"确定问题、查阅资料—着眼课例、合力教研—总结提升、应用推广—回顾反思、再定问题"的闭环式主题教研模式，推动各学校逐渐走上了个性化校本教研之路，各学校的教研能力开始逐渐生长。

（二）搭建平台，促进县域教师队伍梯级发展

"自我实现是教师职业幸福感的重要价值来源"，为此，刘老师结合学年工作规划，为教师、学校专业成长搭台助力：让学科教学教研工作会议成为教师展示研究成果的平台，让教学比武成为各学校展示校本教研成果的窗口。为打造高素质的教师队伍，刘老师主要抓好三支队伍建设：一是抓好学科领导队伍，举行"我们如何做好学科管理者"专题培训，引领学科领导清晰规划、行动、跟进、总结的重要性；二是抓好骨干教师队伍建设，一方面帮助学校培植骨干教

师,另一方面着眼海阳市小学数学团队发展培植德才兼备的品质教师;三是抓好青年教师队伍建设,"一年熟悉备课常规,两年出示规范课堂,四年熟悉小学知识体系,能够执讲优质课"三步走,促进青年教师专业成长。

从普通教师成长为齐鲁名师,从一线教师成长为海阳市小学数学教研员,刘云霞老师一直在学习、思考、研究、成长的路上。近三年来,刘老师指导9位教师在省级课例或微课比赛中获一、二等奖,指导12位教师在烟台市教学大比武中获一、二等奖,指导48位教师在烟台市作业设计比赛中获一、二等奖,指导76位教师在烟台市微课大赛中获一、二等奖。正如刘老师所说,"一花独放不是春,万紫千红春满园"。把更多的小学数学教师引领到研究数学教育的道路上来,是刘老师始终坚持的教育追求。

【名师简介】刘云霞,女,高级教师,海阳市小学数学教研员。先后被评为山东省教学能手、山东省教科院优秀访问学者、山东省特级教师、山东省第四期齐鲁名师。被聘为山东师范大学小学教育硕士专业学位研究生合作导师、山东省小学数学兼职教研员。连续多年担任山东省远程研修项目教育科研方法、教育评价工作坊指导专家。主持市省规划课题8项,主编著作2部,发表论文10余篇。

打造优秀教研组　助推教师共成长

有句话说"教而不研则废，研而不教则空"，因此，教研组建设是学校的一项重要工作。教研组，全称是教学研究小组，是学校与教师的教学研究组织之一，它不但是教师专业能力增进的重要舞台，还是教师形成专业归属感与学科崇拜的发源地。打造怎样的教研组很大程度上取决于教研组的"一把手"——教研组长。所以，一个有担当、有情怀、有能力的教研组长，显得尤为重要。海阳市凤城街道中心小学的张春静老师就是这样一位教研组长。自任组长以来，每一天她都用心经营着她的教研组。

一、精心学习，提升"三力"做基础

教研组首先是一个"组"，作为一个"组"，要有共同的价值观。如何形成正确的共同价值观需要组长的引领，张老师深谙其中的道理。因此，她把提升"三力"作为自己的追求。

（一）提升团队建设力

团队建设力是教研组长应具备的基本能力。张老师通过积极协调教研组内外的关系，创造有利于团队建设的氛围。教研组内，张老师经常把外出学习的体会、一节好课、一个精致的课件、一点教学心得体会与组员分享，生活中也是嘘寒问暖，倾听组员心声，营造和谐向上、互帮互助的教研组文化；对外，她经常积极争取学校方面的支持，主动承担学校的教学活动，让组员们在活动中不断历练自我，提升自我，树立自信心，从而感受到了团队的归属感。

（二）提升学科引领力

在新的课程标准颁布以后，为了尽快领悟新课标，张老师通过多种途径学习新课标。听了史宁中、马云鹏、吴正宪等大家的讲座，她看到了更鲜活的数学核心素养，尤其是和吴正宪老师的一次近距离接触，让她对"教材结构化""运算一致性""大单元整体教学"等都有了更深刻的认识。同时，张老师积极观摩名师课堂，通过网络学习华应龙、张齐华等名师和烟台市教学大比武优秀教师的课堂实录，从课堂上师生的精彩表现中，她看到了新课标的活力。这都为她更好地理解教材、理解教学、理解学生打下了基础。

（三）提升教研实践力

如何组织教研活动，多年的教研组长经历让张老师积累了比较丰富的经验。一个学期教研组要做什么，什么时间做，做到什么程度，每个人做什么，她都会提前做好规划，并制订计划提前下发，一个学期的教研工作就在张老师的计划中开始了。日常的集体备课、主题教研，张老师都会用心准备，精心实施，确保每一次教研活动的实效。曾记得她的一个年轻组员在一次集体评课后说："这次教研帮我解决了一个大问题，我知道概念可以通过抓关键词语来教学！""有用、高效"是组员对他们的教研活动的评价。学期末她会根据教研组的实际情况进行反思和评价，对一学期每一项工作进行反思总结，对每一个人做出客观公正的评价。

二、潜心教研，带领团队共成长

"教研组"姓"研"——要在教学研究与实践中，总结归纳、结出成果，不断提升大家的教科研能力。张老师带领她的教研组一直走在教科研的路上，本着教研科研不分家的原则，边研究，边总结。

（一）即时教研求实效

一天早上，校长路过五年级数学教研组，听到里面有几个人在兴奋地"吵吵"。出于好奇，他便推门走进办公室。原来是张老师和几位教师正在交流一个问题。这问题是前一天没有解决的，经过一夜的思考，她有了自己的想法，一大早来到学校就跟同伴交流起来，由于兴奋声音有点高。像这样的即时教研在张老师的教研组随时随地都有发生，有时课堂有了精彩的生成，自己有了得意的做法，下课后回到办公室，她都会主动地跟同伴分享。教师课堂上遇到了什么困惑、解决不了的问题，课后都会在组内寻求张老师的帮助，"张老师，这道题学生为什么总做不对？""张老师，你看这个知识点我这样讲学生能不能理解"……有时，别的教研组的教师会通过电话请教"张老师，你帮我讲讲这个问题吧……"每一次，她都会深入浅出，不厌其烦地耐心解答，直到提问者满意为止。慢慢地，学校的教师都说张老师是学校的"宝藏"。

（二）微格教研提水平

观课议课打破了传统听评课笼统地评价一节课的方式。如何通过观课突破教师课堂中的难点，张老师带领教研组的老师采用微格教研的方式，放大课堂某一细节，反复观摩，以课堂现实为依据，从以下方面议课"这一环节我们看到学生发生怎样的改变（有什么教学效果）；在这一方面我们是让学生发生这样的改变吗（教学目标审议）；如果是的，那我们是怎么实现的（教学过程回顾与审视）；如果不是，那我们在什么地方走岔了路（教学过程回顾与审视）；我们该怎样避免发生这样的问题，如何改进（策略探寻）"。这种教研形式为教师们提供了一个面对面交流的平台，大家取长补短，提高了组内教师的教研水平，深受教师们喜爱。

（三）主题教研有成果

主题教研是教研组的主要工作之一。当学校确立了新的教研主题，教研组内的主题教研对教师就是一个挑战，这时张老师就带领她的教研组给全校数学老师示范。比如上一学年学科确定的教研主题是单元整体教学视角下的课堂教学，大家对单元整体教学都感到无从下手。张老师带领三年级数学组率先行动，从单元大概念的解读，单元目标的确立，单元教学活动的设计，到单元作业的整体设计，逐项研讨，然后进行课堂打磨实施，策略梳理，最后把这一过程通过学科组汇报的形式呈现给全体数学教师，给各个教研组抛砖引玉。接下来全校的数学单元整体教学启动，如今单元整体教学在海阳市凤城小学全面开花。

几年来，张老师带领的教研组两次被评为海阳市优秀学科教研组，2018年她们组代表学校参加海阳市主题教研评比，荣获一等奖。在2018年山东省"互联网＋教师专业发展"教育科研方法工作坊现场会上,张老师带领她的团队展示"长方体和正方体的整理与复习"一课的三备三磨历程,并现场进行了观课、议课,受到省各位专家的好评。

三、精心施教,助力新秀茁壮长

"教研组"的根是"教",张老师认为组长是课堂教学的潜心研究者和实践者,应该根植课堂,痴心课堂教学,并且做好青年教师的领路人。

(一)常态课——精心准备

张老师的课堂永远是开放的,她的每一节课都经得起检验,这个底气源于她的精心准备。学校实施"师带徒"工程,自然她组内的小伙伴就成了她的徒弟。有一年遇上了一批特别好学的徒弟,经常是师傅前脚刚从教室的前门进,徒弟们就打开了教室的后门,所以她的课堂上经常会多几位"不速之客"。为了不辜负徒弟们的期望,张老师只有课前更认真准备,课堂上把最好的一面呈现出来,让徒弟们每节课都收获满满。课堂上经常是师徒都很投入,以至于有一次校长两次从教室的后门进入课堂,她们都没有发现。如今张老师曾经的一个徒弟做了组长后,还经常把张老师的课堂片段录像放给她的组员观摩。用她的话说"跟张老师一个组,不去听她的课就是一种资源浪费"。几年下来,她的组员一人做了学校的学科领导,多人做了教研组长,成了学校的骨干力量。

(二)竞赛课——精雕细琢

张老师经常说自己积累了一些经验,也有了一些荣誉,有一丝光就要发一分热,有一份荣誉就要有一份担当。所以青年教师打磨公开课、优质课,张老师都会义不容辞地担起"导师"的责任。从教学设计、课堂实施,到板书,从教师的语言、动作,甚至一个眼神都要反复琢磨。有时她会亲自试讲一遍,体会教学设计是否可行,教学设计如何更好地落实;在试讲中更好地发现学情,进行调整。每一次的打磨都要反反复复,听课记录本上满是圈圈点点。一次次的打磨经常"破了立,立了破",直至呈现出最好。这几年,经过她的指导,团队中有的老师拿到了烟台市优质课证书,有的在各级教学大比武中获奖,有的在各种教学现场执讲了公开课。看着小伙伴们的成绩,张老师总是比自己获奖还高兴,因为成全了别人，也成长了自己。

（三）接力课——智慧共享

教研组内的磨课采取三备三磨的形式，所以组内的磨课实际上就是接力课，每一轮的打磨实际上都是教学智慧接力的过程。在确立了教研主题后，张老师会根据主题需要设计观课量表，磨课时分工合作，议课时根据观课点发表自己的看法。每一轮次张老师都组织大家讨论本节课已解决的问题、存在的问题、成功的策略。这样下一轮"接力"就要运用成功策略，解决遗留问题。如此三轮结束，问题得到解决，形成本次主题教研的成果。在这个过程中，每个人既是传力人，又是接力人，充分体会到合作才会共赢的教研文化。

如今张老师早已经到了知天命的年龄，但是她依然耕耘在教研组这片沃土上，用心用情编织每一个平凡的日子，让每一个平凡的日子都闪光，她一直在路上。

【名师简介】张春静，正高级教师，全国优秀教师、山东省特级教师、烟台市名班主任、烟台市教科研先进个人、烟台市教学先进个人。执讲过海阳市优质课，烟台市优质课，主持参与多项国家、省、市级课题研究，为2018年《烟台教育》"岁末访谈"人物，目前正参与青岛版小学数学教材修订工作。

立足名师工作室，
促进青年教师化茧成蝶

扎根乡村教育已历 30 余年，至今仍任学科教学兼班主任，奋战于海阳市西南隅偏僻的海阳市辛安镇第二初级中学教育一线，他就是最美乡村教师李春胜。

李春胜名师工作室成立于 2017 年 9 月，以"探究的平台，成长的阶梯，辐射的中心"为宗旨，以"洁情操、广知识、升能力"为目标，构建教研共同体，促进青年教师教育教学素养迅速提升。李春胜生于农村，少年时亲身感受到求学的艰难，目睹了父母谋生的艰辛，体会到父母望子成才的渴盼，便萌发了未来从教于乡村的强烈愿望。就教过程中，他愈来愈感受到，没有"爱满天下，乐育英才""教育为公以达天下为公"的教育情怀是难以为师的。在名师工作室启动之后，他首先做的就是育心。

一、厚植教育情怀，激发教育动力

高尚、博大的教育情怀是投身教育事业的精神前提和保证。剔除个人功利意识，树立服务千家万户、着眼学生终身发展的职业思想，立志为乡村人民教育事业无怨无悔奋斗终生。

（一）建立读书沙龙，榜样精神涤灵魂

名师领航促成长。李春胜组织工作室成员精心研读陶行知的名著《中国教育改造》《斋夫自由谈》《古庙敲钟录》，感受在风雨如晦、积贫积弱的旧中国，

陶行知以"捧着一颗心来，不带半根草去"甘当骆驼的精神，三十年矢志不移践行平民教育的高尚情怀；观看感动中国人物张桂梅事迹纪录片，学习她筚路蓝缕、鞠躬尽瘁，倾尽全部心血将自己"嫁"给山乡教育的"燃灯"精神。

春风化雨洒春晖，领略了名师的教育风采，年轻的教师们心灵震颤，他们写笔记，叙心得，表达了立志献身教育的坚定信念。

（二）组建探访小队，殷殷乡情触心灵

深入乡村坚意志。李春胜组织工作室成员深入乡村特殊家庭探视，零距离感受乡土人情。探访小队来到辛安镇埠后村迟钧霞的家中，迟钧霞父母用丰富的肢体语言表达了对教师们的无限尊敬和殷切期望，年轻的教师们心潮澎湃；来到南马家于明磊家中时，智障的父母不在家，寒冬时节孩子伏在冰冷的土炕上边呵着气边写作业，教师们泪如泉涌。

乡村探视，激发了青年教师们不负重托，献身乡村教育的坚定决心。

（三）成立采访团队，本土人杰荡心胸

学习榜样承精神。李春胜组织工作室成员去采访、观摩海阳本土名师，学习他们丹心热血沃新苗、献身乡村教育的感人精神。海阳市发城镇第一小学褚桂芳老师的循循善诱、春风化雨，海阳市徐家店镇马瑞菊老师的爱岗敬业、矢志不移，深深激荡着每一颗年轻的心。

向名师看齐，无怨无悔，为人民教育倾注全部心血的信念在他们心中油然升腾。

工作在化学教学一线，李春胜潜心钻研教材，创造性探究学法、教法，颇有建树。尤其在"烟台名师"培养期间，跟随团队下成都，赴苏州，至上海，名师各具特色的教育智慧、教学风格，使他视野开阔，深受启发。结合本土农村学校素质特点，李春胜广泛涉猎，博采众长，淬炼出了行之有效的化学教学策略，并在教学实践中不断修改、完善。

课堂是教育的主阵地。李春胜指导工作室成员做的一项重要工作就是研课。

二、丰实教学策略,提升职业自信

教学是一项创造性脑力工作,需要丰富的教学智慧。没有行之有效的教学策略,便没有出色的教学效果。

(一)构建教学模式

李春胜与工作室成员反复研讨、验证,结合学科教学特点以及初四学生的年龄特征,创立出"借助资料、自主消化—小组质疑、共同进步—师生质疑、疑团消融—巩固练习、认识升华"的新授课教学模式和"小组质疑、更正认识—师生质疑、提高认识—巩固练习、升华认识"的讲评课教学模式。在工作室成员所在学校推广运用,成效显著。该模式充分体现了教师的主导性和学生的主体性,学生自主探究、合作交流的积极性空前高涨。

(二)加强教学反思

李春胜指导教师首先学会纵向反思。每节课结束,从评价教学效果出发,上溯至本节课伊始,深刻反思本节课教师的失与得。如组织教学是否严密?提问学生是否恰当?小组讨论是否有效?教师语言是否精炼?层次不同的学生是否兼顾?每节课必反思,反思后必改正,天长日久,臻于完美。

通过同课异构,李春胜要求老师们学会横向反思。例如,2018年12月5日,李春胜组织工作室成员在海阳市亚沙初中进行了"空气中氧气含量的测定"同课异构观摩教学。王玲娜、由素华、王小燕互相观摩,从组织教学、学生自学、教师点拨、效果检验等环节对自己进行了对比剖析,清晰认识到了自己的短板和疏漏,对他们取长补短、努力提升自我起到了极大的促进作用。

(三)提炼教学成果

"知行合一"是陶行知重要的教学思想。李春胜引导老师善于总结经验,从实践层面上升到理论高度,不仅是实干家,还要是思想家。在李春胜的大力倡导下,工作室科研成果丰硕:"初中化学"四步"新授课模式实践研究"获烟台市级课题立项并已圆满结题,论文《初中化学酸碱盐教学策略》《氨碱法制纯碱模拟实验装置》《初中化学学习指导法》发表于《中学化学教学参考》等省级刊物。

李春胜热爱乡村教育，痴心不悔，一直担任班主任。在与老百姓长期的密切接触中，他深知民心民意。他视生如子，严慈相济，教育得法，深受广大学生的尊敬和家长的信赖，被亲切地称之为"老李"。班主任是一个班级教育教学管理的核心，决定着一个班级的发展态势，担负着几十个家庭的希望。班主任的责任重于泰山。

李春胜带领工作室成员对"理班"进行了长期深入地探讨。

三、深研管理方略，打造品牌班级

班级管理能力，是一名教师教育能力的最主要体现。

（一）走进学生心中

结合学生的年龄特征，李春胜与工作室成员进行了深入的思考和研究，翻阅了大量资料，借鉴了有效做法，达成共识并付诸实践。例如，突出祖国传统文化教育，班主任见缝插针，精析经典诗词，提炼优秀的文化思想感染熏陶学生；教育学生时一定不说那些千篇一律、耳熟能详的训词，而是言简意赅，一针见血，振聋发聩，震撼心灵；每周星期五下午住宿一周的学生回家，一定委托学生记录下老师口述的、渗透老师强烈感情的、富含哲理的激励性语言，回家读给倚门翘望的父母听；不赞成老师夏日灼阳直射式的爱，含蓄地关怀如煦暖的温阳更能滋润心灵，影响更为深沉久远；从细节入手，要求学生严肃、严格、严密；实行全年教室卫生零值日等。

（二）打动家长心坎

家庭是学生心灵的港湾，学生的教育离不开家长的密切配合，形成融洽密切的家、校关系至关重要。李春胜指导年轻的班主任：家长的素养良莠不齐，对待他们要宽容，要柔和，要委婉，设身处地，情理动人。到学生家中探访是密切家、校关系的最重要方式。李春胜倡导年轻的班主任利用双休日和假期，依据家访主题，做好家访计划，查看学生在家的功课自修、生活情况，并与家长沟通、交流，分析孩子在家、在校的思想状况，探讨有效改进策略。在学生家，要严格遵循"五个不"原则：不喝家长一杯水，不抽家长一支烟，不吃家长一顿饭，不收家长一点东西，待在学生家不超过10分钟。

工作室成员的班主任们持之以恒,至今,已家访的村庄合计达 300 多个,问访的家庭约 2 000 户,家、校关系和谐融洽,配合默契,合力强大。

(三)温暖任课教师心房

任课教师是班主任同心共力的亲密战友。李春胜反复提醒班主任,要精心管理好班级,提供给任课教师一个舒心惬意的授课舞台;遇班级突发事件,班主任要勇于承担责任,做好自我批评;全力支持任课教师教学工作,不旁观、不掣肘;体谅任课教师的辛苦,学会给他们减压,给予他们尽可能多的照顾和帮助。

名师工作室班主任建设成绩喜人。杨志超老师班级各项工作出类拔萃,2022 年所任班级被评为"烟台市优秀少先队集体";徐震老师、刘艳菲老师工作能力突飞猛进,深受家长、学生好评,蜚声本地;工作室成员中,涌现出"烟台市名班主任培养人选" 1 名,"海阳市名班主任" 2 名。

粉笔三寸,耀光千里。生于斯,长于斯,呕心沥血于斯,李春胜已将自己与乡村教育事业无痕融合在了一起。不骛虚声,惟以求真;不求名利,只为信仰;这是李春胜作为一名乡村教师的朴素心声。李春胜名师工作室,小荷初露,雏鹰振翅,长江后浪推前浪,天工人巧日争新,越来越多的后起之秀,正如繁星,闪耀于海阳教坛辽阔的长空。

【名师简介】李春胜,男,正高级教师,山东省特级教师。扎根农村学校从教 30 余年,任班主任 30 余年。炽爱乡村教育,志坚如磐。执讲省市级化学实验教学优质课多次,著有《班主任新型工作方法探析》等。教学艺术高超,教育方法新颖,深受区域内学生及家长的敬重和信赖。

把"实践教育"做出"生命的味道"

"做最好的教师、照亮学生多彩人生"是张敏一直不懈追求的教育方向。历经 28 载辛勤耕耘，从一线教师到学科领导，从骨干教师到教研员，一路走来，她始终执着追求自己的教育理想，用敢于挑战、勇于创新的精神，把实践教育做出了"生命的味道"。

一、"多彩＋项目"，让实践活动萌发新活力

"多彩实践"就是课程的多彩、学生的多彩、教师的多彩、学校的多彩。"综合实践活动就是要百花齐放，各显特色。"张敏说，每所学校都有自己的特点，综合实践活动不能千篇一律，那样会束缚学生们的思维。2015 年，凭借在综合实践活动领域取得的成绩，张敏被委任为教研员。她大胆尝试，勇于突破，在全市提出"三全"课程理念，即全员参与、全程指导、全域实施，在理论与实践的结合点上矫正教师对实践课程的片面认识，并依托"多彩实践日"提出构建课程群、形成课程体系、提炼课程品牌的理念。经过张敏的精心构建与指导，一批"实践精品"应运而生：海阳市亚沙城小学"学农·学医"特色实践课程群、海阳市凤城街道中心小学"五色凤"课程群、海阳市行村小学的行知课程、海阳市发城镇第一小学的"四美润心"全景化实践课程、海阳市新元小学的"七彩阳光"课程……呈现出特色纷呈、百花齐放的区域实践教育新生态，推动了全市实践教育品质的提升。

如果说"多彩实践"是海阳市综合实践活动的初级模式，项目化课程设计与组织实施标示着在张敏引领下的实践活动跨入新时代。在这个阶段，她开始

进行"项目式"教学研究，并提出"项目式整合实施"的教学新主张。她尝试整合考察探究、设计制作、职业体验、社会服务四种活动方式；尝试在区域内构建大主题教研，全面推进"三阶段六课型"课程实施理念，每个阶段以不同的活动方式为主。"主题研究——探究奇妙的海洋、美味追寻——烹制海鲜美食、设计制作——学做海洋工艺品、体验升华——争做海洋小卫士"，这是她指导学校开发的极具地域特色的综合实践活动项目，在不断实践与完善中成为各学校的传统实践项目。针对农村垃圾处理不当造成环境污染的现象，学生组成活动小组，通过实地考察、查阅资料、调查采访的方式，了解农村垃圾处理现状，召开听证会，提出自己的解决方案，提交镇政府；学生组成服务团队，清理学校周边村庄的垃圾池；向村民发放《垃圾正确处理倡议书》；制作垃圾分类宣传海报……"项目式"整合实施的理念让每个活动都成为大课程，学生在活动中不仅是学习者，更是参与者、执行者、监督者，社会责任感油然而生。"教师要引领学生在'项目式'的实践活动中掌握技能、提升能力、养成习惯、培育精神。只有这样，他们才能真正体悟实践的魅力。"她是这样说的，更是这样做的。

"成绩的取得只能代表过去，对于我来说需要学习的地方还有很多，逐梦未来，我将一路前行！"在实践中探索，在管理中提升，她以执着的精神践行着自己的教育理想。

二、"1+3+X"，打造全域育人新样态

2019年，《大中小学劳动教育指导纲要》颁布。劳动教育与综合实践活动融合实施，成为张敏思索的首要问题。作为山东省劳动教育兼职教研员，她深知劳动教育需求在哪里，问题在哪里。基于学校劳动教育无规划、劳动教育流于形式的现状，她做的第一件事就是构建全域育人课程体系。

从"构建劳动教育特色课程、形成劳动教育实施模式、探索劳动教育评价体系、打造劳动教育特色品牌"等方面，着力构建和推广"1+3+X"新时代劳动教育课程体系，全面打造劳动教育全域育人新样态，为学生全面发展筑牢根基，为学生核心素养的提升赋能。"1"指新时代劳动教育必修课程；"3"指新时代劳动教育协同课程，即学科融合课程、劳动周课程、劳动文化课程；"X"指新时代劳动教育特色课程，即各学校围绕特色办学形成的课程。"劳动教育不是

知识的传授，更不是道理的讲解，而是引导学生在出力流汗的过程中形成正确的劳动观念，掌握必备的劳动技能，形成积极的劳动精神，养成良好的劳动习惯。"基于这种认识，她从劳动教育"必修课程、协同课程、特色课程"三方面细化实施内容；从劳动教育"主题课程、任务清单、专题课程"等方面规范实施途径；从"劳动成长档案、劳动成果展评、劳动少年评选"等方面形成多元评价，总体构建新时代劳动品质教育课程体系。

"学校不只是教师的学校，更是学生的学校，学生能做的事情一定要让学生去参与、去实践，这样才能引导学生能劳动、会劳动、爱劳动。"她鼓励各学校借助区域内劳动教育资源优势，建立校内外劳动实践教育基地，研发劳动教育课程，努力构建活动实施课程化、课程开发特色化、课程执行标准化的地域特色。在她的引领下，各学校纷纷树立"校园就是劳动场所"的理念，在学校开辟劳动教育实践基地。有的学校将校园内的闲置土地开发为农业种植园，有的学校利用有限的地方进行花盆种植、箱式种植等，有的学校按照"班级—走廊—校园—基地"分年级、分层次开展中草药、蔬菜、农作物、花卉等种植活动；做到校内"班班有责任岗，处处是劳动园""人人有活干，处处有人管"，实现了"时时处处皆劳动"的全域育人新境界。

三、小清单大格局，点亮劳动教育新导向

2021 年，烟台市从大处着眼，小处着手，出台《关于建立中小学生劳动教育清单制度的意见》。为了促进劳动教育清单制度的落地，并稳步推进实施，张敏结合区域内的资源及学生实际情况，建立年级化的劳动教育清单，并要求各学校在此基础上建立年级、班级劳动教育清单，以"三级劳动教育清单"点亮劳动教育改革的新导向，也唱响劳动教育评价的新乐章。

她提出"一主两翼"的清单落实途径，即以学校为主，以家庭、社会为辅。日常生活劳动以家庭为主阵地，是劳动教育清单最接地气、最好的实践场。家长、教师、学生三方共同商议，从烹饪与营养、整理与收纳、清洁与卫生等任务群确立清单内容。海阳市方圆学校"五一"劳动节期间组织学生开展"学做一道菜"活动：一年级学做水果沙拉，二年级学做凉拌菜，三年级学做西红柿蛋花汤，四年级学做可乐鸡翅，五年级学做炒土豆丝。学生利用假期时间学做家常

菜,家长是最好的劳动教育指导师与评价者,具体的劳动任务让学生获得了成就感、增强了责任感。依托劳动教育清单,建立班级、学校、全市三级劳动教育评价机制,是张敏带领骨干教师一直探索实践的改革项目。每年,她通过各级劳动教育优秀成果展评及劳动技能竞赛树立劳动教育典型。目前,已举办十二届中小学生综合实践活动暨劳动教育成果展评。

"劳动不仅让我掌握了生活技能,而且让我懂得了珍惜劳动成果、尊重他人劳动。作为新时代的学生,我感觉自己身上的责任更重了。""学校实施新时代劳动教育,给了孩子一个全新的展现舞台。孩子在家里不再是衣来伸手、饭来张口的'小皇帝',而是家务劳动的参与者。孩子自理自立的意识越来越强,生活习惯也越来越好。作为家长,我感到很欣慰。"家长和学生的心声是对劳动教育的认可,更是对她提倡的"一主两翼"劳动育人理念的肯定。很多学校的"六一"儿童节已演变为"多彩实践节",让每个学生都能出彩,每个学生都有机会展示自己最拿手的劳动实践项目及优秀成果作品。"劳动的目的是让每一个孩子都感受创造的快乐,体验收获的喜悦,品味劳动者的艰辛,从而成长为新时代优秀的劳动者、建设者。"带着这样的教育追求,张敏和她的团队在实践教育的道路上不断开疆拓土,向前、再向前。

何为教育初心?张敏将其总结为一句话:"如果能把实践教育做出'生命的味道',如果能以教育微光照亮学生生命的成长之路,成就学生的出彩人生,那么所有的努力都是值得的。"

【名师简介】张敏,女,海阳市综合实践活动、劳动教育教研员,山东省特级教师,山东省劳动教育兼职教研员,烟台市年度教育创新人物、优秀教师、教学能手、课堂建设先进个人、教科研先进个人、劳动教育先进个人。"金字塔式综合实践活动课程体系的构建及推广应用"获山东省教学成果一等奖;"中小学公民教育区域化实施路径探索研究"获山东省教学成果二等奖;四项成果获烟台市级优秀成果奖。

养正毓德
做有责任有情怀的教育人

记得一位哲人曾说：呵护自己的孩子是本能，热爱别人的孩子是神圣。作为一名班主任，热爱别人的孩子是职责，能从心里热爱并着力教育好别人的孩子真的需要高度的责任和高尚的情怀，海阳市发城镇第一小学的王春珍老师就是怀揣着这样的情怀努力前行。

一、以爱立身，为学生的幸福成长奠基

"用爱心托起明天的太阳"，王老师是这样想，也是这样做的。她的手掌虽小，但她尽力托起祖国明天的太阳；她的身躯虽不伟岸，但她努力用爱心撑起一片蓝天。

（一）关注细节，筑温暖之家

王老师一直以来都把班级当作是老师和学生共同的家，家是什么，家是幸福的港湾。作为班主任不但要为学生营造舒适的学习环境，还要关注每一位学生的学习生活状态。从教 30 年，她每一个工作日都早早来到教室，夏天把门窗打开，冬天把火炉生上。下雪时，她总是饭也顾不上吃一口，早早带着扫帚向学校奔去，学生到校时总有一条干净的小路在迎候着，孩子们称那是"爱心路"。生活上，她更是无微不至地关心每个学生，学生生病或受伤，她总是第一时间赶到、精心护理或及时送去就医。记得那次带领学生挖药材，一个学生脚受伤了，她硬是把学生从山上背到了医院里。后来许多人都纳闷——瘦弱的她哪来的

力气一口气背着比自己都高的学生走了 1 500 多米的山路。

班主任工作虽然烦琐,却也享受到了别人无法享受到的最纯真的爱。孩子们对她的好常常让其他老师羡慕。那年新校舍绿化,她和孩子们一起去挖草,被护林人误解追赶的时候,孩子们不担心自己,却说:"老师,您先跑,别让人抓住";挖树坑时,她磨出满手的血泡,学生安慰她:"老师,您别着急,我们帮您挖"……因为爱,所以被爱,那一张张稚嫩的贺卡、一封封感谢的书信、一条条问候的短信,都是她无私付出的见证。

(二)厚植情怀,甘做铺路石

孩子是家庭的希望,凝聚着父母的殷殷期盼,班主任是带给他们希望之光的人。历经 20 余载的班主任生涯,让王老师深深地懂得班主任肩上的担子有多重。她无私付出,有责任有担当;她把自己融入学生中,把班级当作家;她用心经营班级,用爱呵护学生;她努力在做一个有温度、有情怀的班主任。

宁可委屈自己也不委屈学生。20 多年来,她几乎年年全勤,因为私事耽误工作,她会有一种负罪感。2007 年教师节体检时,她查出患有子宫肌瘤,大约 5 厘米,大夫劝她及时手术,可是由于担心临时更换教师不利于学生的学习和成长,对于学校工作的全局安排也会造成影响,她隐瞒了家人,没有及时手术。不仅如此,她完全没有把自己当作一个病人,仍全身心地投入在教育教学工作中,就这样拖了整整一年。暑假到医院复查,肌瘤已 7 厘米多,她被医生狠狠地批评了一顿。术后一个多月,新学期开始了,她不顾丈夫的劝阻又开始了新的工作。虽然从教室一头走到另一头都费力,讲课时即使扯着嗓子也是声如蚊蝇,她仍不肯休病假,一节课下来常常是脸色苍白、浑身冒汗。没想到就这样一个病恹恹的班主任却带出了一个优秀的班级,学习成绩以及各项活动均独占鳌头。

王老师把春天奉献给桃李,润泽了芬芳,给自己留下冬的干净、雪的洁白……

二、创新路径,为学生的全面发展助力

在教育教学工作中,班主任肩负的使命既光荣又神圣,班主任不仅应是学生的良师益友,更要关心学生的全面发展,真正成为学生健康成长的引路人,引

导学生成长为德、智、体、美、劳全面发展的素质型人才。

（一）废物巧利用，育环保意识

随着素质教育的开展，王老师发现学生的课余时间越来越多。城市里的孩子课余时间会参加这样或那样的兴趣班，而农村孩子受制于条件，课余时间大多在看电视、玩手机、疯闹……她看在眼里，急在心里。如何将课余时间充分利用起来，让孩子们有事可做呢？城市里有丰富的教育资源，农村广阔的天地不也是很好的教育资源！经过不断地思索，她把农村遍地都有的麦秆变废为宝，开发了麦秸画这一课程。学生们对麦秸画表现出浓厚的兴趣，他们通过制作麦秸工艺品，初步了解传统的民间艺术，学会利用身边的物品或废旧材料制作玩具、手工艺品等美化生活。这既丰富了学生的课余生活，提高了学生的动手能力，又增强了学生的环保意识。牛刀小试的王老师尝到了甜头，又陆续开发了袜子娃娃课程，葫芦画课程。她开发的这三个综合实践课程在海阳市是首创，学生的作品多次获奖。葫芦艺术工作坊先后两次在烟台市艺术展演活动中获优秀实践成果奖。许多领导到发城一小参观检查的时候都要到学校的葫芦艺术工作坊看看，"葫芦"已经成为学校的一大特色。王老师依据这些课程开发的校本教材多次荣获海阳市小学生综合实践活动成果一等奖，她也被评为"烟台市综合实践活动先进个人"。

（二）玩转七巧板，培创新思维

王老师是一个敢于尝试新事物的人，开展"七巧板"活动后，她成了第一个吃螃蟹的人。"七巧板"一词现在许多人都很熟悉，可刚开展活动的时候，大家都没听说过，更不用说指导学生了，可是总的有第一个吃螃蟹的人，于是，王老师就成了发城一小第一个指导"七巧板"的人，同事戏称她是发城一小的一块砖，哪里需要往哪搬。这一指导就是六年，这六年里她指导500余人次参加科技教育活动，烟台市科技系列竞赛中辅导学生多次获得一、二等奖。2014年她获得"烟台市青少年科技教育先进个人"的荣誉。荣誉的背后付出了多少艰辛，只有她自己知道。

三、潜心教研,为学生的心理健康护航

(一)以读促思,精心育人

班主任工作是一项细致的、长期的、综合性的塑造学生心灵的工作,对教师自身素养有着更高的要求。为了提高自身素养,王老师无论工作多忙始终坚持读书,学校图书室的借阅记录密密麻麻地记录着她的读书足迹。她不是单纯地读,还注意以读促思,以思促写,以写促做,不断提高自身专业素质和个人修养。在班主任工作中常常会遇到一些特别的学生,当王老师在教育这些学生遇到瓶颈时,《陶行知文集》《苏霍姆林斯基选集》《魏书生班主任工作漫谈》等教育名著常常引领王老师走出迷茫。有一次王老师遇到了这样一个学生,他特别喜欢和同学打架,被老师批评是家常便饭。王老师越是苦口婆心地教育他,他犯错的频率越高。在王老师束手无策的时候她又一次打开了《魏书生班主任工作漫谈》,她从魏老师的案例中受到启发:不再盯着那个学生的缺点,针对他爱读书的特点,一次次表扬他爱读书。王老师越是表扬他爱读书,他就越喜欢读,读得越专注。慢慢地书占领了他的精神世界,占据了他的课余时间,王老师几乎忘了他的缺点,他自己也似乎忘记了。这次事件对王老师的启发很大,于是读各类教育书刊更成了王老师的每日必修课。为了更好地提高自己的教育教学水平,王老师经常总结、反思自己的工作,撰写了大量的随笔和反思。《一定要听孩子把话说完》《没有一个孩子不可爱》等随笔发表在全国优秀期刊《班主任》杂志上,还有多篇论文、随笔在《青年教师》《海阳教研》上发表。2013 年、2017 年她先后两次被评为海阳市"优秀读书人物"。

(二)抓住契机,顺势而育

如果说学生是一块未经雕琢的璞石,那么教师就应是一位具有高明技艺和玲珑慧心的雕刻师。王老师深刻地认识到了这一点,她抓住一切教育契机塑造学生的美好心灵。当学生在教室里追赶一只误飞进教室里的小鸟时,她用《麻雀》一文引导学生感受爱,释放爱;当学生用放大镜照在蚂蚁身上做燃烧试验时,她让学生以《我是一只小蚂蚁》为题作文,引导学生感悟生命、敬畏生命。她还注重开展形式多样的主题班会,分序列、分层次开展德育工作。她执讲的德育主题班会多次获海阳市一等奖。在担任班主任工作期间,她潜心研究班级

管理细节,讲究方法与策略,关注学生心理健康;2004 年,她执讲的"认识自我"获山东省公开课;2005 年,她撰写的《如何正确面对挫折》论文获海阳市心理健康教育一等奖。她所带的班级班风正、学风浓,在学校各项评比中总是名列前茅,多次被评为校优秀班级,她本人多次被评为优秀班主任。

不惑之年的她,用坚定的教育信念、高尚的人格魅力和快乐的教育理念默默地耕耘在乡村教育的土地上,在广大家长、学生心中构筑起一道永远绚丽的彩虹。一路耕耘,一路收获,在今后的教育历程中,她必将向着更高的层次迈进,从而到达教育人生的理想境界。

【名师简介】王春珍,海阳市发城镇第一小学高级教师。全国优秀教师、全国优秀班主任;山东省教书育人楷模;烟台市最美教师、烟台市青少年科技教育先进个人、烟台市未成年人思想道德建设先进个人、烟台市综合实践教育工作先进个人。

依托优秀班主任工作室，
争做"四有"好老师

做有理想信念、有道德情操、有扎实学识、有仁爱之心的"四有"好老师是习近平总书记对教师的激励，也是教师该有的职业追求。要想做成"四有"好老师，教师首先自己内心要有向上的渴望，还需借力于外部适宜的成长环境。海阳市徐家店镇初级中学马瑞菊老师便是这样一名既有强烈的成长愿望又有外部环境助力的幸运者。

一、突破"舒适区"：自我成长，不待扬鞭自奋蹄

鸡蛋从内而外打破是生命，是成长。教师成长首先是自身内心的渴求，自身的成长愿望是教师成长的必要条件。

（一）教师情结促成长

初中时，学习朱自清的《春》，在语文老师饱含情感的吟读中，马瑞菊仿佛漫步在如诗如画的春天，心驰神往，遐思飞扬。由此，她心中播下了一颗对"教师"这一职业期盼的种子。

"学者非必为仕，仕者必如学。"教师的天职是教书育人，教师是托着"太阳"升起的人，这份神圣不敢亵渎。入职后的马瑞菊深知孩子需要博学的老师，教师的魅力在于博闻强识，"优秀的教师会对学生产生一生的影响"。于是，她手不释卷、马不停蹄，一路奔跑在自我学习、自我提升的路上。她扎实做好两件事：一是工作之余，深入地读书，丰富自身的文化底蕴；二是抓住每一次学习机

会,积极参会学习,拓宽自己教育视野。为了学习,她自掏腰包去会场学习,网络时代下,她购买网课学习提升,学习费用超过 1 万元。

(二)崭露头角担重任

不间断自我学习让她收获一路花香。2014 年 3 月 7 日,中央文明办、省文明办、烟台市宣传部、海阳市委和海阳教体局领导来学校视察,她撰写了解说词、担当了解说员。中央领导夸她"素养很好",教体局领导给予她"教师队伍的一面旗帜"的高度评价。

她多次率教研组获"海阳市优秀学科教研组",引领教研组做课题研究,带领学校全体女教师获得海阳市"巾帼文明岗",她本人也被评为海阳市"巾帼文明标兵"。海阳市中小学"教师读书与专业成长"演讲台上有她的身影,"优秀读书人物"汇报会、小课题研究优秀成果推介会、学科教研会上她做过经验交流,学校承担的海阳市常规管理现场会、烟台市级心理咨询室、国家级乡村少年宫建设、海阳市"六争六比"现场活动均由她撰写解说词并担任解说,得到各级领导好评。

二、进入"学习区":巧借三类工作室,快马加鞭速成长

教师的成长需要除了内因,还需要有良好的外部成长环境。马老师抓住各级教育主管部门提供的大的成长平台,充分利用各类工作室,快马加鞭迅速成长。

(一)海阳本土培训提供成长平台

参与培训是一种有效、直接的学习提升方式。马老师积极参加海阳市内举办的专家讲座、专题培训、课堂研讨、教师技能比武、教科研活动、读书演讲活动、教师征文比赛、信息技术 2.0 网络指导……参加每一项活动、接到每一个任务,于她而言都是提升自我的宝贵机遇,她倾注满腔热情、精益求精,做任务的过程中,理论联系实际,力求做到有道有术。

她坚信"世上无难事,只怕有心人"。比如小课题研究是她的弱项,她就虚心求教,明确了"问题就是课题,教学就是研究,成长就是成果"的科研理念;知道了"课题从课堂教学中选,研究到课堂教学中做,答案从课堂教学中找,成

果到课堂教学中用"的研究目的。功夫不负有心人。2011 年她撰写的《小课题研究引领我专业成长》被收编于《海阳市小课题研究优秀成果资料汇编》,并在海阳市教育科学"十一五"规划小课题研究优秀成果推介会上作经验交流。

(二)烟台名师名班主任工作室助推成长

正是多年来孜孜不倦的自我学习提升,2020 年她成功入选首届烟台市名师、烟台市名班主任工作室成员,2021 年入选山东省英语特级教师工作坊群组成员。3 个工作室开展的活动紧锣密鼓,一周 7 天尤其是周末、节假日不停歇。马老师所在学校为寄宿制学校,班主任早值班、午值班、晚值班、宿舍"陪睡"、餐厅"陪吃"、教室"陪学"、操场"陪练",工作负担很重。她克服困难,高效完成学校班主任工作和 3 个工作室活动。烟台市名师工作室让她见识了烟台市更优秀的教育同仁,学习到了前沿的教学理念。烟台市名班主任工作室让她触摸到了优秀班主任先进的班级管理理念和管理模式。累但收获着,所以她充实着、快乐着。

(三)山东省特级教师工作坊加速成长

鲁东大学苏勇教授领航的山东省英语特级教师工作坊更是让她大开眼界。工作坊内有来自青岛市、日照市等整个山东省内的行家里手,他们技艺精湛、学识扎实,让马老师叹服。工作坊里有一线教师、资深学科教研员、学校业务骨干领导,个个满腹经纶、浑身是"武艺"。与这些高手相处过程中,马老师也得到了高手的指点。比如鲁东大学苏勇教授的点拨、莱山区教研员吕艳芹的引领、淄博市博山中学郑素梅老师的帮助……

不见不散的约会:每天晚上 9 点到 10 点,工作坊成员在腾讯会议读书研讨,读的是全英文原著,厚厚的一大本书一页一页逐章研读。读第一本英文原著时,她感到困难重重,单词不认识、不记得,国外教学理念不知晓……但只要功夫深铁杵磨成针,3 个月后终于完成了第一本英文原著。打开这本原著看到的是密密麻麻的笔记、注释,透过这些注释,她就回想起读书的艰辛和读书后的收获。读完了第一本,接下来读第二本、第三本……轻松多了,现在她的教学视野扩充到国外,大有"一览众山小"的快感。特级教师工作坊这一平台增添了她的文化底蕴,厚实了她教书育人的底气。

三、踏入"恐慌区"：依托优秀班主任工作室，引领团队共成长

管建刚老师说："每个教师都可以成为一名优秀教师。重要的是目前的你需要付出行动，用行动来坚守自己的教育意志和方向。"为了儿时的初心——做一名优秀的人民教师，已经成为高级教师的马瑞菊坚定行走在教育的路上，依然承担班主任工作。2022年2月，山东省教育厅公布马瑞菊为山东省优秀班主任工作室主持人。这个平台为她提供了更为优质的成长资源。

（一）打造团队，磨课研讨

"独学无友，则孤陋寡闻。"团队研讨是提升团队凝聚力最有效的形式之一，她号召每位团队成员敞开心扉，学会倾听不同的声音，悦纳新鲜思想。

形成阶段性的研讨成果后，她带领团队通过实际班级管理来进行验证；推广研讨成果时，她建议团队成员结合所在区域和学校具体情况，在所在学校带领班主任再次进行研讨，借用集体智慧共同研讨打磨"观摩课"。例如，基于团队成员对主题班会的困惑，马老师带领团队开展了"共磨一节课"的主题班会教研磨课活动；确定主题后，采取同课异构方式，通过线上腾讯会议，展开磨课、研课活动，最终达成人人呈现出一堂符合自己教学特点的精品班会课。几度备课，几度试讲，几度议课、评课，几度修改，一次比一次提升，大家集思广益，互相学习、互相提高。团队合力，共同磨课，全方位地提升了全体成员的教学水平，也取得了骄人的成绩："百变陶艺"获得2022年烟台市一等奖，"我做海阳市博物馆讲解员"获得烟台市二等奖，"发现美、称赞美、传递美"获得烟台市三等奖，团队成员指导的所在学校班主任获得所在市区主题班会优质课达3人次。

未来，我们团队的共同磨课还将坚定不移走下去，并将带动辐射所在区域更多班主任共同进步。

（二）成果推广，分享智慧

工作室成员同研讨、共磨课，效果显著，课堂教学改革和自身素养明显提升。一年来，工作室有3人获得烟台市教学工作先进个人，3人参加烟台市首届作业设计大赛且获奖，2人获得烟台一师一优课，2人被评为本区域名班主任，2人获得本区域班主任基本功大赛一等奖，1人被评为本区域最美教师，3

人参加烟台市基本功大赛并获奖。

马瑞菊和她的团队成员们在结伴研修中吸取成长营养,初步形成自己的教育思想、教学理念以及具有示范性和推广性的教学模式和班级管理模式。他们还将以课堂为主阵地,"讲"出适合自己的"金课主题班会",再把"金课主题班会""赠送"到所在学校、所在区域内的课堂,以此增强区域间的交流,以期"研""磨"出更具地方特色的"特课主题班会",为区域内初中提供优质主题班会资源,辐射引领区域内班主任共同提升,为区域内教育做出应有贡献。

走出"舒适区",进入"学习区",踏入"恐慌区",马瑞菊一路奔跑,工作中她积极发挥引领价值,为工作室成员以及区域内班主任拓展专业成长空间,引领团队成员一起踏入"恐慌区",逼迫自己和团队成员快速成长。她将继续以高标准要求自己,努力成长,引领团队成员以及区域内班主任共同成长为"四有"好老师。

【名师简介】马瑞菊,海阳市徐家店镇初级中学高级教师。烟台市首届班主任基本功大赛一等奖获得者,山东省优秀班主任工作室主持人,烟台市名师人选,烟台市名师、烟台市名班主工作室成员,山东省英语特级教师工作坊群组成员。曾荣获海阳市道德模范、烟台市优秀班主任、烟台市教书育人楷模、烟台市教学工作先进个人、全国最美家庭等荣誉称号。

愿做领雁齐高飞　甘为人梯乃本色 ●——

课间，核电小学录播室内，几位年轻教师正围坐在一起认真聆听"前辈"讲评课，只见一位五十多岁的女教师，一边看着听课记录，一边认真地进行教学分析，她就是山东省农村特岗高级教师——杨秀玉。从教以来，她脚踏实地、孜孜以求，认真上好每一堂课，真诚地感染并带动着身边的教师，勇做领雁，甘为人梯。

一、汲入活水得渠清——超越自我

李镇西老师在《做最好的老师》中写道：我所谓的"做最好的自己"，强调的是自己和自己比——昨天的自己和今天的自己比，不断地超越自己。杨老师深深地认同这句话。

（一）不断学习，更新理念

2014 年，"教学评一致性"理念像一阵春风吹进凤城中心小学，杨老师看到了课堂教学的新方向。新的理念吸引着她，于是《教学评一体化教学策略与实践》《基于标准的教学设计》《"大问题"教学的形与神》等理论书籍摆在了她的案头。写笔记、做批注，渐渐地，崔允漷、卢臻、张菊荣等专家的学术思想，犹如一股股清泉在她的心头溅起了巨大的浪花。随后的常州路小学观摩，龙口、蓬莱、牟平的学习之行，更让她感受到了前进的动力及方向。与此同时，学校提出了"学评教联动"的教学理念，她积极参与，挤出更多的时间去阅读相关书刊，学习感悟，渐渐有了个性的理解。新理念的注入为杨老师超越自己奠定了基础。

（二）不断践行，深化认知

面对新理念，大家的认识是模糊的，46岁的杨老师勇敢地迈出第一步，最先在学校展示了"教学评一致性"的示范课例——读写结合课《大瀑布的葬礼》，为全校教师搭建了学习的平台。当时受邀的教研室指导老师给予了高度评价。结合教研主题，在学校和教研共同体组织的活动中，她先后出示了《生命，生命》《圆明园的毁灭》《剥豆》《狼牙山五壮士》《只有一个地球》等近10节示范课。一次次的历练，让她对教学目标的确立、基于目标教学活动的设计、基于学情的课堂评价等都有了更深刻的认识，并逐渐形成了新理念下的课堂教学模式。

（三）不断反思，创新突破

站在学校教研活动的最前列时，她经常结合新理念反思自己的课堂教学，不断改进课堂教学模式，形成了具有个性的教学风格。

首先，她认为"语文即生活、生活即语文"——把孩子们的生活搬进课堂，将课堂融入孩子们的生活。每一篇课文她都用心寻找文本与生活的交结点，为文本和学生的生活实际架起桥梁，使学习来源于生活，服务于生活，因此她的课堂是多种学科的整合，也是多种知识的融合。老师们都说："杨老师的课堂是彩色的。"

其次，杨老师进行了大胆创新：每周一的"聊天课"，为孩子们积累了丰厚的写作素材；单元习作后，将优秀的习作集发在班级QQ群中，为学生提供了相互学习的平台；激励孩子们认真阅读一本完整的书，每周举行好书推荐活动，四年级的孩子自己制作课件，自己写读后感悟。所有这些活动都以学生为主体，遵循学评教一致性原则——学生先自主学习、教师多方评价、辅助指导。丰富多彩的教学形式极大地发掘了孩子们的潜力，激发了他们对语文学习的激情。

在一次次的反思创新中，杨老师的课堂教学有了个性，有了灵魂，她渐渐成了孩子们和家长们都喜欢的老师，更成为学校教研活动的领头雁，成为海阳市乃至烟台市的教科研先进个人、烟台市师德标兵。

二、愿做领雁齐高飞——携手共进

有人说："一粒花种，追随梦想就能盛开出一个春天；一株树苗，追随梦想就能长成一片森林；一滴水珠，追随梦想就能汇聚成一片海洋。"杨老师的梦想就是让每一位孩子都快乐学习、快乐成长，让每一位教师都能感受到工作的幸福。

（一）即时教研师带徒

在凤城中心小学，杨老师有很多徒弟，她是大家的主心骨。刚毕业的青年教师，面对新理念、新教材常常手足无措，于是杨老师的即时教研启动了——课前杨老师帮他们分析教材，确立教学目标，明确教学的重难点，讲解应该用怎样的活动达成目标；课后把课堂生成及解决方法讲述给他们听，更有时候课例分析没达到杨老师的效果要求，她便让年轻教师进行现场听课，然后逐个环节进行讲解，直到弄懂吃透。年轻教师都愿意主动向她请教，她们认真研讨的身影经常出现在走廊上，在操场上，在上、下学的路上……杨老师总是毫不保留地帮助他们，让他们在成长的路上感受到温暖与力量。由于杨老师的不懈引领，她的很多弟子已成为学校的中坚力量。

（二）主题研讨齐头进

每一个学期的主题教研活动杨老师都精心准备。作为教研组长，她根据实际情况，从最根本的"教学目标的确立"开始，到"基于目标的教学设计"，再到"课堂评价的方式方法"，循序渐进地确定长期的研讨主题。教研活动中，她总是认真地倾听每一位教师的发言，对照课程标准及教材、学情，帮助老师们寻找教学目标的依据；在验证目标的准确性时，她总是第一个进行课堂实施，把自己课堂的优缺点坦诚地暴露在大家面前，慢慢地大家都把讲课当成了历练自己的平台。在学期末集体交流中，同组成员都能根据自己的课堂实践，谈出成功的因素和失败的原因，并提炼出相应的教学策略。由此，杨老师带领的教研组曾代表学校在"烟台教科研之旅海阳行"活动中，进行现场评课、汇报展示；她所在的教研组先后两次被评为海阳市优秀教研组。

（三）携领团队创新篇

杨老师在学校团队建设中发挥着重要作用。无数次和青年教师一同研究教材，打磨课堂，评课指导，让年轻教师们走得更远更高。鞠爱宠主任的烟台市读书推荐课，徐亚琼老师的烟台市优质绘本课设计，郭小杰老师的烟台市成语教学优质课、烟台市家庭教育优质课、烟台市心理健康优质课等都凝聚着讲课老师和杨老师的心血。在团队成长的过程中,有时遇到讲课教师打退堂鼓,这时她就是姐姐,帮助他们,鼓励他们,让他们始终铭记"心有多大,舞台就有多大"。于是团队中的优质课多了,优秀教师多了,杨老师的微笑也多了。

三、执着奉献无怨悔——甘为人梯

"仅仅一个人独善其身,那实在是一种浪费。上天生了我们,是要把我们当成火炬,不是照亮自己,而是普照世界。"杨老师在核电小学像一支火炬,用不同的方式传导着她的热量,诠释着她的人生本色。

(一)热量传导带新人

2020 年 9 月,杨老师被评为山东省农村特岗教师,到核电小学任教后很快地融入新集体中。面对又一群年轻语文教师期待的目光,杨老师倾其所有给予他们最大的帮助。她重温以前的书刊、笔记、心得、教研活动记录,从最基本的如何确立和叙写教学目标讲起,进行了一系列的理论培训;结合学校课堂大比武,对姜松晓老师的课进行三备三磨的现场指导;每一位语文教师进行基于目标的现场备课,杨老师对所有备课进行面对面地指导改进,使年轻教师对语文课堂教学有了新的认知。

三年来,海阳市课堂大比武前夕,总是杨老师最忙碌的时间,反复研读教参、课本,查找资料,一遍又一遍地听课、评课,和讲课教师一起改教案……于是,核电小学在连续三年的语文课堂大比武中都荣获一等奖;隋蓓蕾主任获烟台优质课一等奖。

(二)迁移辐射携全体

杨老师总是说,自己几年后就退休了,不想把几十年来的所学带回家,浪费了!她愿意交给身边每一位想学习的人。

"杨老师,我第三节讲美术,您有时间帮我听听吗!"每次听到有老师这样问,杨老师总是利落地回答:"行!"就这样,三年来杨老师先后走进了数学、美术、音乐、班会、科学、道德与法治、综合实践活动、劳动技能课堂。不同学段的不同学科,从开始的陌生到渐渐地了解,再到熟悉,背后隐含着她多少努力和付出！她就像热的辐射一样温暖着身边的教师们。

付出总有回报,在海阳市教学大比武活动中,核电小学的总成绩连续三年名列前茅！学校涌现出更多的优秀教师！

（三）教学对流同成长

在核电小学的三年,杨老师听评课最多,涉猎的学科越来越多,也收获满满——教、学相长！在聆听他人课堂教学的过程中,杨老师从未停下反思的脚步,渐渐地她对影响课堂教学的诸多要素有了更深刻的认识,对一节课的学习目标有了更准确的定位,找到了课堂教学的共性;提出了以目标为圆心的圆形教学活动设计路径;提出了一节课必须有灵魂的观点。同时,她又用这样的认知去指导教师们的课堂,与教师们相互切磋,一起进步,共同提升。

如今,杨老师仍然每天精神饱满地投入在工作中,续写着一位人民教师甘为人梯的篇章。

【名师简介】杨秀玉,海阳市优秀教研组长,思想品德学科带头人,任教于山东省核电工业区中心小学,多年担任班主任工作。多次执讲海阳市语文、思品优质课、海阳市班会优质课、烟台市优质课;先后参与省、市、县级课题研究;撰写国家、省、市级论文多篇;个人事迹及精品课例刊登于《烟台教育》。先后被评为"海阳市优秀教师""烟台市师德标兵""烟台市教科研先进个人""山东省农村特岗教师"。

用力成长　用心教书　用爱育人

王永珍,1994年大学毕业后做了一名初中老师。从那时起,做一名优秀教师的梦想就在她心里生根发芽。她辛勤耕耘,用专业素养获得了学生和同事的广泛赞誉;她用心教书,一路前行一路歌,将知识的种子撒满在希望的田野;她用爱育人,爱心与责任心为她赢得了学生和家长的爱戴。

一、用力成长,做有"高度"的教师

从踏上工作岗位第一天起,王永珍就知道"要给学生一杯水,教师要有一桶水"的道理。学高才能为师,因此她抓住一切机会努力学习,不断提升自己的能力素养和业务水平。

(一)用力成长,力求最精

王永珍毕业于华东师范大学体育系,刚参加工作时,她是一名体育老师。但是,工作第二年,由于学校的英语教师严重不足,王永珍根据学校要求"转行"成为一名英语教师。为了备好课、上好课,她就利用课余时间钻研教材,研究教法,连节假日也不放过。她曾连续四个星期不休息,抓紧分分秒秒的时间熟练六年级英语单词。她还自费购买了《疯狂英语》《外语教学法》等书籍,给自己"充电"。凭着顽强的毅力和精益求精的教学态度,不到半年时间,她就熟悉了六年级上、下册全部单词和语法。第一学期期末考试,她任教的两个班级的英语成绩均列全市前3名。一分耕耘一分收获,她收获了学生的信赖以及领导和同事的肯定。

（二）用力成长，力求最好

从教 29 年，王永珍做了 23 年班主任。为了当好班主任，她每天都是第一个到校、最后一个离校的教师。别人见她这么辛苦，都劝她别太较真，差不多就行了，可她却说："不做则已，做就要做到最好"。她虚心向同事请教，还自费订购了杂志《班主任》，跟着国内著名班主任大咖学习班级管理，并参加了《班主任》杂志社承办的"全国中小学教育名家班主任经验交流报告会"。经验的积累带来管理上的飞跃，她撰写的《做好后进生转化工作是班级教育成败的关键》获烟台市中小学教师读书随笔征文大赛二等奖，执讲的班会课《感恩父母》《家庭教育》被评为优质课，所写论文多次在《海阳教育》发表。

（三）用力成长，力求突破

随着海阳市教育信息化改革的实施，王永珍越来越感受到信息化教学的重要性。她毅然决定学习计算机。凭借顽强的毅力，她自学了 PowerPoint、Authware 等软件，掌握了课件制作使用方法，又在网上自学 Focusky 新型幻灯片制作，还报名参加希沃学院组织的四期微课制作美化训练营和交互教学课堂实战训练营，每天坚持学习和制作，并被评为优秀学员。功夫不负有心人，2012年，她执讲的英语课被评为全市"班班通"优质课，并被录成视频供全市教师观摩学习。2013 年，她在海阳市电化教学技能竞赛优质课评选中执讲优质课"How do you get school"。2015 年，她的微课在第二届烟台市"微课程"设计网络大赛中被评为优秀微课，2021 年，她制作的课程资源微课获烟台市一等奖。

二、用心教书，做有"厚度"的教师

王永珍认为：教师素养的厚度，决定学生发展的高度。只有拥有深度的思想、强大的力量，才能把学生的这把"箭"搭在老师这张强而有力的"弓"上，助力他们飞向"靶心"。

（一）用心教书，"心"耕细研

自 1995 年至今，王永珍一直任教英语学科，设计的教案多次被评为优秀教案，连续多年执讲海阳市级英语优质课，被海阳市教学研究室确定为市级英语骨干教师。但王永珍并不满足，她认为只有将课堂教学与教育科研有机结合，才能走得更远。于是,她主动研究洋思中学先学后教、当堂训练的教学模式和杜郎口中学"三三六"自主学习模式,并带头在学校中加以推广,解决了"满堂讲、满堂灌"的问题,把主动学习的权利还给学生,把课堂变成学生自己合作、探究、展示的舞台。后来,她又相继申请了海阳市和烟台市市级研究课题。在教育科研的有效引领下,她所教班级的英语成绩一直名列前茅,她所带领的英语教研组被评为海阳市优秀教研组。

（二）用心教书,"心"意无限

作业是课堂教学的补充和延续,"双减"之下,如何设计含金量高的作业,让学生举一反三,少做多得?王永珍一直在思考。她认为,学生能力各不相同,作业也要因人而异。她会根据学生的学情差异,设计不同层次的作业:学生的翻译能力不同,她就从难度上设计分层作业;学生的背诵能力不同,从就从数量上设计分层作业。除此之外,还提供"自助餐式作业",设计"作业超市",供学生自选。这样的作业既考虑到共性,又兼顾到学生差异,使作业成为学生个性发展的园地,受到学生的普遍欢迎。为调动学生的积极性,她还建立了评价奖励机制,根据不同层次学生的作业情况进行奖励。学生都说,我特别喜欢王老师布置的作业,她的作业少而精,既有趣味性,又有挑战性,对我们的学习很有帮助。

（三）用心教书,"心"悦诚服

良好的家、校关系能有效促进家、校合作,使学校教育事半功倍。王永珍特别重视家校沟通,每接手一批新学生,她都会第一时间统计好学生的家庭住址和家长的联系电话,然后利用 2～3 个月时间开展一轮家访。哪个学生身体特殊,哪个学生家庭困难,她都一一记录在册。她办公室右边的抽屉,是一个"百宝箱",里面有针线、零食、感冒药等。农村学生家长忙,特别是到了农忙季节,经常顾不上给孩子做饭,她就给孩子送上一袋面包;孩子的衣服破了,她就为他们缝补……学生王鑫的家长逢人就说:孩子送到王老师班上我们放心,她对孩子比我们家长都上心。正是由于建立了良好的家、校关系,王永珍的工作得到了家长的大力支持,从教 29 年,从未有家长到学校反映问题。2020 年,王永珍被评为海阳市乡村特级教师。

三、用爱育人，做有"温度"的教师

爱自己的孩子是人，爱别人的孩子是神。王永珍把每个孩子都看作一个有独立人格的个体。无论是学习还是生活，都从尊重孩子的感受出发，用爱温暖他们。

（一）用爱育人，爱在宽严并济

每年接手新班级后，王永珍就从各方面了解学生，从思想动态到学业情况，从习惯养成到家庭情况。她利用晚自习时间找每一位同学交流，帮助他们制定具体的学习目标和计划，并监督他们实施。辛雪峰是从县城学校转来的孩子，纪律差，成绩也差，父母很着急。王永珍经过多次谈话，知道他是父母结婚多年才生的独生子，家里经济条件好，娇生惯养。找到了病因便对症下药，王永珍开始帮他补课。她放弃了午休时间，坚持每天补课一小时。晚上布置适量作业，必做必批。功夫不负有心人，经过近两个月时间，辛雪峰的成绩开始提升。在升级考试中，他的英语成绩竟然由原来的17分提高到了80多分。

（二）用爱育人，爱在守护前行

王永珍对所有学生一视同仁，不偏爱好学生，也不放弃差学生。班上有个女生，因不讲卫生且有皮肤病，整天脏兮兮的，同学们都不愿和她同桌，课间也不愿跟她一起玩。这个同学整天低着头走路，孤僻自卑，成绩也很糟糕。王永珍看在眼里急在心里。为打开女孩的心扉，她主动联系自己在医院的同学，帮女孩寻医问药，课间还帮她洗发梳头。渐渐的，女孩脸上有了笑容。王永珍趁热打铁，送给女孩一张卡片，上面写着"老师喜欢你，祝你天天快乐，学习进步！"看到卡片，孩子激动地哭了。课间，她拉着女孩的手，招呼大家和她做游戏。渐渐的，王永珍的举动感染了全班同学，大家开始主动接近女孩，女孩感受到温暖，慢慢融入了班集体。后来，这个女孩变得开朗活泼，学习成绩也上去了。女孩的家长常对别人说："我们永远也忘不了王永珍老师。"

（三）用爱育人，爱在一路护航

应该说，每个跟随王永珍读书的孩子都是幸运的，因为她不仅关心孩子们的初中生活，更关心她们的高中甚至一生。班上有个叫董玉玲的学生，脑子聪

明,自制力差,在王永珍的细心教导下,顺利考上重点高中。为了让董玉玲在高中学校继续保持良好的学习状态,王永珍联系上了在高中教学的大学同学,隔三岔五就打电话了解董玉玲的情况,请同学多关心帮助董玉玲。有时趁董玉玲休息时间,还让她到自己家里吃饺子。同学调侃说:"你对自己的孩子都没有这样细心。"后来,董玉玲上了大学,王永珍还经常打电话给她,鼓励她继续努力。

"千磨万击还坚劲,任尔东西南北风。"王永珍在农村学校工作近 30 年,但 53 周岁的她仍坚守在农村学校一线,并担任班主任。她说:"我爱教育,爱学校,爱课堂,爱学生,我要用自己的努力,让更多学生走出农村,用知识改变命运。"

【名师简介】王永珍,海阳市小纪镇初级中学教师,扎根乡村教育 20 多年,曾荣获山东省优秀教师、山东省中小学优秀班主任、烟台市优秀教师、烟台市教育教学先进个人、海阳市优秀教师、优秀班主任、海阳市教学能手、海阳最美教师等荣誉称号。现为山东省乡村学校特级教师,海阳市电视台和《今日海阳》等媒体多次对她的事迹进行报道。

精心教研笃行致远
为教师成长助力续航

走进海阳市发城镇初级中学，书香氤氲，山墙上"四有好老师"的内容格外醒目，曲秀红老师就是在这个温馨和谐的环境中成长起来的优秀教师。从教33年来，她勤谨上进、爱岗敬业、无私奉献、甘为人梯，以高尚的师德、严谨的态度和过硬的素质，圆满完成学校布置的各项工作。她尽己所能，与同事多渠道多形式进行日常教研，为许多教师尤其是年轻教师的成长助力续航。

一、课堂教学研究，助力教师做有能力的传道人

作为语文教研组长，曲老师抓住各种做课机会带领团队成员搞好课堂教学研究，无论是骨干教师立标课、青年教师汇报课、专题教学研讨课，还是区域联盟互动课、读书交流汇报课等，曲老师都认真组织，成效显著。

（一）集体备课，研究教案设计

集体备课是该校的教学常态，集思广益，对教师成长大有裨益。2021年，孙红艳老师要去烟台执讲大比武课"朝花夕拾"。备课当晚，她通过QQ群把教案分享给了曲老师、刘吉凤老师和当年在该校支教的隋运梅主任，大家在群里各抒己见。第二天，四位老师早早来到办公室研讨，提出通过多种活动激发学生兴趣、拓展课堂外延等建议，力争让课程与时代接轨、与学生思想融合。孙老师虚心听取建议，先后拿出多套方案，曲老师随时跟进讨论，多次思想碰撞，终于敲定教案。磨课活动开启了教师智慧，挖掘了教师潜力。

（二）听课评课，研究课堂生成

许多教师试讲前，都会邀请曲老师听课并虚心请教，不论语文、政治、历史，还是心理教育、主题班会和综合实践等，曲老师都会提出建设性意见。例如，跟邵秋颜老师交流政治大比武课教学构想并提供自创疫情歌曲素材，三次听孙晓宇老师的主题班会并反复提出建议，应孙老师要求自学手语舞并录视频指导她和学生学习等，课堂效果很好。这些教师成长迅速，孙晓宇已于2022年升为教导主任，现带领初四级部开展工作。研讨孙红艳老师的课程"朝花夕拾"时，曲老师提出"课堂主问题的确定"话题，几番讨论，最后确定"基于爱的回忆和批判"核心主线，让课堂主题集中、时空衔接自然。隋主任感叹：这样的研讨，有挑战性，有意外收获。

（三）反思总结，研究存在问题

曲老师利用学科微信群、QQ群开展教研活动。在海阳市"高效阅读"课题研究期间，曲老师要求教师把听课反思、评课记录、课堂建议等都拍照上传，供教师共享研究。每次听评课，曲老师都借听课契机开展教研活动，引领教师找出问题，传达新理念新方法，解决课堂教学中存在的问题。听课结束，曲老师建议教师拷贝录像，多回看多改正。她说，教师只有态度严谨，才能成长为有能力、有扎实基本功的传道人。

二、读书写作指导，助力教师做有思想的追梦人

最是书香能致远，曲老师认为，读书与教师成长关系密切。

（一）指导读后感写作

2017年，曲老师担任学校演讲比赛评委时，听到教师故事真实感人，便联系《海阳教育》的编辑老师，咨询能否为该校发一期"共读一本书"专版，答复是"稿件原创，质量过硬"就行。于是，曲老师在校群征稿，指导教师修改后组稿，多次校对再投稿。后来，宫兆欣的《读〈爱心与教育〉，学为师之道》等5篇文章发表于《海阳教育》2017年第3期。2021年，《海阳教育》的"阅读现场"编辑老师向曲老师约稿，曲老师又在群里征稿，并提供10多本阅读专著，拍照发在群里，教师选取专著后写读后感。曲老师负责组稿，指导改稿、投稿。后来，

曲秀红的《初中语文信息化教学资源的整理与运用》、程新宇的《跟王晓春学做智慧教师》、隋运梅的《品味个性化语文人生》等 4 篇文章发表于 2021 年第 1、2 期。教师们逐渐提高了读书写作兴趣，教科研气氛越来越好。

（二）指导论文写作

曲老师带着欣赏的眼光看待教师的每次写作。2020 年疫情防控期线上授课时，张校长组织教师写了《线上教学总结和反思》并打包发在群里。曲老师看到许多教师的做法具体新颖，又开始组稿。经过修改，曲秀红的《线上教学管理 1234》、邵秋颜的《做最好的自己》先后发表于 2021 年的《海阳教育》。后来，《烟台教育》在 QQ 群里下发通知，征集一组疫情防控期间学校教育教学做法的稿件，曲老师征得张校长同意，选取该校老中青三代教师的文章投稿，内容包括教研组合作、班主任管理、学科教学、学生心理疏导、复课教学等 5 方面，并主动进行指导和修改，出现了曲秀红的《基于线上教学的教研组 3＋5 合作策略》、孙丽丽的《化学线上教学应对学生厌学情绪策略》、冯晓玲的《打好后疫情时代"复课保卫战"》等精品文章。

（三）指导演讲比赛

曲老师多次参加各种比赛活动，积累了一定的经验。孙红艳和周永华老师参加演讲比赛前向她请教，曲老师推荐了《烟台教育》《海阳教育》优秀稿件，分享了精彩演讲视频，帮助其逐字推敲润色稿件。定稿后，她们听从曲老师的建议，先在办公室里讲给同事听，再听取大家意见修改打磨，最后分别获海阳市演讲比赛一、二等奖佳绩。

一次次教研活动，觉醒了教师的科研意识，转变了"只教不研"思想。教师自觉开展教学研究，逐渐形成浓厚学术氛围，让思想落地生根，让梦想触手可及。

三、教学资源分享，助力教师做有胸怀的教育人

曲老师认为，年轻教师的成长，必须有老教师的无私帮助和爱心扶持。

（一）分享读书经验

2014 年 4 月，作为"海阳市十大读书人物"，在读书交流会上，曲老师以《让

读书成为生命的常态》为题,从"梦想、时间、方法、实践"四方面做了经验分享。她热情洋溢的语言、逻辑缜密的语句、具体感人的故事,感染着与会的每位领导和教师。会后,一位校长邀请曲老师到自己学校分享;徐家店初中的马瑞菊老师则感慨:"曲老师讲得真好!听了心里热乎乎的!"正如曲老师所说:如果能把读书作为一种习惯,渗透在生活的方方面面,那么你的进步会让自己都吃惊。她期望通过自己的分享,唤醒每一个有梦想、有激情的教育人。

(二)分享教学课例

曲老师发现,发挥区域联盟优势、分工协作、分享资源也是引领教师提升的好方法。北区四校联盟的语文教研活动,由各校分管领导和负责执行工作的曲老师带领,开展了包括现场听评课、网上展示研讨课、分工编写《初中语文高效阅读校本课程》等工作,教师非常受益。2021年3月,海阳市语文教研会期间,曲老师执笔的《发城初中单元整合背景下思维导图的运用》经验材料实操性较强,受邀为海阳市徐家店初中执讲一节观摩课。4月13日,曲老师执讲了《思维导图,让思维插上翅膀》作文审题指导课,课堂设计运用思维导图整合作文资源,使知识系统化、结构化。听课教师反馈说,效果真好,以前不会用,回去后也要尝试使用。辛主任称赞"曲老师就是为教语文而生的,有大情怀",实验中学李丽老师则称赞曲老师的课堂"满满的干货"。

(三)分享教学资源

除了学校要求上传的资源外,曲老师还把多年积累的课程资源分享在学校共享硬盘里、语文群里、海阳和烟台教育视讯平台里。无论认识或不认识的教师,只要有需要,曲老师总是有求必应,通过邮箱、百度网盘、U盘拷贝等形式,无私地分享。两次线上授课,曲老师带领组员集体备课,制定的教学计划、周课表安排、课堂内容安排,都受到该校领导表扬并作为范例在学校群里分享推广。曲老师也把授课时自制或搜集的难点解读视频和课件集中发在"美篇"里分享给同科教师和本级部学生。现在,学校教师都养成了在群里分享的习惯。无论如何打开语文QQ群,课件、学生习作、导学提纲、课程讲义都在,教师随时查阅,方便快捷。曲老师认为,无私分享,心怀教育,这是教育人的大胸怀。

近两年来,曲老师专心音乐教学和学校宣传工作,专心扶持年轻教师。她传承着教育的温度，引领教师品味教育生活的幸福，坚守为教育奉献一生的信念，被领导称为"顶梁柱"，被教师称为"镇校之宝"。曲老师说，她将一如既往，不忘初心，脚踏实地，潜心育人，愿化作春泥守护乡村教育，助力青年教师快速成长，助力每一个孩子放飞梦想。

【名师简介】曲秀红，海阳市发城镇初级中学高级教师。发表文章30多篇，多次执讲烟台市优质课，获山东省乡村特级教师、烟台市语文"双轨"教学先进个人、烟台市读书明星、海阳市优秀教师、海阳市优秀班主任等称号，获烟台市讲故事、演讲和朗诵比赛一、二等奖。海阳市电视台以《甘做一颗螺丝钉》、山东电视台以《用奉献铺就孩子成长路》为题对其事迹进行了报道。疫情防控期间因创作公益歌曲《中国力量》事迹被海阳市电视台、学习强国山东平台报道。

第六章
自主发展：
唤醒教师成长的内在需求

　　《新时代基础教育强师计划》的印发凸显出高质量发展赋予基础教育教师队伍建设的紧迫性，专业成长也成为教师发展的时代命题。外因只是教师专业发展的条件，内因才是根本，只有唤醒教师成长的内在需求，教师的专业发展才能水到渠成。为此，海阳市教体局集中打造了这样一批教师：他们当表率，作示范，勇毅果敢走在前；行疾步稳，不舍昼夜，立足本职担使命。通过专题讲座、案例研修、专家引领、培训反刍、对话文本和行动研修等方式，将培训内容理解、转化和应用，实现了自身的主动发展。万物得其本者生，百事得其道者成，同时他们又以自己的成长为载体，创设适合全体教师参与和沉浸的情境，发挥辐射作用和种子效应，在区域内示范、引领、辅导，带动更多教师实现专业能力的全面提升。

三"关"三"研"三"创"：
用心育人　幸福成长

"长大后，我就成了你……"这首歌一直萦绕在杜婷耳畔。为什么脑海里始终在唱这首歌？杜婷最终发现，从自己小时候梦想做教师，到现在每天高兴地做教师，都与她上学、工作的路上遇到的好老师有关。杜婷从小学到大学，每一个阶段都有几幅面孔让她一想起来就温暖，他们用自己的师爱向杜婷示范：做老师是一件很幸福的事。

2010年，杜婷如愿顺利考上了海阳市小学教师岗位，距今已经有13个年头了。一路成长的过程中，学校领导真诚关怀她的成长，给她提供了一个又一个展示自我的平台；身边的同事们友善互助，给她树立了良好的榜样；她的学生们也大都听话懂事，在与学生相处的日子里，有杜婷对他们用心的照顾，也有他们对杜婷温暖的依赖。这一切都让她觉得：做教师真是一件幸福的事情！

一、树立三"关"，做用心育人的教师

（一）关注班级文化建设，维护良好育人环境

工作的13年里，杜婷做了10年班主任，她深知学生的健康成长需要正能量的班级文化。良好的班级文化不仅仅指班级黑板报、墙面装饰这些硬件设置，更包含班级制度建设，班级各项常规的运行规则等软文化。学年初，杜婷首先和学生一起设计班级文化：师生共同手绘班级卫生、纪律值日表；一起设计班级板报；商讨各项班级制度，包括作业收发、课堂秩序维护、课间操路队秩序等。遇到有争议的问题，她会利用班会时间启动"班级法庭"，让人人都成为班级法

官,当堂阐述自己的观点,通过充分辩论,共同讨论出解决方案。班级学生杨辰表示他非常喜欢"班级法庭",因为人人都可以发表自己的看法,这让他变得更自信,更爱自己的班级。

(二)关爱班级全体学生,创设温馨班级氛围

杜婷班的学生大都是一些小吃货,结合这个特点,她创设了一个奖励机制:课上积极举手认真听讲,自己负责的卫生区域打扫干净及时,作业按时上交,跑操路队整齐,朗读声音洪亮……这些内容每天能做到一项,就可以得到一个奖励贴,每攒够 10 个奖励贴就可以换一张小奖状。每周通过努力拿到小奖状的同学会得到老师的"特殊礼物"。学生很期待,因为"特殊礼物"是杜婷亲手制作的食品:比萨,蛋挞,饼干……每周一的班会,学生先进行本周奖励贴的兑换,兑换结束后进行美食分享。有的家长看了杜婷分享饼干的照片很感动,给她发微信赞叹这种做法:这么有爱的老师,这么融洽的班级氛围,学生怎么会不喜欢学习呢?

(三)关怀班级特殊学生,用心温暖学生心灵

每个班都会有一些特殊的学生,需要杜婷关注他们的学习,更需要杜婷温暖他们的心灵。涵的父母在她很小的时候离婚了,"六一"前夕,爸爸又车祸去世,涵每天看着年迈的奶奶一边照顾瘫痪在床的爷爷,一边照顾自己,稚嫩的小脸上写满了与年龄不符的忧伤。杜婷给她买了一双凉鞋作为"六一"礼物,还抱了抱她,终于,她脸上浮现出久违的笑容。冬天来了,杜婷又给她准备了保暖内衣和棉鞋,让她能温暖过冬。

特殊学生的情况各不相同,需要杜婷用不同的方式去关怀:恒先天心脏病做了大手术,家里比较贫困,杜婷给他送衣服;博的父母常逼他彻夜做题,导致孩子抗拒学习,和父母关系紧张,杜婷常和他谈心,送他亲笔签名的书籍,帮助他理解父母的苦心……这些小事对杜婷来说是举手之劳,在学生那里却是不一样的温暖。

二、依托三"研"，做坚定成长的教师

（一）研究读写，提升专业素养

在成长的路上，杜婷明白"想要给孩子一杯水，教师要拥有一桶水"的道理。所以看书学习，将自己的所思所想写下来，是她业余时间常做的事情。读了李洪琴教授的《让阅读滋养学生语文素养》，杜婷收获良多。作为一名语文教师，在教学中最重要的事情就是培养学生的语文素养，如何引导学生通过阅读的方式将中华文化中蕴含的诸多德育内容内化到学生的心田中，又该用怎样的评价方式来促进阅读教学的实施。结合阅读，杜婷撰写了《在语文阅读教学德育的评价策略》并发表在《电脑校园》杂志上。读了余文森教授的《核心素养导向的课堂教学》，杜婷不断反思自己的课堂，先后撰写了《以学定教，以问导学》《基于核心素养，树立"用中学"的意识》等6篇文章，先后发表在教育期刊上。

从教13年，杜婷通过阅读专业书籍，提升了自身业务水平，有12篇文章先后发表在教育刊物上。

（二）研究课堂，提高授课水平

在追求自我成长的过程中，杜婷非常感谢工作过的学校给了她许多机会，让她从一名上课紧张到忘词的讲课"小白"，慢慢成长为一名不再惧怕讲课、赛课的教师。杜婷在课堂上的研究，是从模仿名师开始的。假期里，她提前找到下册的课本，在网上寻找名师资源，一节一节地看。在看课的过程中，她慢慢找到讲课的思路，明白课的设计原理，学会和学生沟通的技巧。除了在网上看全国名师视频外，身边优秀伙伴的示范课更接地气，让杜婷有了看得见、摸得着的目标。之后杜婷就尝试着讲，虚心听取大家的意见，慢慢也有了站在赛课场上的勇气。近几年，杜婷先后讲过烟台市、海阳市的语文优质课10余节，参与市级课程资源评选，并获得一等奖。获奖不是终点，课堂研究依然是她接下来继续努力的方向。

（三）研究课题，理论实践融合

读书给杜婷带来理论上的指导，课堂给了她理论联系实践的机会，但仅仅

通过读书、上课来进行理论与实践的融合是不系统的，为此，杜婷多次参与省、市级课题研究，并在课题研讨会上出示课例。2021 年，她申报的《小学语文阅读教学德育的实施与评价研究》通过山东省教科院专家评审委员会评审，目前处于在研阶段。研究过程中，杜婷带领亚沙城小学的语文教师认真展开研究，目前已有 2 篇论文发表在国家级教育刊物上；围绕课题开展的相关活动在市县级媒体宣传过 3 次；她撰写的《聚焦语文学科核心素养，培养学生良好阅读习惯》被评为海阳市教学优秀成果奖。

三、结合三"创"，做具有特色的教师

（一）创建平台，展示教育风采

当今社会网络发达，各种各样的平台媒体活跃在人们身边。结合教师的工作特点，杜婷在美篇和微信公众号平台上分别创建了账号，用以发表教育亲子日记。以图文并茂的方式和家长分享班级的日常学习生活、学校主题活动、亲子教育故事、读书学习收获等。前段时间，赵炜宏姥姥看完之后这样说道："每当我看完杜老师分享的故事之后总是在想，老师你为了这些孩子，那么细心呵护着，宝贝们有什么理由不好好学习呢！"杜婷知道，自己的教育亲子日记和她对学生的付出走进了家长的心里。在写日记与发日记的过程中，杜婷养成了凡事总结与反思的习惯。回顾一天的工作，哪些地方做得不够到位会显露出来，第二天再采取一定的补救措施。如此，工作比以前有条理了，杜婷表示非常喜欢这种不断反思、不断进步的感觉。

（二）创设主题，发挥专业优势

作为一名班主任，要组织很多的班级活动。杜婷是一名教语文的班主任，不论是从教学的角度还是培养学生文化自信的角度，她都会定期组织一次主题活动，让学生受到文化的熏陶。在进行中秋节传统文化活动时，她组织学生开展中秋诗会，让学生朗诵自己搜集的与中秋有关的古诗；在返校第一课上，她组织学生进行假期聊书会，师生畅聊假期阅读的收获；在线上学习期间，她号召同学们过"线上诗歌节"，内容包含诵诗、写诗、背诗等，让学生居家学习的同时享受诗歌的韵律美。

（三）创造影响，借助媒体宣传

学校和班级是教师工作的主要场合，教师的工作情况只有同事和学生能看见，学生作为一个还不成熟的未成年人并不能准确理解并向家长表述杜婷的教育行为。为了让家长更好地了解自己的工作，争取家长的支持，杜婷除了在公众号和美篇上发布各项教育教学活动剪影外，也争取更多的机会让外界能够看到自己的班级活动。近年来，杜婷组织的班级读书节、假期阅读成果展等多项活动被海阳市电视台、海阳市融媒体、烟台市电视台、烟台市大众网等多家媒体报道。杜婷期待自己的用心能让学生开心，家长放心。

行百里者半九十，致胜利者积跬步。在接下来的日子里，杜婷将会继续弘扬社会主义核心价值观，积极引导学生热爱祖国、热爱人民、热爱中国共产党；争做中国特色社会主义共同理想和中华民族伟大复兴中国梦的积极传播者，帮助学生筑梦、追梦、圆梦。与此同时，杜婷也会继续努力，幸福地走在专业成长的路上！

【名师简介】杜婷，海阳市亚沙城小学中级教师，曾荣获烟台市小学教育教学工作先进个人、烟台市教书育人楷模、海阳市优秀人民教师、海阳市名班主任等荣誉称号，执讲的"读成语品三国英雄"荣获烟台市优质课，执讲的"我和我的'小伙伴'"荣获烟台市道德与法治课程资源课一等奖。主持、参与多项省课题研究，多篇文章在教育类刊物发表。

赓续教育初心　担当育人使命

著名教育家陶行知先生说过:"真教育是心心相印的活动,唯独从心里发出来,才能打动心灵的深处。"从教 20 载,仇伟用纯粹的理想和坚定的信念,潜心为学,严谨治教,传扬师者初心;她用真诚的呵护和温暖的陪伴,轻唤学生心灵,滋润学生成长,拓展教育时空;她用丰富的学识和实干上进的姿态,成为专业的引领者和示范者,助力教育提升,谱写新时代品质教育的崭新篇章。

一、初心:勤于耕耘,精心研学

砥砺数载勇奋进,春华秋实谱新篇。自踏上讲台的那一刻起,仇伟就用热爱和勤勉诠释着教师这一光荣称号,用艺术和匠心锻造着每一节精彩的课堂,用责任和尊重守望着学生的幸福成长。

(一)注重学习,率先垂范

风雨从教路,逆光逐梦行。2003 年仇伟毕业于山东师范大学计算机专业,2004 年来到海阳市第四中学,2006 年由信息技术改教数学学科。当时,她所有与数学有关的知识储备仅仅就是大学学习的高等数学和高中时学习的数学知识,且许多知识都已经模糊。面对现实的困境,她坚信"好学习、会学习"是教师与时俱进的基本技能,着重自己的专业成长,早来晚走,潜心钻研,虚心求教,倾心授课,躬耕锤炼,两年积累的学习和听课笔记就有十几本;日有收获,月有进步,她知识积累逐渐丰厚,教学能力日渐增强,三年就形成自己独特而高效的教学风格。

在新授课堂上,她注重前后知识的联系,善于利用学生已有的知识去帮助他们温故知新；在测试环节，她不仅注重给予学生知识，更加注重带给学生方法，通过精考精评，分析答题思路，明确答题步骤，规范答题形式，揭示易犯错误，举一反三，把讲评试卷同复习课本知识、探求答题规律、提高答题能力有效地结合起来，取得了讲评一题、复习一片、掌握一类的效果。

　　优异的教学成绩让仇伟被越来越多的人看见，从崭露头角到勇担重任，她在不断地自我提升中收获一路芬芳。2017年，仇伟被选送参加了教育部"国培计划——示范性教师高端研修高中数学培训项目"研修，获得优秀学员并做典型经验交流；2018年，在"烟台市高中数学学科德育案例征集评选活动"中，她提交的案例被评为二等奖；2019年，她主持的烟台市"十三五"规划课题"'班班通'环境下高中数学教学策略的优化研究"获专家高度好评，并顺利结题；2020年，她参与编著了"高中数学德育课程一体化推进理论研究与实践探索"丛书。

（二）温暖评语，拙厚有爱

　　仇伟尝试并坚持做到了数学批改加评语的模式，用最美好的词去形容、激励学生，让数学变得有温度。"你是一位文静、善良、单纯、好学而富有内涵的小女孩，犹如一株含羞草，轻轻一碰，便收起美丽的叶子，但你却能打开自己的心扉，用灿烂、美丽的笑容去迎接学习、生活的每一天……你那与清纯的外表不相符的顽强毅力必然会让你冲破人生的任何藩篱，用双手缔造幸福。""是你，给我们带来了勤勉朴实的学风……""你是误入人间的天使，骨子里韧性十足，心如磐石……""全面发展的你，综合素质超群，是班级精神的代表，是全体同学的榜样。如此青年才俊，未来无可限量！"仇伟的评语如冬日暖阳，照亮了学生的心灵，激发了他们求知若渴的学习劲头。

（三）潜心育人，润"材"无声

　　高中班主任除了繁重的教学工作外，还担负着塑造学生健全人格的重任。马卡连科曾说："爱是一种伟大的感情，它总在创造奇迹，创造新人。"仇伟将爱深深根植于教育教学中，既铺文化路，亦垫思想基，着力打通知识之间、师生之间的隔阂与断层，用真心诚意感动每一位学生和家长。

　　2015年9月，仇伟接任高三·五班班主任，当时班上有一位非常有个性的女孩,因为自己没能分到上一任数学老师班里而情绪低落,为了听那位老师的课,她甚至会搬个凳子到别的班级窗外"旁听"。仇伟明白,教育不仅仅是一种技巧的施展,更是充满人情味的心灵交融,她不仅要用自己的专业知识去征服这个女孩,还用要师爱温暖她,用温情去感化她。于是,仇伟放下架子亲近她,敞开心扉走进她,创设情境让她真实感受到老师对她的爱。关心、陪伴、讲道理、给建议、给批评、给鼓励,交错进行,张弛有度,很快女孩的眼神友善了,脸上的笑容灿烂了,学习也更加专心了。

对此,仇伟感慨地说:"无论是教给学生知识,还是培养他们健全的人格、稳定的情绪,都要以爱和真心为前提,设身处地地去理解学生,发自内心地去帮助学生,多一份陪伴与理解,才能使他们的内心拥有宁静沉稳的定力和义无反顾的信赖。"

爱人者爱返,爱"学生"者荣誉接踵而至。仇伟先后被评为"海阳市优秀教师""海阳市模范教师""海阳市三八红旗手""烟台市高中教学先进个人""烟台市教科研先进个人""烟台市优秀教师"。

二、今朝:挺膺担当,滋兰树慧

(一)桃李不言,下自成蹊

认真学习、扎实教学、踏实研究、与时俱进是仇伟日常工作的真实写照。她研究教材教法,研究新课程标准,坚持将数学学科核心素养落实到教学中。她力图将枯燥乏味的数学知识变成师生思想碰撞、心灵对接的音符,将教学过程变成师生合作探讨、共同成长的互动过程;创设情景,有效激发学生好奇心、求知欲、探求欲,让学生有联想、质疑、顿悟的空间,潜移默化地培养学生的创新思维。

捧着一颗真心,用心、用情、用功。仇伟负责的工作态度、不辍的育人担当、忘我的奉献精神得到了学校及社会的一致好评。她先后多次获得海阳市学科学段优质课、烟台市高中数学优质课,2021年获得"海阳市优秀教学成果奖""烟台市教学能手",多次获得"海阳市高中教学先进个人"称号,在山东省"互联网+教师专业发展"培训中多次担任烟台市和海阳市指导专家,2020年担任"烟台市高中数学工作坊"坊主。

（二）咫尺匠心，精益求精

作为烟台市第一批学科带头人，仇伟坚信"一花独放不是春，百花齐放春满园"，她带领海阳市第四中学数学教研组凝聚力量，形成了一支团结协作、和谐奋进、争先创优的优秀团队。她实践，反思，积累；理解数学，理解学生，理解教学；让数学育人回归数学学科的本质，实实在在地把数学教好，实现"用数学的方式育人"。娴熟的教学技艺、丰富的教学经验、扎实有效的课堂训练……仇伟如同一位高雅的歌者，播撒智慧的种子，催发美德的花朵，带领更多的数学老师走好教学路，将教育之路点缀得芬芳弥漫。

教研能力。每周仇伟都会带领数学组教师围坐一起探讨教学，分享先进教学理念，研课磨课。前些年还开设了海阳市名师工作室，增强了辐射效应。

培训讲座。每次仇伟都会结合具体课例，从运用教材教法、开展有效备课、培养学生自主学习、打造高效课堂等方面进行示范指导。

单元设计。仇伟会参与指导海阳市第四中学数学组的单元设计，通过分享自己的单元设计理念，带领全体数学教师进行大单元整合学习教学。

精简作业。针对数学科目特点，在"双减"背景下，强调数学作业应在课堂中全面落实核心素养，避免重复性作业多、能力型作业少的弊端，促进学生基础和能力全面提升。

命题研讨。落实新课程理念，精准把握新高考命题方向，带领数学同仁们站在命题者、解题者、讲题者的角度，努力做到"无价值，不入题；无思维，不命题；无情境，不成题"。

评价探索。在日常课堂教学中用好"过程性评价""增值性评价""综合素质评价"等新评价，探索做好评价改革这个教育改革最后一千米的工作。

"一个人的力量是有限的，更多的教师一起研究课堂，一起研究题型，一起研究习题，一起研究命题……学生才会更优秀，我们的数学才会被更多的人喜欢"，仇伟如是说。

三、翘首：赓续火种，永不止步

仇伟坚持以学生为本的思想，践行立德树人根本任务，始终把关爱学生作为自己的天职，把"学生的需要就是我的需要"作为工作的座右铭。作为一名数学教师兼班主任,她用爱心感染学生,既关心他们的生活和健康,又关心他们的学习方法,更关心他们是否懂得怎样做人,注重学生的全面发展;作为一名学科带头人,她用热忱感染同行,既关心他们的教学和教法,又关心他们的教学态度,更关心他们的专业发展。

"当我走向您的时候,原想收获一缕春风,您却给了我整个春天;当我走向您的时候,原想捧起一簇浪花,您却给了我整个海洋。"仇伟就是这样一位润物无声的老师,她坚信精神需要精神的感染,道德需要道德的濡化,人格需要人格的陶冶,爱就是最好的教育!

"路虽远,行则将至;事虽难,做则必成。"回首来时路,郁郁满芳华。凭借对教育的赤诚和强烈的责任感,仇伟一直在从教的路上砥砺前行。

【名师简介】仇伟,中共党员,海阳市第四中学高级教师。曾获烟台市优秀教师、烟台市教学能手、烟台市学科带头人、烟台市高中教学工作先进个人、烟台市教育科研先进个人、海阳市优秀教师、海阳市三八红旗手荣誉称号。荣获"烟台市高中数学优质课"一等奖;烟台市"一师一优课、一课一名师"一等奖;主持或参与多项省市级五年规划课题,均已成功结题并有成果;所带班级荣获"烟台市普通高中学校优秀班集体"。

教坛新秀绽风华　初心如磐铸师魂 ●──

三尺讲台，初心如蕾。怀揣梦想，潜心育人。16年前，她怀着灿烂的梦想和满腔的热情融入海阳市第二中学，走上了三尺讲台，从此开始了用白色粉笔耕耘五彩春秋的教育生涯。她就是海阳市第二中学教务主任、高二级部主任、化学教师、烟台市教坛新秀——张阳阳。

自踏上工作岗位，张阳阳始终扎根在农村教育教学的一线，兢兢业业，无怨无悔。多年的农村教学使她认识到农村学生身上的特殊性，他们真诚、善良、勤奋、能吃苦，有一颗"努力学习，改变命运"的心。因此，她更加明确了自己的教育使命——成为学生奋斗征途上的助梦人。

要改变学生，首先必须提升自己，沿着教学之路，追根溯源。她习惯将目光聚焦在自己的不足之处，认真反思，加强学习，博采众长，在永不满足中不断地超越着自我。她坚信："人的每一点进步，都意味着对过去的否定，学无止境，专业成长之路才刚刚开始。"

一、夯实学科基础，积淀专业发展的力量

踏上工作岗位不久，张阳阳便迎来了她的第一堂汇报课。在学校领导和同学科教师的引导帮助下，她做了大量的案头工作：分析文本，查找资料，设计问题，规范流程，大到课堂环节的安排，小到一词一句的斟酌……最终，张弛有度的课堂节奏，欢快热烈的课堂氛围赢得了观课教师的一致好评。在一片赞誉声中，级部主任却一针见血地指出了问题："华丽有余，内涵不足。授课教师必须反思，一节课传递给学生多少知识，诱发了学生多少思考，留给学生多少有价值

的回味。热热闹闹之后,学生却一无所得,这样的课堂是肤浅的,无效的……"两个月之后的期中考试,事实果然毫不留情地印证了领导的预言:在八个平行班中,她的单科平均分只占中上游水平!

成绩是一名教师教学能力最直接的体现。那一段时间,张阳阳陷入了深深的思考,她开始尝试从学生的角度去反观自己的课堂:这一节课,我想获取什么知识,提高哪方面的能力,我会提出怎样的问题,我希望老师如何加以引导……接下来的时间里,她开始对自己的学科知识进行疯狂的恶补并虚心向同组的教师求教,以提升自己的授课能力。一个学期下来,听课笔记上密密麻麻地写满了反思和感受。

为更快地把握高考命题方向和规律,她又借来了毕业班的复习资料,花费两个月的时间做完了毕业班全年的习题,对近几年高考题进行分析研究和深度思考,并分门别类地对典型题进行了整理……功夫不负有心人,辛勤的汗水换来了丰硕的果实。如今,她已经能够得心应手地担负起各个年级的教学任务,且历次考试都取得了学科最优成绩。因教学成绩突出,她于2018年被评选为烟台市第一批教坛新秀人选,并于2021年被评为"烟台市教坛新秀";2018年被评为"海阳市优秀教师";2019年、2021年被评为"海阳市普通高中教学工作先进个人";2021年被评为"海阳市优秀共产党员""烟台市中小学实验教学工作先进个人"。

二、加强教学研究,营造自由呼吸的课堂

教育改革的推进,新课程标准的实施,对一线教师提出了更高的要求。"建立新型师生关系,构建高效课堂"成为张阳阳关注的焦点。

2017年,她参加了一次省级培训,这次培训成为她教学思想提升的一个重要转折点。几位山东名师的授课精彩纷呈,高潮迭起,展示出化学课堂教学多姿多彩的新天地,让张阳阳耳目一新,叹为观止。随后举行的教师论坛则给了处于思索中的她更大的触动。来自全省各地的一线教师侃侃而谈,发表自己对课程标准的领悟和课堂教学的体验。他们敢于展示的勇气,独树一帜的见解,精辟深刻的思想,妙语连珠的表达,令台下的她震撼之余更为自身的短视和浅薄感到羞愧。经此培训,她深知:教学研究,已经刻不容缓;探索创新,才是化学

课堂永远的生命线！

接下来的时间里，她开始广泛涉猎各种各样的书籍。徜徉在阅读中，她活跃了思维，开阔了视野，扩充了容量，更感受到了教育生命的充实；"课堂教学"在她的心中越来越有质感，"化学教学"在她的口中越来越有味道。在她的启发和引导下，化学课堂上学生发言的人数越来越多，发言的质量越来越高，争论的氛围越来越浓……一遍遍思考，一次次实践，一点点摸索，一步步改进，她逐渐对"师生互动、生生互动、互动提高"的合作学习模式有了自己的感悟和体验。德国教育家第斯多惠说："教学的艺术不在于传授知识，而在于激励与唤醒。"如今，"情感交流，思维碰撞"已经成为她课堂的主旋律。她始终坚定地认为："高效的课堂需要让师生感受到一种生命的灵动。"教师用智慧的阳光普照着课堂，用赏识的春风抚慰着学生；学生强烈的求知欲望深深触动着教师，个性飞扬的挑战时时激励着教师。这样双方才能在"心存阳光、智慧相通、互动提高"的氛围中，提高效率，成就高效课堂。

16年来，在学校浓厚的教科研氛围的浸润中，她虚心学习，刻苦钻研，收获了教育教学方面的累累硕果。近几年，她先后荣获山东省中小学实验教学说课高中化学一等奖、烟台市实验教学优质课、海阳市高中教学大比武优质课一等奖、烟台市优质课程资源高中化学一等奖、烟台市优质课程资源高中化学二等奖、海阳"一师一优课"优课，发表论文《浅谈高中化学教学中对德育教育的渗透》《高中化学生活化教学的研究与实践》等。

三、关注持续发展，引领素养提升的航向

苏霍姆林斯基曾说："一个无任何特色的教师，教育的学生也不会有任何特色。"同样，一个没有思想的教师，教育的学生也不会有独特的见解。三流教师让学生获得知识，二流教师让学生拥有能力，一流教师让学生感悟做人的道理。十几年的从教经历，让张阳阳深刻地认识到：引领学生端正人生态度，教给他们做人的道理，才是教育的本真。

她努力关注所教班级的每一位学生的发展，经常换位思考。设想，学生一声甜甜的"老师好"换来的仅仅是微微一点头，下次碰面学生可能就会敬而远之；学生正正规规完成的作业没有只言片语的评价，只留下一个冷冰冰的"阅"

字,下次作业学生也许就会潦潦草草蒙混过关;学生将卫生区打扫得干干净净却理所当然地视而不见,下次劳动学生大概就敷衍了事走走过场……学生道德文明缺失的背后,隐藏着多少教师的冰冷和漠视?纪律的约束是暂时的,口头的呼吁是无力的,真正唤醒学生内心"做高素质的人"的潜在意识才是鞭辟入里的良策。而要做到这一点,就必须从生活的点滴做起,加强教师的引领作用。她深信:最有效的教育方式,就是教师以身示范。要求学生做什么,教师首先要身体力行。最有效的教育时机,就是生活的点滴,捕捉身边不起眼的一件小事,就可能转化为一个良好的教育契机。

从此,"让我参与到你们当中去"成为她在班级管理中的一条准则。她会告诉学生:"严寒酷暑,是锻炼人的意志品质的最佳时机,在冲刺高考的艰难岁月里,每一个人都不会孤独,老师会陪你们一起走过。"渐渐地,在她的班级里,班风正了,学风浓了,纪律好了,成绩提高了,原本在班级中令人头疼的许多问题,都会迎刃而解。学生的自觉意识越来越高,师生的默契程度越来越好,"做一个有前途的人"成了她和学生共同努力的目标。

这种"参与感"的教育理念同样被她贯彻到了学校的教务和教学管理工作中。作为学校教务处主任,她率先垂范,带领教师扎实参与学校深化课堂教学改革活动,与他们一起开展教学研究,磨课、上课、研究课题,帮助他们荣获优秀观摩课、校级公开课以及海阳市级优质课;作为高二级部主任,她关爱学生,履职尽责,协助分管副校长积极开展本年级的教育教学及各项工作,认真做好级部工作计划,协调处理年级内部各任课教师及有关部门之间的工作,组织研讨教学及学生的教育管理工作。严谨又充满温情的教育风格使师生深受裨益。

赓续百年初心,担当育人使命,这是教育人的不懈追求,是必须坚守的教育之道。一名优秀的教师,要关注的不仅是学生高中这三年,还必须看到学生未来的长远发展,努力用自己高尚的人格魅力、积极的人生态度、得体的处事方式去召唤学生,影响学生,使他们具备将来立足社会的资本。学习修身,践行爱与责任,将会是张阳阳永不停息的追求!

【名师简介】张阳阳,海阳市第二中学一级教师。曾获烟台市教坛新秀、烟台市中小学实验教学工作先进个人、海阳市优秀教师、海阳市普通高中教学工作先进个人、海阳市优秀共产党员等荣誉称号。获山东省中小学实验教学说课高中化学一等奖、烟台市实验教学优质课、海阳市高中教学大比武一等奖、海阳市"一师一优课"优课；烟台市优质课程资源高中化学一等奖；发表《浅谈高中化学教学中对德育教育的渗透》《高中化学生活化教学的研究与实践》等论文。

坚持学习促成长　心中有爱勇追梦

"孩子是祖国的未来,教育是最光辉的事业。"秉承这样的信念,27年前,大学毕业的高飞踏入了海阳市一所乡村高中的大门。彼时的他,憧憬着美好的未来并暗自立下誓言:一定要成为一名受学生欢迎的优秀教师,一定要成为一名家长信赖的名班主任。27载转瞬即逝却又刻骨铭心,它记录着高飞教书育人的酸甜苦辣,浸透着他不懈追求的挚爱深情。他用博大的爱心和不懈的坚持书写着一个教育工作者不平凡的奋斗历程。

一、坚持学习,提高素质,是当好班主任的前提

陶行知先生说:"出世便是破蒙,进棺材才算毕业。"这就要求教师始终站在知识发展前沿,刻苦钻研,严谨笃学,不断充实、拓展、提高自己。有人说:"要给学生一碗水,教师要有一桶水",现在看这个要求已经不够了,教师应该要有"一潭水"。作为一名班主任,更需要不断加强学习,不断提高自己的各项素质。

(一)注重自身综合素质的培养

高飞时刻牢记"严谨治学,教书育人"的教学理念。他虚心向老教师请教,向同行学习,取他人之长,补己之短;积极参加上级教育部门组织的各种培训,不断给自己"充电"。为了能更好地开展班主任工作,他订购了《班主任》《新世纪教师素养》《新时期班主任工作创新》等书刊,通过阅读不断提高自己的政治素养和业务能力。日积月累,在不断地学习成长中,他逐渐形成了严谨务实的工作作风。"身教重于言传",学生受高飞的影响也身正行稳。

（二）注重学科教学能力的培养

"一名受学生尊敬的班主任首先必须是一名令学生崇拜的学科教师"，高飞深知学生对班主任学科教学能力的认可度是树立班主任威信的重要筹码，执教 20 多年以来，他努力钻研业务知识，会在上课之前备好课，把要讲的题自己先做一遍，并预设学生可能出现的问题，做到对学生的提问必有回答。讲解时严谨认真，精益求精……有师如此，学生的学习兴趣日益浓厚，学习成绩稳步上升，对他的班主任工作认可度也极高。

（三）注重教研教改能力的培养

一位教育家曾说过："不会从事教学研究的教师，不是合格的教师。"为了提高自身的教科研水平，掌握先进的教学方法，高飞积极投身到教研教改活动中，多次到北京、济南等地的名校观摩学习。回校后他主动承担学校公开课、示范课的讲解任务，并向全校推广先进经验，同时进行教学教研探讨，开展课题研究，这些都大力推动了学校物理教学的改革。2010 年 7 月，高飞主持了海阳市"十一五"规划课题"高三物理自主实验能力培养研究"，2015 年 7 月，他又主持了海阳市"十二五"规划课题"高二物理教学小组讨论组织策略研究"，均取得了丰硕的研究成果。2020 年他牵头创立的海阳市第一中学"两驱动四环节"品质课堂模式在全校推广实施，"先学后教、以学定教"的教学理念，让学生真正成为学习的主人，这种课堂模式得到了师生的一致好评。

二、精耕细作，精细管理，是当好班主任的智慧

班主任工作千头万绪，作为班主任，想要具有良好的组织管理学生的能力，就要学会培养班级的骨干力量，力争使班级"人人有事做，事事有人做，人人管人，人人被管"。高飞就做到了。

（一）注重核心干部的任用

开学初，选拔和培养高素质的班干部和团干部是班级管理的重中之重，高飞会通过观察、咨询前任教师、学生自荐、同学选举等渠道，推选一些思想觉悟高、学习能力强、德智体美劳全面发展且综合排名在全班中等以上的学生为首选候选人，让这些优秀学生选择适合自己的岗位，在第一时间组建起班委和团

支部。他对班团干部要求非常严格:要求普通学生做到的,干部必须带头做到并做好;对他们工作中取得的成绩会给予表扬,对不足更是狠狠批评;还会经常召开班团干部会议,让干部们学会自我批评、自我总结……这样,他们身上的瑕疵渐渐被磨去,优点大放异彩,进而带领整个班集体走上活泼、向上的轨道。

(二)注重规范的引领

怎样管住学生,让他们尽快适应学校、适应班级的规范管理是当务之急。高飞充分利用主题班会统一思想、提高认识,以德治班,认真制定班级规章制度,促进班级的规范管理。在平常的班级活动中,高飞会不断给学生滋养班集体概念,让学生在思想上受到感染和启发,行为上更加自律和规范。他还动足脑筋,充分发挥激励教育的作用,利用纪律、卫生、学习标兵评选等活动进一步规范学生的行为习惯。创新采用阶段奖励方式,每个月对表现较好、进步较大的同学奖励一次。一系列规范引领,学生学会了以高标准要求自己,对自己的前途和命运也树立起了坚定的自信心。

(三)注重舆论的影响

高飞在班级管理中,注重帮助学生树立正确舆论观,形成积极向上的良好班风。高中是人生中非常重要的阶段,是理想志趣确立、人生定位的关键时期。但部分学生对前途产生困惑,此时用正确的舆论影响学生,用积极的氛围带动学生就显得尤为重要。高飞坚持"立德树人,教书育人"的理念,利用每周德育活动课就"学习、生活、人生、社会、价值观"等方面展开讨论活动,增强学生明辨是非的能力,为他们树立正确的世界观、人生观、价值观提供保证。

三、以爱为源,春风化雨,是当好班主任的灵魂

高飞对每一位学生都充满关爱之心。他认为,每一位学生,都是一个丰富多彩、独一无二的生命世界。促进学生健康成长,关键要充分尊重他们,从内心里、行为上尊重他们的人格,重视他们的个性。他善于看到每位学生的长处,激发他们的潜力。别人感到棘手的学生 ,到了他的班级以后,他总会不厌其烦地做工作,千方百计"套近乎",动之以情、晓之以理,走进学生的心里,使学生不好意思为班级抹黑,不好意思不学习,最后还变成了老师的贴心人。比如有的

学生犯错了,他会说:"我真对不起老师对我的信任,怎么又犯错误了,又让老师操心了。"还有的学生迟到了,会说:"老师,对不起,我迟到了。"而他经常对他的学生说的是:"要做一个有错就改的人,犯错并不可怕,可怕的是犯同样的错误。要诚实,要遵守自己的承诺……"

2016级高三班级里有一个性格外向的男生,他热爱集体,乐于助人,但其学习基础很差,对学习几乎不抱希望,每次考试总在班级倒数三名之内,还破罐破摔经常违纪给班级扣分。在大部分老师眼里,他是属于"无药可救"之列,但是高飞始终认为他的本质是好的,帮助他会让他的人生大不同。为此,高飞多次和他促膝长谈,以自己和以往与这位同学类似情况的学生的成长经历帮助他重树信心;并大胆起用他担任军体委员,帮他树立威信,改变同学对他的不良看法。学生非常感激老师的肯定,并一再表示一定要好好表现,努力学习。多管齐下,高飞又通过多次家访,帮助其家长重拾信心。功夫不负有心人,这个学生最后以优异的成绩考进了本科大学,现在已经成为一名光荣的人民警察。每每讲到这些事情,高飞总会说:"我是他们的班主任,我要对我的每一个学生负责。"

他特别注重感情投入,用爱心填补学生远离家庭、远离父母所造成的情感落寞。2007届毕业班有一位女同学,升级成绩中游,月考及期中考试成绩节节后退,甚至一度跌到了班级倒数第一。通过多次找她谈心辅导,高飞了解到她父母离异,母亲又得了宫颈癌,面对贫困的家境和突如其来的变故,她很自卑,对未来充满了迷茫,学习起来无精打采,甚至有了辍学打工的念头。高飞耐心开导,帮助她树立起生活的信心,并为其争取了政府贫困助学金,每月还自掏腰包300元帮助她解决生活费的问题。之后这位女生的脸上重新扬起了自信的笑容,成绩也很快有了大幅度的提高。最终高考时在以理综成绩取得219分的好成绩基础上,顺利考入山东师范大学。

凭着爱心,高飞使许多学生甩掉了"差生"的帽子,步入"先进"行列;凭着诚心,他把学生们紧紧地团结在一起,增强了他们的荣辱感;凭着细心,他把班级管理得井井有条,所教的班多次被评为优秀班级。

高飞总是说:"人最大的幸福就是能够做自己喜欢做的事情,无怨无悔。"他热爱教育,他喜欢与学生打成一片,每当他看到学生成了国家的栋梁之材,他就感到莫大的欣慰,继而又会以更加高昂的姿态投入工作之中。他不愧是一名优秀的人民教师,一名优秀的班主任!

【名师简介】高飞,中共党员,高级教师。烟台市优秀班主任、烟台名班主任、海阳最美教师。数次获"烟台市高中教学工作先进个人""海阳市优秀教师""海阳市高考工作优秀班主任"等荣誉称号。参与教辅用书《新课标高中同步学习导与练》《全品高考复习方案》的编写;执教"摩擦力"获烟台市"十百千万"工程优质课;"力的分解"获烟台市高中物理优质课评比一等奖;牵头创立海阳市第一中学"两驱动四环节"品质课堂模式。

付诸实践伟力的辛劳
收获生命绽放的喜悦

　　姜丽娜是海阳市实验幼儿园的一名幼儿教师，从教 20 年来，她从一名普通的配班教师，到班主任、年级组长、教研主任，再到业务园长，一步一个脚印，一路耕耘一路收获，并于 2021 年被确定为烟台市第四批名师培养人选。

　　回想走过的历程，她深深感受到，要想成为一名优秀的幼教工作者，需要强大的自主发展内动力，高层次的引领成长环境等诸多合力。初踏入幼教队伍的她由于专业不对口等原因，曾感到非常忐忑和茫然，为了尽快适应幼儿教育工作，她凭着对教育的极大热忱和不服输的精神，围绕日常班级管理、家长工作、安全教育与管理、教学活动组织、游戏开展等幼儿园日常工作，在理论资源学习的基础上，向身边的优秀教师请教学习，"嫁接"成长，一点一滴，不断提升自己的幼教专业素养。

一、嫁接尝试，萌生幼教情怀

　　作为一名英语专业的毕业生，2003 年她服从组织安排，怀揣着对教育事业的热情，义无反顾地踏上了幼教工作的道路，这一干就是 20 年。她热爱自己的工作，热爱学生和身边的同事们。俗话说：双向奔赴是幸福，彼此成就更值得。作为一名幸福的幼教人，在平凡而琐碎的日常工作中，她也总会感受到来自学生和同事的爱。一日的活动中，学生会亲昵的围过来"老师您累吗？您喝点水吧！""老师我喜欢你！""您盛饭时要小心，别烫着呀！"下班后，总有志同道合的同事聚在一起，交流一天工作和班级活动组织的心得方法，互相加油打气。2022年的教师节,她收到了一束特殊的花束,那是刚刚大学毕业的昔日小朋友,现已考入教师编制的思思送的,思思说:"老师,我永远记得您带给我们的温暖关爱,我也想成为一名像您一样有爱、有智慧的优秀老师,温暖更多的孩子们!"往事一幕幕,时时激励她不断追求卓越,努力成为一名更加优秀的幼教工作者。

二、嫁接实践,筑牢成长之基

"嫁接"是植物的人工营养繁殖方法之一,即把一种植物的枝或芽,嫁接到另一种植物的茎或根上,使接在一起的两个部分长成一个完整的植株。初踏上工作岗位时,姜丽娜对于幼儿教育的理论知之甚少,对幼儿的年龄特点以及活动组织更是非常陌生,在充分认识到自身不足的前提下,她将目光瞄准了自己身边有经验的老教师和名师专家们,寻求"嫁接"学习机会。她向善于教学的老师学习活动组织,向善于家园共育工作的老师请教沟通经验,向善于观察分析的老师学习读懂幼儿的方法技巧,向有极强综合素养的名师专家学习幼儿园课程理念……她坚信勤能补拙,多请教,拥有丰富的教育智慧才能给幼儿带来更专业的教育。

为了能尽快熟练并高质量开展幼儿园的工作,她主动制订学习和工作目标,以日常工作开展为抓手,确立了以解决实际工作问题为导向的学习模式。数年来的孜孜以求,她积累了丰富的实践经验。随着对幼教工作认识的逐步深入,彻底改变了她最初对幼儿园老师就是"孩子王"的看法,在一次次研讨实践中,她真切体会到幼教工作中蕴含的巨大教育智慧,深深理解了幼教工作的重要意义。

阿基米德曾说过:"给我一个支点,我可以撬动地球。"优秀教师的成长也需要一个支点,这个支点就是身处的工作环境和氛围。生活活动中、优质课比赛时、自主游戏观摩后,她善于抓住每一次或集体或个别、或固定或临时的观摩研讨机会,坚持"观、思、研、结"的学习原则,力争在每次活动中都做到提升有方向,经验有收获。

"观"即观摩,是实践学习的基础素材;"思"是反思,也是每次活动观摩后最重要的事情,反思教师的组织策略优劣与科学合理性,反思教育技巧运用的恰当巧妙或不足；"研"是研讨交流，研讨交流是共享学习的有效途径，反思基础上的研讨交流，才会更加深入充分，有的放矢解决问题困惑，不断积累经验和智慧；"结"即总结，研讨交流活动后及时总结收获与感悟，以便于日常工作中的实践运用与验证。

俗话说"教学有法，但无定法，贵在得法"，优秀教师的活动组织方法与特点各不相同，大量实践学习的总结梳理经验，让她对幼儿园"课程游戏化"的课程理念，"儿童在前，教师在后"的师幼互动核心理念以及促进幼儿主动学习、深度学习品质培养要求等先进思想的认识与理解逐步深入，也在"实践—反思—再实践"的探索模式下养成了具有"个人特征"的教学风格。学生说："每次活动都非常期待，因为姜老师总是带我们玩一样又不一样的游戏，比如我们玩"木头人"游戏，有时候是保持姿势不动，听到口令后解冻，有时候是踩到偶数数字可以解冻……每次都有不一样的规则，虽然是我们经常玩的游戏，但又总是比上一次玩的更有挑战，真的很有意思！"家长们说："孩子自从跟着姜老师，变得自信了，敢说敢做，有思想！"教师们说："我们从来听不到姜老师一遍遍反复强调班级常规和规则，但是她班的孩子总是那么和谐有序！"

三、嫁接成长，谱写美丽篇章

嫁接技术中，接上去的枝或芽叫接穗，被接的植物体叫做砧木，只有成为砧木，枝芽才会生长得越来越粗壮，教师的成长也是如此。在承担幼儿园教研工作之后，她开始主动嫁接青年教师，带动他们共同成长。首先她带领老师们围绕日常工作内容查找自身不足，然后在汇总查找结果的基础上，推选了幼儿园内的特长"师父"人选，这些教师分别在家园共育、集体活动组织、环境创设、游戏开展、幼教理论运用、游戏解读等单方面或多方面能力较为突出，随后鼓励欠缺教师与师父自愿结对，开展了师带徒、专项活动"带教"、教研组"抱团"培养以及组长负责制的层级教师发展网络，为教师成长搭建有益平台，让老师们在相互学习中不断成长壮大自己。

2021年2月，育英幼儿园作为海阳市首个回购的民办转公办幼儿园开园了，开园之初面临的是教师专业化不足、整体素养不高的严峻考验，此外还有保育人员占比过高、教师中99%为经验不足一年的新手教师等问题。作为育英园区的负责人,姜丽娜明白自己必须时时以身作则,处处率先垂范。根据园内人员结构现实情况,她以自己为"砧木",再次主动嫁接,成立了园长带班主任、班主任带配班教师的三级师徒教研模式,分层培养,由集体教学、体育活动、户外游戏等专项活动入手,带领老师们在日常活动中开展"观、思、研、结"四步走的教研活动,一招一式做示范,一事一案做引领,在逐步实践推进活动质量提升的过程中,带动了教师能力发展。教师们说:"除了每周固定的教研活动外,运动场上、活动室内抑或是走廊大厅内,我们与园长的交流研讨随时随处可能发生,我们总会用手机把交流内容录下来,反复聆听,温故知新,收获成长!"

为了让自己的实践经验能够进一步结构化、系统化,以更好地服务工作实际,她先后多次主动参与、承担各项课题研究。2015年,她参与山东省教育科学"十二五"规划课题"幼儿数学操作性学习研究课题——幼儿数学操作性学习及其教学策略研究";2019年参与山东省教育厅课题"幼儿园区域活动'双走制'研究";2020年参与烟台市教育科学规划办公室课题"幼儿一日生活活动组织与管理研究",均已顺利结题。2022年,她主持申报的山东省教育学会课题"幼儿园游戏分享环节的研究"被批准立项,现已开题,未来将带领课题组成员围绕育英幼儿园游戏分享展开实践研究,不断推动幼儿园游戏开展水平提升,促进教师综合素养和专业化提升。

一路走来,虽有坎坷,却从未停止前进探寻的脚步,初心不改,辛勤不负,姜丽娜将一如既往奔跑在学前教育发展之路上。

【名师简介】姜丽娜,中共党员,海阳市实验幼儿园一级教师,曾荣获烟台市教学能手、烟台市师德标兵、烟台市幼教工作先进个人、海阳市优秀教师等荣誉称号,先后多次出示市县级公开课、示范课,执讲的"一分钟有多久""科学万花筒"等多个教育活动课获得烟台市幼儿教师优质课比赛一等奖,多篇经验分享、游戏案例在《山东教育》等教育刊物发表,主持、参与多项省市级课题研究。

永葆班主任情怀　厚植为师者幸福 ●──

19 岁，在花一样的年纪里，徐彩虹光荣地成为一名人民教师，成为一名年轻的班主任。从做班主任的第一天起，她便立志争做一名有理想、有追求的班主任。如今，22 年的时光悄然而过，没有催人泪下的故事，没有惊天动地的壮举，日复一日的平凡没有磨灭她的激情，几十年如一日的她始终不忘自己的初心。在无数平凡的日子里，她耐住寂寞，奋发向上，不断地锤炼自己的专业技能，将每一件不起眼的小事做"实"、做"精"、做"细"，让自己收获了为师者的幸福。

一、抓实学习习惯，做有成就的班主任

（一）活用经典诵读，抓好课间纪律

刚开始的班主任之路并不顺畅，课间管理一直让徐彩虹烦恼。面对小学生活泼的天性，徐彩虹常想：怎样才能让学生既有兴趣参与又能保持秩序安定？经过反复的思量后，徐彩虹活用经典诵读抓课间纪律。每天选派一名"领诵小先生"在课间引领同学们经典诵读。这样，既保障了课间活动的有序，又能在诵经读典中受到中华传统文化的熏陶，还能在铃声一响时很快地投入下一节课的学习中，可谓一举三得。徐彩虹还通过"经典诵读小学士""经典诵读小博士""经典诵读小达人"三级争彰活动，调动学生背诵的积极性。她的一系列做法深得家长认可，张沫妈妈送来感谢信，说孩子回家只要一有时间就主动背诵经典，与之前判若两人，非常感谢老师对孩子的用心教导。

（二）妙用思维导图，抓好课堂听讲

听讲质量的好坏直接关系到学生学习效率的高低。面对小学生听课注意力集中时间较短和老师讲过的知识很容易遗忘的特点，徐彩虹着重培养学生课堂做笔记的习惯。为了让学生能将课堂上老师讲过的重点知识系统地记录下来，她在班级进行了一次《妙用思维导图，提高听讲质量》的专题培训。针对不同学科的特点，教会学生用不同的简易思维导图来快速记录课堂要点。学生一下就喜欢上这种全新的学习方式，在写写画画中将知识化零为整，在知识网中系统地掌握每一课的知识点。任课老师都反映，学生课堂听讲质量大大提高了，学习兴趣也浓厚了。

（三）贯彻一种思想，抓好书写习惯

良好的书写习惯能使学生戒浮戒躁，养成做事认真、专注的好习惯。但书写习惯的养成不是一蹴而就的，它需要长期的坚持积累。所以，徐彩虹在班级日常管理中十分重视学生书写习惯的培养。她常给学生贯彻"提笔即练字"的思想，告诉学生只要提笔写字就要端正书写态度，一笔、一画、一撇、一捺皆要规范。家庭作业是学生练习书写的最好载体，针对小学生爱写错字、涂改较重的现象，徐彩虹通过小组捆绑一起加分奖励的方法，整体调动学生认真书写家庭作业的积极性。她鼓励学生纵横比较，向榜样看齐，向自己发起挑战，每天坚持进步一小点。徐彩虹还在班级开展每日练写50字打卡活动。通过打卡活动，学生的书写越来越有"体"，心态也沉稳不少。点滴进步彰显真功夫，在每次学校举行的写字比赛中，徐彩虹所带班级均列第一。

二、学习百家之长，做有方法的班主任

（一）潜读专业书籍，博学先进理念

时常会有教师报怨学生一批比一批难带，这引发了徐彩虹的深入思考：时代在发展，孩子们在进步，教师为什么会有这样的抱怨？难道问题真出在学生身上？"当我们找不到答案时，请无限相信书籍的力量。"于是徐彩虹向书溯源，从书中汲取前行的力量。李镇西老师的《做最好的班主任》，让她明白了教育需要爱，但教育更需要智慧；读了李虹霞老师的《创造一间幸福教室》，她深

刻地认识到每位教师都应用爱与责任经营自己的班级,让教室成为孩子们幸福成长的精神乐园……书卷一页页翻过,书中的思想逐渐被徐彩虹吸纳,她的专业知识越来越丰富,班级管理也越来越得心应手。在山东省第二届少先队辅导员大赛中,徐彩虹凭借过硬的专业知识储备,一举夺得理论考试第一的好成绩。

（二）聆听专家报告,厚学经验方法

2008年4月,徐彩虹有幸成为"烟台名班主任建设工程人选"其中的一员,有了更多的机会到全国各地聆听专家、名师的讲座。齐鲁名师周黎明,以丰富多彩的活动为载体,努力为儿童打造幸福的童年;魏书生老师的"民主＋科学"的工作方法,让繁杂的班主任工作变得轻松起来;全国模范班主任任小艾老师的"一二三四五六"的工作方法,让自己的班主任工作时时高效、有效……回校后,徐彩虹融百家之长,结合自己学生的特点,在班级中实行"325"小组民主互助管理模式。"3"指通过同桌、组长、班长三级监督检查,将违规违纪现象扼杀在萌芽状态中。"2"指每天课前1分钟,小组长布置小组当天的目标任务;放学前1分钟,总结一天中小组任务完成情况。"5"指周末放学前5分钟,评选"先进小组",总结一周班级工作,布置下一周工作要点。"325"管理模式,力求以生为本,让每位学生成为班级管理的主人,在解放班主任的同时,锻炼了学生自我管理的能力。这一模式也得到了校领导和老师的一致好评,并在学校范围内全面推广。

（三）用心实地考察,深学管理精髓

"纸上得来终觉浅,绝知此事要躬行。"徐彩虹跟随考察团实地考察清华附属小学、复旦附属小学、杜郎口中学等名校,发现它们有共同特点:开展多彩活动,挖掘每个儿童的潜能,让每一面墙壁都变成学生思想碰撞的见证,力求让每一位儿童站在学校的正中央。徐彩虹将这些管理精髓灵活运用到自己的班级管理中,和学生一起精心布置教室的每一面墙壁,使其变成她与学生对话的诗意场所。她在班级中开展特色活动,自费为学生买来大量的优秀书籍,在班级开展"漂书"活动;课后还会定期开展"读书沙龙活动",与学生一起畅谈生活百态,畅想美好未来。为了提高学生的自立能力,她还在班级开展每日家务劳动10分钟活动。家长逢人便夸,还是我们班的徐老师懂家长的心。

三、带活多方联动，做有追求的班主任

（一）以点带点，师徒携手一起成长

徐彩虹并不满足于自我的成长，在闲暇时，她还会将自己的班级管理经验进行总结提炼，毫无保留地与他人分享，带动青年班主任一起成长。为了能让青年班主任尽快适应高强度的班主任工作，她还发起影子工程，深入班级细致地指导青年班主任工作。通过查找问题分析原因，帮他们找到适合自己的带班方法。青年班主任常感叹："徐老师怎么会有这么多班级管理的好方法！"此时她总是笑笑："哪有什么好方法，我只是比大家先行一程。班主任工作没有捷径可走，青年班主任一定要多听、多思、多问。出现问题不要一味去堵截，对症下药才能从根本上解决问题。"如今，在她的传帮带扶下，一大批青年班主任快速成长起来，逐渐成为学校教育教学工作的中坚力量。学校的青年教师徐雅琼在徐彩虹的带扶下，已成长为海阳市骨干班主任队伍中一颗冉冉升起的新星。

（二）以点带面，发挥示范引领作用

雷锋在日记里写道："一个人只有当他把自己和集体事业融合在一起的时候才能最有力量。"徐彩虹每学期都会与学校携手组织两次班主任论坛活动，为全体班主任做典型经验交流。她鼓励大家及时提炼好的经验做法，逐渐形成自己的教育教学风格，不断提升自己的专业素养，激发自己的教育智慧。在她的示范引领下，大家"比、学、赶、超"抱团成长。当然，徐彩虹自己也从未停下追求的脚步，在互相学习共同成长的过程中不断超越自己。

（三）以点带片，多点开花助力成长

徐彩虹作为烟台名班主任，还多次走出学校在海阳市骨干班主任培训会议上分享自己的班级管理经验，引领更多的班主任找到适合自己的班级管理方法。她还将自己的经验撰写成论文，发表于各大书刊中，给正处在迷途中的班主任指点迷津。今年，徐彩虹将自己的班级管理经验带到支教学校，将一个纪律涣散、学习后进的班级成功转化。支教学校赵炳智校长曾多次在全体师生大会上感慨："徐彩虹业务精湛、师德高尚，有情怀、有追求，堪称老师典范。师者，理当如此！"

习近平总书记在第 36 个教师节上讲话强调，教师是点亮学生人生梦想的明灯，在点亮学生梦想之前，教师更要有自己的教育梦想，不忘初心，牢记使命。徐彩虹从不敢忘记自己肩上的责任，在平凡中不变地坚守，让自己的梦想逐渐开花。

【名师简介】徐彩虹，海阳市新元小学一级老师，担任 22 年班主任工作，有着丰富的班级管理经验。在教育教学中遵循"爱与尊重是教育的出发点"，摸索出一套切实可行的班级管理方法。曾获山东省少先队辅导员基本功大赛二等奖。荣获"海阳市优秀班主任""烟台市综合实践教育工作先进个人""烟台名班主任""烟台市劳动教育工作先进个人""烟台市德育工作先进个人""烟台市优秀班主任"等荣誉称号。

筑牢教育忠诚　淬炼师魂品质

仰望星空,脚踩厚土,李圣荣徜徉在这片郁郁芬芳的教育沃土中已有 12 个年头。他怀揣着一份热爱、一份执着和一份憧憬,在教育这片广阔的天地里不断探索,从最初的一名教育新手,到现如今的一名教坛新秀,回望来时路,他所承担的责任、收获的些许、成长的点滴如同有高低旋律的多元乐章,伴随着他不断前行。

一、研究自我,编撰流行乐曲

作为一名教育新手,刚踏上这神圣的教育岗位,李圣荣也面临着一系列的迷茫、困惑:各种各样的教学任务、常规、要求纷至沓来,应接不暇。这时,他所做的是把自身变成一段耳熟能详、适宜传唱的流行乐曲。

计划:开嗓。万事开头难,正如唱一首歌,首先要做的便是张开嘴去练唱。开嗓就是学会做计划。除了学校规定的教学计划、工作计划、周计划、班级计划,更应该做的是最适合自己教学生涯的"长"计划,即设计出自己走一条怎样的为师路。蓝图绘就新征程,深思熟虑后李圣荣设计出了一条适合自己的"长"路:做一名"名师"(研究如何授课),做一名"名班主任"(研究如何管理班级),做一名"学者"(研究教育教学现象)。

内省:正音。从教之初,老教师的经验"众说纷纭"。有的说你要跟学生有一定的距离感,有的则说你需要跟学生打成一片;有的说你需要让学生听话,有的则说你需要让学生个性发展……这时候,李圣荣去盲听,勤思考,足内省。省察自己的课堂是否真的把学生放在主体地位而不是把他们当成听众,省察自己的班级是否给别的任课老师造成困扰,省察自己的行为是否偏离计划。

阅读:副歌。大量阅读不仅是对学生的要求,更是对教师的要求。只有阅读,才可能使教师成为流行乐曲的副歌部分。读什么?李圣荣达观取道,定下"三读"。一是读学生的必读书目,这样会拉近与学生的距离感,也会熟悉他们的兴趣爱好;二是读顺应新时代发展的教育期刊,这样会使自己的理念不断更新;三是读自己喜欢的书籍,这样会保持一颗积极快乐的心。

二、研究课堂,谱成经典乐曲

课堂是任何一位学科教师的立身之本,也是教师教学活动的主阵地。2011至2022年10余年的时间,新课标不断变动,带来课堂要求的持续变化,但不变的是需要教师不断研究课堂,打磨出自身的经典篇章。

观课:打谱。李圣荣注重课堂持续观察,构建语文课堂教学范式。观课的第一步是学会运用观课量表,它是观课的主要抓手。由他带领制定的观察量表已历经5个版本的沿革。第一、二版聚焦于小问题小策略的提出与制定;第三版则着力语用意识和语用能力的提升;第四版关注学本课堂教学评的一致性;第五版重点在于观察课堂中是否有意识的培养了学生语言建构与运用能力,学生语文素养是否得到了提升。观课还要注重记录时间:记录学生的活动时间、教师的讲评时间、环节的分配时间……就是这样的不断观课中,李圣荣逐渐成了所在学校的学科带头人。

模课:定调。初期准备讲课时,经验不足,李圣荣在拿到一篇新课文时脑海中一片空白,不知道该从何下手。认识到是因为对教材的把握不够深刻,他聚前人经验,先仿名师,找到对文本解读最透彻的譬如全国教育名家王崧舟、薛法根等人的课程,看他们对本节课的解读,对课文中重点内容的处理方法;继而选择契合自身特点的老师进行模仿,事半功倍,成效显著。如今,李圣荣在学校教研团队的帮助下对王崧舟老师的课堂做了深入研究,逐步奠定了自己的教学基调。

磨课:成曲。任何一首经典曲目的诞生必然是历经岁月及风雨的洗礼,同样,每一堂好课,背后都凝结着教师以及他背后团队精心付出的努力。讲出一堂好课,是一名新手成熟的转折点,而磨课则是这一转折点产生的首选法宝。

磨什么？李圣荣认为：一是磨备课，如在语文课堂中，一定要把单元的语文要素进行分解量化，便于操作；二是磨语言，既包括教师的评价语言与肢体语言，也包括授课环节之间的环节语言，这其中教师的一颦一笑、一举一动都需要对着镜子练习；三是磨机智，课堂的教学生成是千变万化的，这需要成百上千节课锤炼才能使自己游刃有余。正是这样，李圣荣以及他带领的语文团队打造的"古诗词"系列课堂，在烟台地区才能独树一帜。

三、研究课题，奏响交响乐曲

泰戈尔曾经说过：离我们最近的地方，路程却最遥远，我们最谦卑时，才最接近伟大。教师要想取得成功，离不开孜孜不倦的教学研究。而把离我们最近的教育问题当成教育课题研究，我们就会奏响激昂的交响乐曲。

问题：编排。课题的绝大部分来源都应是自下而上的，即来源于教师日常教学中的问题所在。但问题茫茫多，如何选择就如同交响乐曲中的编排曲目一样重要。自部编版教材的改革实施以来，教材内容变了，教学理念变了，学生的成长基点也发生了改变，但是作为大部分一线教师来说，传统意义上把三维目标式有意识地孤立现象没有改变。在教学实践过程中，忽视语文要素的统领性，不了解语文要素各个学段的螺旋式上升，已成为困扰一线语文教师的最大问题。针对这一问题，李圣荣作为学校分管语文学科教研的工作者，为了更好地落实教研室工作要点，使核心素养真正在教育教学实践中落地，他带领语文团队进行校本主题教研，确立了校本课题研究：语言积累与运用在语文学科中的应用策略研究，作为一项三年校本规划课题来进行研究。基于这样的校本研究，学校成功申报了多项烟台"十三五""十四五"规划课题。

数据：旋律。研究课题，重在数据，这如同一场宏大的音乐会中的主旋律一样，最能震撼人心。李圣荣针对教育研究中的空白领域，在海阳地区创造性地展开课题数据研究，让课题研究变得更有信度和效度。数据分析因为有了众多软件的使用，已经走进了普通教师的身边。如用免费的网页版"问卷星"就可以进行初步的归因分析、卡方检验、配对分析，用 Excel 表格可以实现多种图像分析……研究数据也让李圣荣受益匪浅，他分别于 2018 年、2022 年在海阳市课题主持人培训会上作了"课题研究中的数据统计与分析"讲座；主持的山东省教学研究课题"个体心理辅导有效策略探究"于 2017 年结题,因为运用了大量的数据分析,于 2018 年获烟台市社科教学研究成果三等奖。

提炼:合奏。叶澜教授曾说过"写一辈子教案,你不一定成为名师,但写三年课后反思,就有可能成为名师。"这里的反思,不仅是对课堂教学中问题的简单反思,更是对解决问题,进行提炼融合的反思。因为对中国传统文化知识有着情有独钟的喜好,李圣荣着力于开发"诗润和美"古诗文赏析课程,并将其作为学校语文教学的品质课程之一。为了对语文课堂以课程的视角去审视、重构、提炼,李圣荣凝合团队的力量,提炼开发诗文教材赏析课程,以课本中的诗文为基点,开发出 3～4 首的诗文组,培养学生具备初步赏析诗文的能力,感受诗文中所蕴含的意象之美、文化之美。探路先行,李圣荣努力在新课程中探索试验,并于 2020 年 11 月在烟台市首届课堂革命活动中做了经验交流。

李圣荣常说愿以有生之涯去求无涯之知,研究自我滋润了他干涸的心田;研究课堂引领他告别了教学的青涩,走向了教育的成熟;研究课题充盈着他教师的生命,激励他不断进取,不断创新……

【名师简介】李圣荣,海阳市育才小学一级教师,教务主任。曾荣获烟台市教育科研先进个人、烟台市教师队伍工作建设先进个人、烟台市教坛新秀、海阳市优秀人民教师、海阳市教育系统优秀共产党员等荣誉称号。执讲的"古诗词里蟋蟀鸣"荣获烟台市优质课,"草船借箭"荣获山东省"一师一优课"一等奖。主持、参与多项国家、省、市级规划课题,多篇文章在各级教育类刊物发表。

扎根乡村教育　点亮儿童心灯

百年大计,教育为本。科技的发展,经济的振兴,乃至整个社会的进步,都离不开教育对人才的培养。乡村振兴与乡村教育发展是我国实现国家现代化的内在要求。乡村振兴是中国现代化的重要基石,高质量的乡村教育,将更好地培育时代新人,培养德智体美劳全面发展的社会主义建设者和接班人。

2015年夏天,赵培文在完成教体局组织的培训后带着一袭行囊来到了将和他命运紧紧绑在一起的徐家店小学,自此开始了他的漫漫乡村执教生涯。

一、天道酬勤,初出茅庐有拼劲

培训结束的那天下午,一块参与培训的学校张老师用他的面包车载着赵培文几经周转来到徐家店小学。绿皮火车带着轰鸣声从身边缓缓驶过,映入眼帘的是两座略显陈旧的三层教学楼、两排瓦房、一块水泥篮球场和一块面积不大的土操场。操场中间有棵两人怀抱粗的大柳树,饱经沧桑的树干底端有一个约一米高的大洞,奇怪的是即使有这么大的洞,大柳树还是郁郁葱葱。它孤零零地站在那里,似乎在等待着什么,又像在盼望着什么。袅袅炊烟中,夕阳余晖下,整个校园寂静而祥和。

(一)学校安排的工作都能干

体育专业研究生毕业的他来徐家店小学那年27岁,浑身上下充满青春活力和干劲。作为学校多年来分配的唯一一名男教师,赵培文被安排担任四年级体育教学和教导处干事、校长室干事的工作。身兼数职,忙碌可见一斑。"培文去图书室搬包纸""培文帮我把这本档案装订好""培文把这个通知拿给李校长

看看""培文把这个通知送到党委""培文把学生保险信息汇总汇总""培文把
各班贫困生信息统计好报上去"……赵培文成了学校的"万能胶",几乎学校里
什么工作都和他有点关系,难得的是他从未有什么怨言,所有的工作都坦然接
受,还都能完成得很好。所以当赵培文调往郭城第一小学任教那年,校长感叹
说:"平时在一块办公还没觉得什么,培文突然不在这了才发现以前他干着这么
多工作,这小伙儿做事踏实认真,头脑也灵活,肯定有前途。"后来赵培文回忆
道,在学校干的活、做的事就像吃进肚子里的饭,都转化为个人成长的营养,正
是教导处、校长室干事期间干的这些纷杂的工作给了他更多向领导学习进步的
机会,而这些机会让他快速融入学校这个大家庭中,快速地成长起来。

（二）身边老师的事都能帮

徐家店小学是一所农村学校,教师老龄化严重,不管是体力、精力上的要
求还是电脑办公化的普及都给老教师们的工作带来不小的挑战。老教师对电
脑软件操作不熟悉,赵培文又成了大家的"小干事"。"培文你看看这个行与行
之间怎么这么大距离""培文你看看这有个空白页怎么删不掉""培文你看看已
经点打印了,打印机怎么还打不出来",诸如此类的事情多如牛毛,以至于时间
长了好多老师都不好意思麻烦他。

作为学校里最年轻的男教师,小到帮其他老师搬椅抬桌,大到爬楼顶查看
漏雨情况,似乎整个校园里都能看到赵培文的身影,当有别人问到他为什么会
如此热心肠时,他总是笑着说道:"帮助别人也能体现自己的价值,做一个对学
校、对大家有用的人,能让我感觉到幸福和快乐!"

（三）生活和工作的困难都能克服

众所周知,乡村学校大都面临着师资条件薄弱、生活条件艰苦的困境,徐
家店小学也不例外。赵培文老家在泰安,距徐家店小学五百多公里,到这上班
可谓是千里迢迢。来学校报道的第一天已是黄昏,加之学校校舍有限,他只好
在体育器材室将就了一晚。第二天,赵培文在一间做仓库用的小屋里用一张吱
扭乱响的单人床、一张淘汰下来的课桌和一架破旧的书柜安起了家。

"生活上遇到的困难忍一忍还能将就的过去,工作上的困难还是带来不少
压力的",赵培文曾说到,因为踏入工作时间短,业务不熟练,很多工作都是靠

着放学后的加班加点才干出来。还有对办公软件的不了解,也曾给自己的工作带来极大的困扰。当他意外得知诺宝软件里有很多办公软件的实用教程时,他毫不犹豫地自费买了一套。经过近两个月课后时间的练习,他熟练地掌握了Excel、Word、PPT、Windows 等常规用法,并顺利考出了计算机高级职称证书,为以后工作带来了极大的便利。

2016 年,教育部、人力资源社会保障部决组织开展"乡村学校从教20 年、30 年教师荣誉证书"颁发工作,时间紧、任务重,尤其是学校200 多名退休教师的信息采集和填报更是让工作难上加难。赵培文在接到任务通知后第一时间统计完成在职教师信息,之后重点解决退休老教师的信息填报工作。在无微信群、QQ 群的前提下,他逐个电话联系退休老教师。有的老教师身体康健,赵培文便辅助他们在校填表;有的老教师身体不便,无法到校,他便挤出时间打电话统计他们的身份证号、参加工作时间、学习工作经历等信息。对待拒接及换号的退休老教师,他则委托他们同村或熟知的老师帮忙统计信息,确保信息准确,不漏一人。就这样,赵培文以高度负责的态度和妥善适当的方法及时完成统计工作并按时上报,最终该校所有的退休老教师如愿拿到了这张见证自己一辈子辛劳付出的荣誉证书。当所有信息准时报送到政工科时,负责此项工作的政工科刘主任惊讶地赞叹赵培文:"小伙子这工作干得行啊,没想到你们学校有这么多退休老师还能按时一个不漏地统计好!"

二、力耕不欺,教学相长有奋劲

学,然后知不足;教,然后知困。伴随着海阳市教体局高品质教育理念的提出,做有理想信念、有道德情操、有扎实学识、有仁爱之心的"四有"好老师,越发成为一种时代潮流。赵培文更是以此为目标,时刻走在践行的路上。

(一)奋起直追自成长

刚离开求学的校门便踏入从教的校门,赵培文也曾感觉到彷徨,特别是第一次听到从学生口中喊出的"老师好"时,他便暗暗下决心一定要对得起"老师"这个称呼。可当上过第一节体育课后赵培文便深深体会到"纸上得来终觉浅,绝知此事要躬行"的深意。在学校学习的各种理论知识远远不能简单转化到学生身上,这里边还大有门道。内心立志要成为一名好老师的迫切愿望鞭笞着他一边向身边经验丰富的老教师虚心请教，一边自己结合学生身心发展特点和课标要求钻研教材。同时他还关注了一些国内知名专家学者的公众号，及时观看相关教育讲座，分析研究相关教育教学理念。就这样，赵培文的授课水平也快速提高起来，当其他老师夸赞他进步快、有天分时，赵培文面带羞涩地说道："其实也没啥，就是多学习、多观察、多思考、多总结而已。"

（二）奋发图强学榜样

徐家店初中的于新军老师可谓是海阳体育教师中响当当的人物。一次偶然的机会，应烟台市体卫艺科承担国家课题子课题的需要，赵培文与于老师结下了不解之缘。2016 年两人去曲阜师范大学做开题答辩时，赵培文便被台上于老师扎实的学科素养和从容的理论答辩深深折服：以此为榜样，学习榜样，成为榜样。从那以后，赵培文每每在教学中遇到困难，便向于老师请教。经于老师指点，赵培文积累了更加扎实的学识，也离一名优秀的教师更近了一步。

（三）奋勇当先放光芒

天道酬勤，力耕不欺。经过近 10 年来的不懈努力，赵培文取得了一系列骄人成绩。2016 年执讲的"立定跳远"获烟台市中小学"一师一优课"小学组一等奖。2017 年提交的音体美德育学科优秀课例获海阳市一等奖。2018 年提交的阳光体育优秀案例获海阳市课外活动优秀案例一等奖，同年在烟台开发区召开的全市学校体育省教育科学规划重点课题中期交流研讨会上做典型经验交流。2019 年提交的音体美德育学科优秀课例获海阳市一等奖，2019 年执讲的"立定跳远"获海阳市优质课一等奖，同年代表海阳参评烟台市优质课评选，并获优质课奖励。2021 年提交的"立定跳远"课例获评 2021 年山东省"一师一优课、一课一名师"活动优课。课例精彩不断，荣誉也纷至沓来。2018 年获海阳市优秀教师称号，2019 年获海阳市学校体育美育工作先进个人称号，2021 年获烟台市学校体育工作先进个人称号，2022 年获烟台市乡村优秀青年教师、烟台市小学教育教学工作先进个人称号。2018 年参与的国家重点课题子课题、2019 年承担的省教育科学"十二五"规划重点课题也都顺利结题。一系列的成绩见证着赵培文稳重而坚定的成长脚印。

三、不负韶华,再接再厉有干劲

时间不语却回答了所有的问题,岁月不言却见证着所有的付出。9 年间,赵培文从一个初入社会的毛头小子成长为学校的中流砥柱,在组织的培养和认可下他一步步变成了学校的副校长,身份的转变意味着角色的转变,赵培文也从一个砥砺前行的奋斗者变成一个带动一帮人踔厉奋发的领导者,但他的初心一直未变,为了点亮农村孩子的心灯,仍在坚守梦想,勇毅前行……

【名师简介】赵培文,男,中共党员,研究生,海阳市徐家店镇中心小学一级教师,曾荣获烟台市小学教育教学工作先进个人、烟台市乡村优秀青年教师、烟台市学校体育工作先进个人、海阳市优秀教师、海阳市卫生与健康教育工作先进个人等荣誉称号。执讲的"篮球行进间运球"荣获烟台市优质课,执讲的"立定跳远"荣获山东省"一师一优课、一课一名师"活动优课。主持、参与多项省、市级课题研究,发表多篇教育教学相关论文。

一名中职青年教师的蜕变化蝶之路 ●——

近年来,随着国家大力发展职业教育战略的落实,职业教育及其质量越来越受到关注和重视,中等职业学校的教师队伍不断壮大,青年教师作为一个特殊群体,在学校的教育改革与发展中发挥着越来越重要的作用。加快青年教师的专业化发展,促进青年教师的专业成长,成为中等职业学校工作的一个重要环节。烟台轻工业学校传承师资培养的优良传统,培养出了一批优秀的青年教师,他们在各自的教育教学工作岗位上做出了不凡的成绩。其中,刘宁自 2011年入校以来,始终注重自身专业化发展,实现了"青年教师—骨干教师—专业带头人"的阶梯式发展,成为首批"烟台市教坛新秀"。

一、坚定专业信念,保持正确的"航向"

职业学校教师的专业信念是对专业教育工作、专业教育理论及基本教育主张、原则的认同和信奉。专业信念是教师从事专业教育工作的心理基础,影响着教师的态度和行为,关系到教师的工作质量和学生发展,关系到教师人格的完善和素质的提高。专业信念是职业学校青年教师专业化发展的重要内容和内在要求,青年教师在专业化发展中必须树立专业信念。

(一)坚持正确的政治方向,培养良好的政治素养

习近平总书记指出:"对教师来说,想把学生培养成什么样的人,自己首先就应该成为什么样的人。培养社会主义建设者和接班人,迫切需要我们的教师既精通专业知识、做好'经师',又涵养德行、成为'人师'。"刘宁就是这种'经师'和'人师'的统一者。

刘宁现任烟台轻工业学校机电数控部党支部书记,他深知,作为教师,在传授专业知识和专业技能的同时,也在传输自己的思想、观点和立,所以他始终坚持正确的政治方向,努力学习党的基本理论、路线、方针和政策,树立正确的世界观、人生观和价值观,全面贯彻党的教育方针,承担起教书育人的重任。

(二)树立高尚的职业道德,保持良好的师德师风

教师是学生锤炼品格的引路人、学习知识的引路人、创新思维的引路人、奉献祖国的引路人。教师要成为学生的引路人,教育者先要受教育,教师自身要有理想信念、道德情操、扎实学识、仁爱之心。教师要加强自身的师德师风建设,严格自我约束、规范职业行为、加强自我修养。

刘宁自从教以来,时刻以《中小学教师职业道德规范》《中等职业学校教师职业道德规范》等为标准严格要求自己。作为烟台轻工业学校机电数控部主任,他定期组织专业部教师进行师德师风教育,带领老师们保持热爱职业教育、关心爱护学生、自觉为人师表的良好职业素养,不断增强师德意识、加强师德修养、提高师德水平。

(三)秉持正确的教育理念,培养学生的全面发展

刘宁秉持"以学生为中心,以服务为宗旨""以能力为本位,以发展为目标"的职校学生教育观,坚持立德树人,促进学生的全面发展。他认为,职业学校的学生也能成人成才,教师要树立正确的教学观,因材施教,着力培养政治思想素质高、专业知识扎实、动手能力强、身心健康的专业技能人才,让每个学生都有人生出彩的机会。

自2012年起,他连续多年担任班主任,关心每个学生学习生活状况,同时想方设法调动学生的积极性,营造"比、学、赶、帮、超"的良好氛围,做到"春风化雨,润物无声"。他始终坚持做学生的良师益友,对学生有爱心、耐心和信心。担任班主任期间,他的30余名学生在技能大赛、运动会、文艺比赛等各级各类活动中取得佳绩,其中3名学生被评为"山东省优秀学生",9名学生被评为"烟台市优秀学生"。他所带的班级也多次获得"优秀班集体""优秀团支部"等荣誉称号。

二、坚持专业学习，保持充足的"电量"

专业知识是中职学校青年教师专业化发展的根本性内容。青年教师需要拥有更加优化的知识结构，应具备较广博而深厚的专业知识；应具备社会政治、经济、法律等人文社会科学的基本知识；应具备较深的教育科学理论与实践的基础知识等。作为职业学校青年教师，刘宁在专业知识方面予以高度重视，不满足于现状，积极学习，敦促自己专业化发展。

（一）借助"青蓝工程"，促进自身成长

新入职的教师往往在喜悦和激动的同时，也会存在一些焦虑和紧张，面对教学和班级管理等问题，会因为经验不足而有些不知所措。刚入职时，刘宁就充分利用所在学校"青蓝工程"的平台，积极主动请教导师，多观察、多思考、多提问促进了自身快速成长。

（二）积极参加培训，拓宽知识视野

培训是提高青年教师业务能力的重要途径，每一位青年教师都应该认识到自身存在的不足，积极参加培训，加速知识更新、拓宽知识视野、掌握先进教学技术手段，在培训中不断开发自身潜力，超越自我。

"问渠那得清如许，为有源头活水来"，刘宁积极参加省、市、学校等各级各类培训，汲取"营养"，收获颇丰。在学校组织到同济大学参加"烟台轻工业学校管理干部及骨干教师综合能力提升培训班"期间，他收获了先进的教学理念和技术手段；在参加哈尔滨工业大学（威海）举办的"班主任工作能力提升培训班"期间，他学到了最新的德育工作方式；在参加山东交通学院举办的"专业骨干教师培训班"期间，他提高了专业实操技能，被评为"省培优秀学员"。

（三）潜心教学研究，提升业务能力

中职学校青年教师应积极参加教科研活动，提高自身的研究能力和教学业务水平。在这个过程当中，教师可以提高发现问题、分析问题和解决问题的能力。

刘宁注重教学研究，善于在实际教学中发现问题并主动思考。他积极参加教科研活动，独立研究了烟台市职业教育"十三五"课题"中职〈发动机构造

与维修〉'理实一体化'教学研究"并结题;参与了中国职业技术教育学会德育工作委员会2018—2020年度职业院校德育课题"中华优秀传统文化助推中职学生职业成长的研究与实践"并结题;现有已立项并正在开展研究的烟台市级课题2项。

三、攻坚专业实践,争做职教名师

中等职业学校教师的专业能力是为完成专业教育工作目标和任务所必须具有的能力。可以说,专业能力的高低是青年教师专业化成长过程中关键性的因素。

(一)提升技能水平,做"双师型"教师

"双师型"教师,就是同时具有教师资格证书、教师职称证书和专业技能合格证书的教师。中职学校青年教师不仅要具有丰富的理论知识和常规教学的能力,还应该具有娴熟的操作技能和岗位实践能力。刘宁积极参加职业院校专业教师技能比武,激励自己不断提升技能水平,在烟台市职业学校汽修专业教师技能赛中获二等奖。同时,多年指导学生参加技能大赛,所指导的学生屡次在比赛中获奖。

(二)深入企业实践,注重"工学结合"

刘宁定期深入当地企业进行技能实践学习,同时了解行业、企业对各类人才的需求以及就业状况,返校后组织专业教师有针对性的修订人才培养方案,进行专业教学改革。在学校的大力支持和各部门的帮助下,近年来刘宁带领机电数控部教师完成了一项项改革和创新工作:以机电技术应用和汽车运用与维修两个专业为试点,开展了"理实一体化"教学改革,效果良好;完成了汽车运用与维修专业"现代学徒制"试点工作,50名学生顺利"出徒";自2021年开始,每年开展汽车运用与维修"1+X"证书试点工作,组织该专业学生考取职业技能等级证书,为学生将来就业赋能添力。

不忘初心,踔厉前行,只争朝夕,不负韶华!刘宁一直在路上。

【名师简介】刘宁,中共党员,现任烟台轻工业学校团委副书记、机电数控部主任。曾获海阳市优秀教师、海阳市职成教育工作先进个人、海阳市优秀教

育工作者、烟台市职业教育工作先进个人、烟台市教坛新秀、烟台市青年岗位能手等荣誉称号。曾获海阳市"十三五"职业教育优秀教学成果奖、烟台市职业学校汽修专业教师技能赛二等奖、烟台市汽修专业教师优质课比赛一等奖。

在砥砺前行中磨砺自我
在聚力实践中不负韶华

从教以来,徐小红以助力学生健康成长为理念,以发展学生思维能力为主旨,以促进学生全面发展为目标,积极学习教育原理和教学方法,加强自身学习能力和教学业务能力,在吸纳教育前辈思想的基础上,形成独特的"三段"教学主张和"三化"数学思维教学风格。

一、以研促教,形成独特的教学主张

通过多年的教学工作实践,徐小红坚信,一个教师的教学主张往往是决定教学行为的隐性因素。她总结二十几年的初中数学教学经历,将初中数学教学主张划分为三个阶段。

(一)教学生学好数学知识

为了让学生取得更理想的成绩,徐小红经历过学习、研究和实践的过程,有"山重水复疑无路"的迷茫,也有多年执教毕业班和做班主任工作的疲惫。这时,她会抓住机遇积极参与各类教师培训活动,听取各类教育专家的讲座,接受专家现场指导。学习内化后,徐小红感到"柳暗花明又一村":学习陶行知、于漪、斯霞等教育前辈的教育思想,明白了"教而不研则浅,研而不教则空"的道理,明白教学是一门艺术,不能只追求教学成绩,让学生拥有学习能力和思维能力,更能让他们受益终生。

（二）教学生学好数学心态

通过参加培训听取专家指导，参与课题研究接触前沿教学思想，徐小红积累了一定的教育理论并更新了教育理念，形成了"关联教学，思维自然生长"的教学主张，养成了条理清晰、沉稳灵活的个人教学风格。徐小红认为，教育要面向学生的未来，教学不能急于求成，要遵循教育规律和学生身心成长规律，尊重学生的个体差异，因材施教，让生命的光彩自然绽放。初中学生的数学"灵魂"思维生长亦是如此！

（三）教学生学好数学素养

2022年国家义务教育段新课标落地。徐小红通过对新课标的学习和研究，认为核心素养下的数学思维被赋予了新内涵：要让学生通过学习数学拥有应对未来挑战的关键能力、必备品格和价值观念。于是她进一步深化自身教育主张："用数学的眼光观察世界，用数学的思维探究世界，用数学的语言表达世界"，将生活中的问题转化为数学问题，用数学的方法思维分析问题，用科学的方法解决问题。

二、回归实践，实现扎实的专业成长

教育科研始于教学遇到的实际问题，最终回归于课堂教学实践。徐小红基于初中数学教学存在的实际问题，开展教育科研，实现个人的专业成长。她重新审视学生数学学习的思维生长过程，总结出学生数学思维通常需要经历"三化"的规律，即生活问题数学化、新旧知识关联化、数学应用生活化。

生活问题数学化，是指将生活中遇到的问题通过抽象提取数学信息，将其转化为数学问题，运用数学的思维思考、分析和解决问题。新旧知识关联化，是指通过温习与应用旧知识，唤醒和关联的方式与新知识建立联系，从而达到理解与巩固新知识的目的。数学应用生活化，是指把数学知识通过应用、迁移、创新的方式应用到生活实际当中去，从而改造世界，改善生活中的方方面面。"三化"是相互关联、相互融合、相互转化的，徐小红将"三化"寻联求通，激活了数学学科核心素养的生长点，实现了学生的思维进阶。

三、团队协作,带动区域教师的整体提升

徐小红在个人扎根实践提升自我专业素养的同时,也一直身体力行的辐射引领该校、海阳、烟台以及更广泛区域教师的专业成长,带动区域内教师教育教学能力的整体提升。

(一)先锋带头,示范引领

徐小红充分发挥齐鲁名师人选、烟台名师人选和烟台市教学能手的先锋带头作用,积极参与县市级和学校的教学团队建设。她连续五年在山东省"互联网+教师专业发展"网络研修中担任烟台市级初中数学学科工作坊主持人,并于2021年4月被确定为烟台市信息技术应用能力提升工程2.0烟台市级专家,同年担任烟台市级"一师一优课"评委。同时,作为海阳市教师培训县级专家,她承担了多次培训讲座任务,并执教了多节县市级示范课、观摩课等。

在职尽其责的同时,徐小红还积极参与学校教学研究团队的建设,在学校带头组建了教育科研团队,并担任理论研究小组组长。她参与组建学校信息化2.0培训团队组建,并担任学校培训指导教师。她主持申报烟台市教育科学"十三五"规划课题"小学数学悦思课程结构研究",并组建课题研究小组,带动了课题组教师教育理论、教学实践和课题研究能力的大幅提升。徐小红顺势而为,将课题的研究成果应用于学校构建跨学段融合的课程结构中,促进学校构建新发展格局。她参与和主持的课题曾两次获得市社科成果奖,并根据自己的获奖经验积极指导该校其他课题组撰写申报成果,助其多次获奖。

(二)责任驱动,教学相长

邹韬奋说:"真正进步的人决不以孤独、进步为己足,必须负起责任,使大家都进步,至少使周围的人都进步。"责任是促进人成长的最大动力。徐小红深知作为齐鲁名师人选、烟台名师人选,肩负示范引领区域教师专业成长的巨大责任,她坚持一切活动先行的原则:培训学习活动先学会;研究遇到问题先思考,并制定预案;教学研究先学习等。发挥自身名师的示范引领作用,起到学习和教学研究先行者、带头者、引领者的作用。

徐小红谨记"越是成熟的稻穗越懂得弯腰"的道理。她在担任市级工作坊主持人期间,不仅认真听讲座,与专家交流学习,还积极与各位同行交流学习。

随时随地交流、探讨、学习他们的教学思想和教学长处，使徐小红在课堂教学、教育科研、班级管理等方面受益匪浅。此外，每当发现优秀的文章、教学案例、教学手段、教学思想时，徐小红都会认真记录和学习，甚至联系资源发布者亲身请教。在开展课题研究期间，她与课题组教师进行交流和探讨时，除将自己的经验毫无保留的分享外，还会虚心听取课题组成员的意见。虚心请教学习，携手并肩齐进，使徐小红的教育思想、课堂教学、教育科研水平在短期内有了大幅度提升。

（三）多元共创，整体提升

在教学业务能力提升方面，徐小红对自己的要求是多元化、全面化。在个人专业发展的成长过程中，注重自己的教学思想多元化、教学方法多元化、业务能力多元化。通过个人的示范引领作用，带动市域内教师多方面的专业发展整体水平大幅度提升。

一是教学思想多元化。徐小红积极学习并吸纳教育专家的教育思想，从每个教育专家的教育思想体系中发现适用于初中数学教学的思想理论，并积极应用于自身的教学实践与探索中。

二是教学方法多元化。徐小红注重课堂教学技能的提升，注重教学方法的多元化——教学媒体多元化、教学手段多元化、教学策略多元化。课堂教学中注重应用现代化教学设备和多媒体教学软件，既提高了课堂教学效率，又生动展示了过程和再现生活情境。例如，应用几何画板展示变量发生变化时曲线的变化规律，直观且能激发学生的学习热情。学科与信息技术深度融合使徐小红的课堂教学取得了丰硕的成果：执讲的"确定圆的条件"获得省二等奖，执讲的"圆锥的侧面积"获得省一等奖，执讲的"一元二次方程根与系数的关系"被评为省"一师一优课"。

三是业务能力多元化。业务能力的多元化主要体现在教学思想、课堂教学实践、教育科研、学习能力和阅读写作能力等方面。徐小红在教学思想上，不仅学习和吸纳教育前辈的教育思想，而且经过思考和探索形成自己独立的教学理念。她能够快速适应现代化课堂教学要求，掌握较为全面的课堂教学能力，能够应用多种教学方法、教学策略和教学手段，做好课前备课、课堂教学和课后效果检测。

徐小红具备较高水平的教育科研能力,能够及时发现教学中存在的问题,并将其转化为研究课题,运用掌握的丰富教育原理做支撑,通过课题研究,寻求问题科学的解决办法,进行总结、整理和表述转化成研究成果。

"路漫漫其修远兮,吾将上下而求索。"徐小红虽然以前取得过一定的成果和成绩,但作为区域名师,引领域内教师的专业发展,仍需砥砺前行,不负韶华,只争朝夕,勇往直前。

【名师简介】徐小红,1978年12月出生,中共党员,高级教师,现任海阳市育才中学数学教师,多年从事班主任工作,为第五批齐鲁名师培养人选、第七批烟台市教学能手、第四批烟台名师培养人选、海阳市教师培训专家库成员。多次荣获烟台市教育教学工作先进个人,多次执讲省市级优质课,主持或参与多项烟台市级课题,两次获得烟台市社会科学优秀成果奖,在《教育》等刊物上发表多篇论文。

后　记

　　教师是新课程改革的主力军。新一轮课程改革的实施,迫切需要各级教育行政部门树立服务意识,合理规划教师培养的行动方略,助推教师的专业化发展;迫切需要各级教研部门,加强对一线教师的业务培训和跟进指导,引领教师的专业化发展;迫切需要广大中小学教师自觉加强学习和进修,不断提升自身的专业化水平。

　　海阳市是革命老区,海阳市的教育质量多年来一直在全省名列前茅,海阳市的"德育序列化""系列达标课"和"新时代品质教育"改革成果均对全国的基础教育改革产生积极影响。这些显著成绩的取得离不开一个关键因素,那就是"师资培训",多年来海阳市始终把建设一支师德高尚、业务精湛、作风过硬、具有创新精神和发展意识的优秀教师队伍作为教育发展的头等大事。这是海阳教育久盛不衰的"制胜法宝",一直被海阳教育人奉为圭臬! 20 世纪 90 年代,海阳市的"中小学教师继续教育机制模式的研究"为全国教育同行提供了成熟的、系统的中小学继续教育经验,1998 年全国中小学教师继续教育大会在海阳市召开现场会,海阳经验在与会代表中引发强烈反响。21 世纪初,海阳市的"新课程师资培训模式研究",提炼出管理、师训、教研、科研、教改"一体化"新课程师资培训模式,在全国范围内产生影响。近年来,海阳市把"新教师"塑造作为海阳新时代品质教育改革的三大行动之一,从"强师德、铸师魂、提师能"三个方面培育新时代品质教师。海阳市的"新教师"塑造行动,构建了师德师风建设的制度体系和长效机制,广大教师自觉成长为有理想信念、有道德情操、有扎实学识、有仁爱之心的"四有"好老师;海阳市的"新教师"塑造行动,助推各级各类学校教师数量和质量同步优化,教师学历层次普遍提高,乡村教师队伍建设切实加强;海阳市的"新教师"塑造行动,完善了教师培养培训体系、培养培训课程、培养培训模式和培养培训制度,培养出一批能引领区域教育教学改革的名师、名校长、名班主任。海阳市新时代品质教育改革经验先后被《人民教育》《山东教育》《现代教育》《新班主任》等教育期刊推介发表。

海阳市新时代品质教育的发起人、海阳市委教育工委常务副书记、市教体局局长纪卫东高度重视教师队伍建设工作,他多次强调,教师要在工作中研究,在岗位上修炼,不仅要成为教育教学的行家里手,更要成为学生生命中的"贵人"。在纪卫东局长的正确领导下,海阳市通过行政推动、专业引领、跨校教研、校本研修、名师领航和自主发展等举措,有效提升了区域教师队伍的整体素养,为深入实施新时代品质教育改革提供了人才保障,进而为新时代品质教育向高品质教育迈进奠定了坚实基础。看到"新教师"塑造行动喜结硕果,纪卫东局长要求局机关相关科室和基层学校、教师认真总结新时代教师培养的有效策略和成功经验,并将其撰写成《新时代"四有"好老师培养策略》一书,予以出版发行。2022年12月,纪卫东局长亲自对该书的结构框架进行审核,并提出了合理化的修改意见。2023年2月13日,海阳市教学研究室主任刁伟波主持召开了《新时代"四有"好老师培养策略》书稿研讨会,党建办、政工科、基教科、师训科、教育装备与技术研究室、高中室、初中室、小学室、教科室、职教室、学前科等相关科室负责人参加研讨,对书稿的结构框架做了进一步补充完善,并商定了书稿创作的任务分工和具体进程。2月15日,政工科牵头召开了书稿撰写培训会,教科室主任李云辉为撰稿人详细解读了书稿的写作特色、结构框架、写作技巧和注意细节,要求每一位撰稿人都要做到"五个有":有格局、有气场、有情怀、有内涵、有底蕴。3月,冷海涛、耿平、邢陈强、孙俊杰、杨俊青、张魏魏、甄艳玲、刘静静等8位同志完成了各章内容的修改与校对,杨俊青完成了全书的统稿工作,李云辉主任完成整部书稿的修改与完善,修改后的书稿经纪卫东局长审定后,提交中国海洋大学出版社。

本书能在3个月的时间内完成创作主要得益于三方面因素:一是局领导的高度重视和鼎力支持,纪卫东局长多次在全市教育工作会上强调本书出版的意义,并带头完成框架的拟定和初稿的审定,刁伟波主任亲自主持书稿研讨会,部署书稿撰写的具体要求,有力推动了书稿撰写进程;二是海阳市丰富的教师培养培训实践为本书提供了鲜活的创作素材,从根本上讲,本书绝非临时起意编出来的,而是海阳市广大教育工作者踏踏实实做出来的,正是有了丰富的"新教师"塑造实践,才让本书创作者文思泉涌、笔下生辉、情智流淌;三是本书创作者的通力合作,无论是局机关的相关科室,还是海阳的优秀学校和优秀教师,都能根据李云辉主任的培训指导,充分发挥自身的写作潜能,用自己的心血和智慧完成书稿创作,为全书增添了一段段精彩内容。

本书能够顺利出版,首先要感谢教育部教育发展研究中心副主任陈如平、山东教育社原总编辑陶继新、《现代教育》副主编黄海涛、《山东教育》副主编卢华清和姜玉蕾等专家学者,正是他们热情的推介与宣传,才让海阳市新时代品质教育改革在全国产生影响,于无形中增强了我们的创作自信;其次要感谢烟台市教育局和海阳市委、市政府的各位领导,在他们的关心爱护和大力支持下,海阳市新时代品质教育改革稳步推进,为本书的创编夯实基础;最后要感谢中国海洋大学出版社有关领导和编辑,正是高悦午先生、邹伟真主任和刘琳编辑的专业指导,才使本书尽早呈于广大读者面前。在此,向多年来持续关心、支持海阳市教育发展的各位领导、专家、朋友深表谢忱!

对于本书,我们虽竭尽所能,但遗憾在所难免。本书主要聚焦海阳市本土化的教师培养经验,这些经验在理论的高度和实践的广度尚有缺憾。我们只是抛砖引玉,期待更多教育同行能与我们一道为新时代"四有"好老师培养贡献智慧和力量。此外,受编者的专业站位、视野和水平所限,本书肯定存在有待商榷之处,敬请各位方家不吝赐教。

编 者
2023 年 4 月